Guttentag'sche Sammlung Deutscher Reichsgesetze.

Text-Ausgaben mit Anmerkungen.

---

37. Gesetz zur **Bekämpfung des unlauteren Wettbewerbes.** Von Dr. **R. Stephan,** Kais. Regierungsrath. 80 Pf.

38/39. **Bürgerliches Gesetzbuch nebst Einführungsgesetz.** In Verbindung mit Prof. **Dr. André,** Amtsrichter **Greiff,** Gerichtsassessor **Ritgen,** Staatsanwalt **Dr. Unzner** herausgegeben von Reichsgerichtsrath **Dr. Achilles.** 8°. Gebunden 5 M. 50 Pf.

Dieser Band ist in größerem Format erschienen!

40. Gesetz, betr. die **Pflichten der Kaufleute bei Aufbewahrung fremder Werthpapiere (Depotgesetz).** Von **F. Lusensky,** Geh. Regierungsrath. 90 Pf.

41. **Börsengesetz** nebst allen **Ausführungs-Anweisungen.** Unter Mitwirkung des Kaiserl. Geh. Ober-Regierungsraths **Wermuth** bearbeitet von **Brendel,** kommiss. Hülfsarbeiter im Reichsamt des Innern. 1 M. 50 Pf.

42. **Reichs-Grundbuchordnung.** Vom 24. März 1897. Von Prof. **Dr. O. Fischer.** 1 M.

43. Reichsgesetz über die **Zwangsversteigerung** und die **Zwangsverwaltung.** Vom 24. März 1897. Von **Dr. J. Krech,** Geh. Reg.-Rath und Prof. **Dr. O. Fischer.** 1 M. 20 Pf.

44. Reichsgesetze über **Auswanderung, Ausbürgerung** und **Einbürgerung** nebst den Vorschriften über die rechtlichen Beziehungen der im Ausland lebenden Deutschen zum Deutschen Reich. Von Prof. **Dr. F. Stoerk.** In Vorbereitung.

45. Gesetz betr. Abänderung der Gewerbeordnung **(neues Handwerkergesetz).** Vom 26. Juli 1897. Mit Einleitung und ausführlichen Erläuterungen von **Dr. jur. L. Wilhelmi,** Kais. Geh. Ober-Regierungsrath und vortragender Rath im Reichsamt des Innern. In Vorbereitung.

Zu beziehen durch jede Buchhandlung.

J. Guttentag, Berlin SW.48, Wilhelmstraße 120.

Guttentag'sche Sammlung Preußischer Gesetze.

Text-Ausgaben mit Anmerkungen.

---

10. **Einkommensteuergesetz.** Von **Meitzen.** Dritte Auflage von **A. Fernow,** Ober-Regierungsrath. 1 Mark.

11. **Gewerbesteuergesetz.** Von **A. Fernow,** Ober-Regierungsrath. Zweite Auflage. 90 Pf.

12. **Allg. Berggesetz** f. d. Preuß. Staaten. Von **Engels,** Ober-Bergrath. Zweite Auflage. 1 Mark 60 Pf.

13. **Ergänzungssteuer-Gesetz** (Vermögenssteuergesetz). Von **A. Fernow,** Ober-Regierungsrath. Zweite Auflage. 1 Mark.

14. **Kommunalabgabengesetz** und Gesetz wegen Aufhebung direkter Staatssteuern. Von **F. Adickes.** Zweite Auflage. 1 Mark 25 Pf.

15. Die **Kreisordnungen.** Von **O. Kolisch,** Landgerichtsrath. 4 M.

16. Preuß. Ausführungs-Anweisung zu §§ 16 u. ff. der Gewerbe-Ordnung, betr. **Genehmigung gewerblicher Anlagen.** Von Gewerberath **Dr. v. Rüdiger.** 1 Mark 50 Pf.

17. **Gerichtskostengesetz.** Mit Kostentabellen. Von **Dr. P. Siméon.** Zweite vermehrte Auflage. 1 Mark 60 Pf.

18. **Stempelsteuergesetz.** Mit Ausführungsbestimmungen. Von **Gaupp,** Geh. Regierungsrath und Reg.-Assessor **P. Loeck.** Dritte Auflage. 3 Mark 30 Pf.

19. **Jagdscheingesetz.** Mit ausführlichen Erläuterungen. Von **F. Kunze,** Oberverwaltungsgerichtsrath. 1 Mark 60 Pf.

20. **Das Erbschaftssteuergesetz.** Mit ausführlichen Erläuterungen. Von Reg.-Assessor **P. Loeck** 1 Mark 80 Pf.

21. **Das Handelskammergesetz.** Mit ausführlichen Erläuterungen. Von **F. Lusensky,** Geh. Regierungsrath. 3 Mark.

Zu beziehen durch jede Buchhandlung.

J. Guttentag, Berlin SW.[48], Wilhelmstraße 120.

Guttentag'sche Sammlung
Nr. 26. Deutscher Reichsgesetze. Nr. 26.
Text-Ausgaben mit Anmerkungen.

Die Reichsgesetzgebung
über
Münz- und Notenbankwesen,
Papiergeld, Prämienpapiere
und
Reichsanleihen.

Text-Ausgabe mit Anmerkungen und Sachregister.

Von
Dr. R. Koch,
Präsident des Reichsbankdirektoriums.

Dritte Auflage.

Berlin SW48.
Wilhelmstraße 119/120.
J. Guttentag, Verlagsbuchhandlung.
1898.

Vorbemerkung.

Die neue Auflage berücksichtigt die seit dem Frühjahr 1890 vorgekommenen Veränderungen. Den erläuterten Gesetzen ꝛc. hinzugetreten sind namentlich die Gesetze ꝛc. über das Reichsschuldbuch, die Tilgung und die Konversion von Reichsanleihen (E VII—XI).

Inhalts-Verzeichniß.

B. Papiergeld-Gesetzgebung.

C. Notenbankgesetzgebung.

Anhang.

D. Prämien-Papiere.

E. Bundes- bezw. Reichsanleihe-Gesetze.

Einleitung.

Die Zustände, welche noch vor einem Vierteljahrhundert hinsichtlich der Umlaufsmittel — Münzen, Papiergeld, Banknoten — in Deutschland herrschten, boten ein sprechendes Bild unserer politischen Zerrissenheit. Die wiederholt unternommenen Versuche zur einheitlichen Reform des Münzwesens hatten ein befriedigendes Resultat nicht ergeben. Zwar hatte der Wiener Münzvertrag vom 24. Januar 1857, vorbereitet durch die Dresdener Münzkonvention der Zollvereins-Staaten vom 30. Juli 1838, sich für die damals in Deutschland bereits überwiegende reine Silberwährung entschieden und für die kontrahirenden Staaten (des Zollvereins und Oesterreichs mit Liechtenstein) das Zollpfund zu 500 Gramm als Münzgrundgewicht eingeführt. Aber noch immer schieden sich innerhalb dieses Rahmens drei Münzfüße — der Thalerfuß in Norddeutschland (mit verschiedener Eintheilung des Thalers), der Zweiundfünfzigeinhalbguldenfuß in Süddeutschland und der Fünfundvierzigguldenfuß in Oesterreich (mit Liechtenstein) — und daneben bestanden in den nicht zum Zollverein gehörigen Staaten die früheren Landes-Münzfüße fort. So gab es im Gebiete des Deutschen Reichs bis zum Jahre 1871 einschließlich der mit Elsaß-Lothringen hinzugekommenen französischen Währung sieben Münzsysteme.[1] Nicht besser sah es im Papiergeldwesen aus. Von allen deutschen Staaten hatten nur sechs der kleinsten (Lippe-Detmold, Lauenburg, Lübeck, Bremen, Hamburg, Elsaß-Lothringen) kein Papiergeld ausgegeben. In den Staaten des Norddeutschen Bundes befanden sich im Jahre 1870, abgesehen von dem Papiergelde des Großherzogthums Oldenburg im Betrage von 2 000 000 Thaler, welches der Oldenburgischen Landesbank zur Verstärkung ihrer Betriebsmittel überwiesen war, 40 652 742 Thaler,[2] in sämmtlichen Staaten des Deutschen Reichs nach den Mittheilungen der Bundes-Regierungen vom Oktober 1872 61 374 600 Thaler[3] Staats-Papiergeld der verschiedensten Sorten im Umlauf. Die Klage über die

[1] Vgl. die Motive zu dem Entwurf eines Gesetzes, betr. die Ausprägung von Reichsgoldmünzen, im Eingange — Drucks. des Reichstages Nr. 50 [Sten.Ber. I. Leg.Per. II. Sess. 1871 Bd. 2 S. 123 (Anlagen)]. Neben diesen Münzsystemen bestand noch die Hamburger Bank-Valuta als Rechnungswährung.

[2] Vgl. die Nachweisung in den Drucksachen des Reichstags Nr. 73 [Sten.Ber. I. Leg.Per. Sess. v. 1870 Bd. 3 S. 303 (Anlagen)].

[3] Vgl. die Uebersicht in Anlage 1 der Motive zum Entwurf eines Gesetzes, betr. die Ausgabe von Reichskassenscheinen, Drucksachen des Reichstags Nr. 70 [Sten.Ber. II. Leg.Per. I. Sess. 1874 Bd. 3 S. 265 (Anlagen)].

ogenannten „wilden Scheine“, welche außerhalb der Grenzen des eigenen Landes nur schwer und mit Verlust anzubringen waren und deren sich doch Niemand erwehren konnte, waren allgemein. Hierzu kam noch das vergleichsweise freilich nicht sehr beträchtliche Papiergeld, welches auf Grund besonderer Konzessionen von Eisenbahn-Gesellschaften, Kommunen und anderen Korporationen ausgegeben war.[4] Die Masse der umlaufenden papiernen Werthzeichen wurde aber seit Mitte der fünfziger Jahre in immer steigendem Umfange vermehrt durch die Banknoten. Zwar hatte die im Jahre 1846 aus der ehemaligen Königlichen Bank (einer reinen Staatsbank) erwachsene, im Jahre 1856 mit unbeschränktem Notenrecht ausgestattete Preußische Bank[5] sich zufolge ihrer Leistungen in den großen Krisen von 1857, 1866 und 1870 mehr und mehr zu einer Central-Notenbank für den größten Theil Deutschlands entwickelt, neben welcher die in den alten Provinzen Preußens bestehenden neun Privat-Notenbanken mit ihrer je auf 1 Million Thaler beschränkten Notenausgabe-Befugniß kaum in Betracht kamen. Indessen hatten daneben die übrigen deutschen Souveräne von der Befugniß, Noten-Privilegien zu ertheilen, in sehr reichlichem, oft das durch

[4] So die Scheine der Leipzig-Dresdner Eisenbahn-Gesellschaft, der Stadt Hannover (nach Ad. Wagner, Zettelbankpolitik S. 725, in den Jahren 1870/73 circa 1 770 000 Mark).

[5] Vgl. Bankordnung v. 5. Oktober 1846 (Preuß. Ges.-Samml. S. 435), Vertrag vom 28./31. Januar 1856 und Ges. v. 7. Mai 1856 (das. 1856 S. 342).

ihr Staatsgebiet bedingte Maaß weit überschreitendem Umfange Gebrauch gemacht. Die Versuche Preußens, sich durch Verbote gegen den Umlauf solcher fremden Noten zu schützen,[6] hatten, zumal in Mitteldeutschland, wo die betreffenden Gebiete im Gemenge lagen, bei den vielfachen wechselseitigen Verkehrsbeziehungen keinen durchschlagenden Erfolg gehabt. So hatte sich der Umlauf der (durch Baarvorrath) ungedeckten Noten in Deutschland von etwa 15 Millionen Mark zu Anfang der fünfziger Jahre, abgesehen von Bayern, nach den Monats-Bilanzen berechnet, durchschnittlich im Jahre 1867 auf 202 296 000 Mark, im Jahre 1870 auf 342 543 000, im Jahre 1873 auf 400 284 000 Mark gesteigert.[7] Ende 1870 betrug der ungedeckte Notenumlauf in Deutschland einschließlich Bayerns 448 159 000 und Ende 1873 der gesammte Notenumlauf 1 352 548 000 Mark, wovon 426 808 000 Mark ungedeckt.[8] Mehr als 140 Arten papierner Werthzeichen — Banknoten und Papiergeld in ihren verschiedenen Abschnitten — befanden sich im Jahre 1873 im Deutschen Reiche im Umlauf.[9]

Einem solchen Zustande ein Ende zu machen, wurde

[6] Ges. v. 14. Mai 1855 (Ges.Samml. S. 308), v. 25. Mai 1857 (S. 440), Verordn. v. 22. April 1869 (Ges.Samml. S. 561) — sämmtlich auch auf fremdes Papiergeld bezüglich.

[7] Vgl. Soetbeer, Deutsche Bankverfassung (Erlangen 1875) S. 4. Thorwart, „Die Entwickelung des Banknotenumlaufs in Deutschland v. 1851—1880" in Conrad, Jahrb. Bd. 41 S. 193 ff.

[8] Vgl. die Uebersicht bei Soetbeer S. 2a.

[9] Vgl. das. S. 5.

als eine der ersten Aufgaben des neu geeinigten Deutschlands erkannt. Schon die Verfassung des Norddeutschen Bundes vom 26. Juli 1867[10] rechnet in Art. 4 zu den der Beaufsichtigung und Gesetzgebung des Bundes unterliegenden Angelegenheiten

„3. die Ordnung des Maaß-, Münz- und Gewichtssystems, nebst Feststellung der Grundsätze über die Emission von fundirtem und unfundirtem Papiergelde;

4. die allgemeinen Bestimmungen über das Bankwesen" —

Vorschriften, welche sich in der am 1. Januar 1871 in Wirksamkeit getretenen Verfassung des Deutschen Bundes[11] und in der Verfassung des Deutschen Reiches vom 16. April 1871[12] wiederholen.

Man schritt zunächst dazu, einer weiteren willkürlichen Vermehrung der Banknoten und des Papiergeldes vorzubeugen. Das (einstweilen nur bis zum 1. Juli 1872 geltende) Gesetz über die Ausgabe von Banknoten vom 27. März 1870[13] machte (im § 1)

[10] B.G.Bl. S. 1.

[11] B.G.Bl. S. 627, 650, 654; 1871 S. 9.

[12] B.G.Bl. S. 63.

[13] B.G.Bl. S. 51. Das Gesetz ist im Gebiete des Norddeutschen Bundes am 29. März 1870 in Wirksamkeit getreten. (§. 6). Dasselbe ist durch Art. 80 II, 1 der Verfassung des Deutschen Bundes und durch §. 2 des Ges. v. 16. April 1871 (B.G.Bl. S. 63) zum Reichsgesetz erklärt, und zwar ist es in Baden, Südhessen, Württemberg und Bayern nach den betreffenden Vereinbarungen sowie dem Ges. v. 22. April 1871

die Erwerbung der Befugniß zur Ausgabe von Banknoten von einem (auf Antrag der betheiligten Landesregierung zu erlassenden) Bundesgesetze[14] abhängig. Das gleiche Erforderniß wurde für gewisse Erweiterungen der bisherigen Privilegien eingeführt (§§. 2, 3).[15] Zugleich wurde die Kündigung der letzteren erleichtert (§. 4).[16] In ähnlicher Weise ließ das Gesetz über die Ausgabe von Papiergeld vom 16. Juni 1870[17] die fernere Ausgabe oder Gestattung der Ausgabe von Papiergeld fortan nur auf Grund eines (auf Antrag der betheiligten Landesregierung zu erlassenden Bundesgesetzes zu (§. 1). Lediglich der Ersatz

(B.G.Bl. S. 87) am 1. Januar 1872 in Kraft getreten. In Elsaß-Lothringen, wo sich die Preußische Bank bereits im Sommer 1871 niederließ (s. Ges. v. 4. Juli 1871 — G.Bl. für Elsaß-Lothringen S. 3), ist das Gesetz nicht eingeführt.

[14] Vgl. §. 1 Abs. 1 des Bankgesetzes v. 14. März 1875 (unten C I, S. 68).

[15] Vgl. §. 1 Abs. 1, §§. 47, 49 Nr. 1 das.

[16] Vgl. §§. 44 Nr. 7, 46 Abs. 1 das.

[17] B.G.Bl. S. 507. Das Gesetz ist im Gebiete des Norddeutschen Bundes am 19. August 1870 in Wirksamkeit getreten und demnächst, wie das Ges. v. 27. März 1870, zum Gesetz des Deutschen Bundes bezw. zum Reichsgesetz erklärt, in Baden und Südhessen aber schon am 1. Januar 1871 (in Württemberg und Bayern am 1. Januar 1872) in Kraft getreten. Eine zeitliche Schranke der Wirksamkeit des Gesetzes wurde (abweichend von dem Banknotengesetze v. 27. März 1870) nicht aufgenommen. Die Beschränkung sollte gelten „bis zur gesetzlichen Feststellung der Grundsätze über die Emission von Papiergeld (Art. 4 Nr. 3 der Bundesverfassung)“.

des zur Zeit umlaufenden Papiergeldes (nach stattgefundener Einziehung) durch neue Werthzeichen gleichen oder höheren Nennwerths wurde gestattet (§. 2).

Nachdem diese Sicherheitsmaßregeln getroffen waren, wandte sich das Reich in positiver Weise der Münzreform zu. Schon mittels Vertrages vom 13. Juni 1867[18] war der Münzvertrag mit Oesterreich und Liechtenstein mit Ablauf des Jahres 1867 außer Wirksamkeit gesetzt. Im Juni 1870 hatte der Bundesrath beschlossen, durch einen Ausschuß eine „Enquête über die bei der Ordnung des Münzwesens in Betracht kommenden Verhältnisse" zu veranstalten. Zugleich wurde eine Zusammenstellung von Erwägungen und Fragen, welche zum Theil die leitenden Gesichtspunkte der späteren Münzreform erkennen lassen, den Regierungen mitgetheilt und veröffentlicht.[19] Der im Juli 1870 ausbrechende Krieg brachte eine Verzögerung dieser Thätigkeit mit sich. Im Oktober 1871 wurde indessen vom Reichskanzler dem Bundesrath ein „Gesetzentwurf, betreffend die Ausprägung von Reichsgoldmünzen" nebst Motiven vorgelegt, welcher nach einigen Aenderungen am 5. November 1871 an den Reichstag gelangte.[20] Das hieraus

[18] Preuß. Ges.Samml. von 1867 S. 1801. Wegen Einlösung der Oesterreichischen Vereinsthaler (vgl. S. XXV) übernahmen die Regierungen nur eine bedingte Verpflichtung. Dieselben werden seit Jahren in den Kassen der Reichsbank angesammelt. Vgl. unten S. 33.

[19] Vgl. Soetbeer, Deutsche Münzverfassung (Erlangen 1874) S. 9.

[20] Die erste Berathung fand in der 19. und 20. Sitzung

hervorgegangene Gesetz, betreffend die Ausprägung von Reichsgoldmünzen, wurde unterm 4. Dezember 1871 publizirt.[21] Dasselbe enthält bereits den entscheidenden Schritt zur Goldwährung, indem es die Ausprägung von Reichsgoldmünzen zu zwanzig und zehn Mark, sowie die Einziehung der bisherigen Goldmünzen anordnet, den Reichskanzler zur Einziehung der bisherigen groben Silbermünzen der Bundesstaaten ermächtigt, die fernere Ausprägung von anderen Goldmünzen, sowie aller groben Silbermünzen untersagt und den neuen Reichsgoldmünzen, nach dem Werthverhältniß wie 1 zu $15^1/_2$ von Gold zum Silber, die Eigenschaft gesetzlicher Zahlmittel beilegt. Die Ausprägung der Goldmünzen auf den Münzstätten der Bundesstaaten nach Bestimmung des Bundesraths bezw. des Reichskanzlers übernimmt nach dem Gesetze das Reich selbst.[22] Am 21. Februar 1873 ging dem Bundes-

des Reichstages, am 11. und 13. November 1871, die zweite in der 23. und 24. Sitzung, am 17. und 18. November, die dritte (Schluß-) Berathung, am 21. und 23. November in der 26. und 28. Sitzung statt. Sten. Bericht des Reichstags I. Leg.Per., II. Session 1871 Bd. 1 S. 226 ff., 251 ff., 317 ff., 341 ff., 418 ff., 453 ff.

[21] R.G.Bl. S. 404. Das Gesetz ist durch Ges. v. 15. November 1874 (R.G.Bl. S. 131) auch in Elsaß-Lothringen eingeführt. — Vgl. unten A I, III, S. 1 ff., 47 ff. Wegen Helgoland s. S. 1 Anm. 1.

[22] Vgl. Soetbeer, a. a. O. S. 1 ff., Quenstedt: Die neuen Deutschen Münzen (Berlin 1872). Hinsichtlich der Aichung und Stempelung von Goldmünzgewichten s. d. Ges. § 12, Aichordn. v. 27. Dezbr. 1884 §§ 48—51. Die äußersten Grenzen

rathe, unterm 18. März 1873 dem Reichstage (unter verändertem Titel) der Entwurf des Münzgesetzes nebst Motiven zu, welcher hier mit zahlreichen Aenderungen zur Annahme[23] gelangte und demnächst als „Münzgesetz vom 9. Juli 1873" publizirt ist.[24] Der Zweck desselben war nach den Motiven[25] „im Anschlusse an das Gesetz vom 4. Dezember 1871 die Ausprägung der nicht in Gold herzustellenden Münzen des Marksystems anzuordnen und die gesammte künftige Münzverfassung Deutschlands auf der Grundlage der Reichsgoldwährung und Markrechnung definitiv zu regeln, auch den Uebergang so zu ordnen, daß das neue Münzsystem so bald als irgend möglich ins Leben treten könne". Im Reichstage kam indessen noch ein Artikel (2) hinzu, wonach außer den Doppelkronen und Kronen auch ein goldenes Fünfmarkstück auszuprägen ist, auf welches in der Hauptsache die von jenen geltenden Bestimmungen ent-

der im öffentlichen Verkehr noch zu duldenden Abweichungen bestimmt die Bek. des Reichskanzlers v. 27. Juli 1886 § 1 V C (R.G.Bl. S. 263).

[23] 1. Berathung in der 10. u. 11. Sitzung v. 28. u. 29. März; 2. Berathung in der 17., 20. u. 21. Sitzung v. 22., 25. u. 26. April; 3. Berathung in der 28., 29. u. 59. Sitzung v. 6. Mai, 8. Mai u. 23. Juni 1873. Sten. Berichte I. Leg.Per. IV. Session 1873, Bd. 1 S. 117 ff., 316 ff., 343 ff., 521 ff., 557 ff., Bd. 2 S. 1352 ff.

[24] R.G.Bl. S. 233. Das Gesetz ist auch in Elsaß-Lothringen eingeführt. Vgl. unten A II, III. S. 18 ff., 47 ff. und Soetbeer a. a. O. S. 67 ff. Wegen Helgoland s. S. 1 Anm. 1.

[25] Aktenstück Nr. 15 in den Sten. Ber. Bd. 3 S. 70 ff. (Anlagen).

sprechende Anwendung finden. Im Uebrigen ordnet das Gesetz die Ausprägung von Reichs-Scheidemünzen an (nämlich Silbermünzen zu 5, 2, 1 Mark, 50 und 20 Pfennig, Nickelmünzen zu 10 und 5 Pfennig, zu welchen nach dem Gesetze vom 1. April 1886[26] noch eine Nickelmünze zu 20 Pfennig getreten ist, und Kupfermünzen zu 2 und 1 Pfennig),[27] deren Charakter als solcher sich in der beschränkten Annahmepflicht im Privatverkehr sowie in der geordneten Umtauschverpflichtung des Reichs ausdrückt. Als gesetzliches Zahlungsmittel wurden außer den Reichsgoldmünzen einstweilen nur noch eine Reihe von Landesmünzen deutschen Gepräges zugelassen, welche bis auf die Einthalerstücke jetzt sämmtlich kraft der in dem Gesetze wiederholten Vollmacht auf Rechnung des Reichs eingezogen sind, während das Verbot der Ausprägung von anderen als Reichsmünzen verallgemeinert ist. Hinsichtlich der Herstellung der Münzen ist zwar das in dem Gesetze vom 4. Dezember 1871 angenommene System festgehalten. Aber es ist außerdem die Ausprägung von Goldmünzen (Doppelkronen) auf Privatrechnung (gegen Entrichtung einer mäßigen Prägegebühr) zugelassen, welche inzwischen in den Händen der Reichsbank eine große Ausdehnung gewonnen hat. Für die dauernde Aufrechterhaltung der Vollwerthigkeit ist durch die Vorschrift gesorgt, daß Goldmünzen, welche in Folge längerer Cir-

[26] R.G.Bl. S. 67 (unten A II, S. 21).

[27] Nur in Bayern kann nach Bedürfniß eine Halb-Pfennigmünze (Heller) geprägt werden (Ges. v. 4. Dezbr. 1871 §. 13).

kulation das gesetzlich festgesetzte Passirgewicht eingebüßt haben, und Reichs-Scheidemünzen, welche in gleicher Veranlassung erheblich an Gewicht oder Erkennbarkeit eingebüßt haben, für Rechnung des Reichs eingezogen werden sollen. Ausländische Münzen können durch den Bundesrath nicht nur außer Kurs gesetzt, sondern es kann auch, wie in mehreren Fällen, namentlich (z. B. 1888) auch hinsichtlich der fremden Scheidemünzen (mit gewissen Ausnahmen) geschehen, ihr Umlauf ganz verboten werden.

Eine Ergänzung des Münzgesetzes ist noch vor Eintritt der Reichswährung durch das Gesetz vom 20. April 1874, betreffend die Abänderung des Art. 15 des Münzgesetzes vom 9. Juli 1873 erfolgt.[28] Durch dasselbe ist die Bestimmung des Münzgesetzes, wonach die nicht speziell in Art. 15 aufgeführten Münzen mit dem Eintritt der Reichswährung die Eigenschaft eines gesetzlichen Zahlungsmittels verlieren, hinsichtlich der fast ausschließlich in Deutschland befindlichen, bis zum Ablauf des Jahres 1867 (im Betrage von 31 115 849 Thalern = 93 347 547 Mark) geprägten österreichischen Vereinsthaler außer Anwendung gesetzt und diesen einstweilen ihre bisherige Stellung in unserem Geldsystem gewährt. Ihre Außer-

[28] R.G.Bl. S. 35. Vgl. oben Anm. 18 und unten A II, S. 41. Die Entscheidung, wie die fraglichen Münzen schließlich aus dem deutschen Verkehr entfernt werden sollen, blieb offen. Vgl. Sten. Bericht des Reichstages S. 757 ff., Soetbeer, a. a. O. 174 ff.

kurssetzung konnte danach nur im Wege der Gesetzgebung herbeigeführt werden. Der Bundesrath ist jedoch durch Gesetz vom 28. Februar 1892 (R.G.Bl. S. 315) ermächtigt worden, die Außerkurssetzung der österreichischen Thaler in Deutschland anzuordnen und die hierfür erforderlichen Vorschriften festzustellen. Dieselbe ist bisher nicht erfolgt. [Für Oesterreich-Ungarn ist die Außerkurssetzung der österreichischen Vereinsthaler und Doppelthaler durch die k. k. Verordnung vom 12. und 19. April 1893 erfolgt.]

In den Jahren 1892, 1893 und 1894 wurden in 3 Raten von je M. 8666667 zusammen M. 26000001 österreichische Vereinsthaler und Doppelthaler auf Grund eines mit dem Deutschen Reiche getroffenen Abkommens vom 20. Februar 1892 von Oesterreich gegen Erstattung des Werths in österreichischen Noten, der Thaler zu 1½ Fl. ö. W. gerechnet, zur Einschmelzung übernommen.

Einen weiteren Schritt hat das Gesetz vom 6. Januar 1876, betreffend die Abänderung des Artikels 15 des Münz-Gesetzes vom 9. Juli 1873[29] gethan, wonach der Bundesrath befugt ist, zu bestimmen, daß die Einthalerstücke deutschen Gepräges, sowie die oben erwähnten österreichischen Vereinsthaler bis zur ihrer Außerkurssetzung nur noch an Stelle der Reichssilbermünzen unter Berechnung des Thalers

[29] R.G.Bl. S. 3. Unten A II, S. 42. Sten. Berichte II. Leg.Per. III. Session 18 75/76 Bd. 1, S. 665 ff., 736 ff., (28. und 30. Sitzung vom 15. und 17. Dezember 1875).

zu 3 Mark in Zahlung anzunehmen sind. Es kann also statt der Außerkurssetzung der Mittelweg einer Herabsetzung der Thaler zu Scheidemünzen eingeschlagen werden. Indessen ist die Münzreform bei Ertheilung dieser Vollmacht stehen geblieben. Ein Gebrauch davon ist seither nicht gemacht worden. Vielmehr ist seit Mai 1879 der Verkauf von Silbermünzen für Rechnung des Reichs wegen der fortwährend steigenden Entwerthung des Silbers auf dem Weltmarkte eingestellt.[30] Unsere Währung ist daher einstweilen noch eine hinkende („Etalon boiteux"), da die vorhandenen Thaler neben den Reichsgoldmünzen unbeschränkt gesetzliches Zahlmittel sind. Ernstliche Bedenken gegen die Stetigkeit unserer Währung kann aber dieser Bestandtheil unserer Umlaufsmittel nicht mehr erregen, da der Verkehr mit Goldmünzen hinreichend gesättigt und die durchschnittliche Golddeckung der Banknoten (s. unten) in fortwährendem Steigen begriffen ist, während der Thalervorrath der Reichsbank sich wesentlich vermindert hat. Die Thaler versehen in unserem Verkehr vielfach den Dienst von Scheidemünzen. Die Reichsbank drängt dieselben thatsächlich Niemand als Zahlungsmittel auf und hat dies niemals gethan.

Die Ausprägung von Goldmünzen hat in den letzten Jahren große Fortschritte gemacht.

Nach der neuesten, dem Reichstage zufolge §. 11 des Gesetzes vom 4. Dezember 1871 zugefertigten „Uebersicht über die Ausprägung und Einziehung der Reichs-

[30] Wegen der Silberbarren s. unten S. XXX.

münzen bis Ende März 1896[31] waren den Münzstätten bis Ende März 1896 zur Ausprägung von Reichsgoldmünzen

949144 Pfund Feingold auf Reichsrechnung, einschließlich 2952 Pfd. aus Mark 4141740 in nicht mehr umlaufsfähigen Reichsgoldmünzen,

1241395 Pfund Feingold auf Privatrechnung,

zus.: 2190539 Pfund Feingold

zugegangen.

Ausgeprägt sind nach der im Januar 1897 veröffentlichten Uebersicht[32] bis Ende Dezember 1896

in Doppelkronen . . .	Mark	2522696240
in Kronen	„	557523760
in halben Kronen . .	„	27969925[33]
zusammen:	Mark	3108189925

darunter auf Privatrechnung Mark 1784620330.

Davon sind wieder eingezogen:

an Doppelkronen . .	Mark	1634420
an Kronen	„	3645200
an halben Kronen . .	„	12150
zusammen:	Mark	5291770

[31] Anlage X zur „Uebersicht der Reichs-Ausgaben und -Einnahmen, für das Etatsjahr 1895/96."

[32] In der 1. Beilage des Reichsanz. v. 13. Januar 1897 Nr. 10.

[33] Diese Ziffer hat sich seit Mitte März 1878 nicht verändert.

Bleiben an Doppelkronen Mark 2521061820, an Kronen Mark 553878560, an halben Kronen Mark 27957775, zusammen 3102898155.

Die Reichsbank hat bis zum 31. Dezember 1896 an Gold, theils in Münzen, theils in Barren erworben:

von Privaten für . . .	Mark	1865088623
vom Reich „ . . .	„	315509943
zusammen für:	Mark	2180598566

Zur Ausprägung von Reichssilbermünzen waren den Münzstätten bis Ende März 1896 an Landessilbermünzen und an Barren aus solchen Münzen 4894082 Pfund Feinsilber überwiesen und außerdem 128874 Pfund, welche sich bei der Einschmelzung von 13000000 Mark Zwanzigpfennigstücken und von 38513 Mark anderer nicht mehr umlaufsfähiger Reichssilbermünzen behufs Umprägung ergeben haben.

Ausgeprägt sind bis Ende Dezember 1896 und bleiben nach Wiedereinziehung von Mark 13401025 der verschiedenen Sorten im Umlauf

in Fünfmarkstücken . .	Mark	92114480
„ Zweimarkstücken . . .	„	118958754
„ Einmarkstücken . . .	„	188967511
„ Fünfzigpfennigstücken .	„	71475641
„ Zwanzigpfennigstücken .	„	22712507
zusammen:	Mark	494228893

Von den Nickelmünzen sind bis Ende Dezember 1896 ausgeprägt und nach Einziehung von Mark 2870 in Umlauf

Zwanzigpfennigstücke	. .	Mark	5 005 779
Zehnpfennigstücke	. . .	„	32 573 450
Fünfpfennigstücke	. . .	„	16 552 857
	zusammen:	Mark	54 132 086

An Kupfermünzen sind

	Mark	13 444 911	geprägt,
wieder eingezogen	„	132	
bleiben	Mark	13 444 779.	

Der Bestand des Reichs an Silberbarren, welcher Ende 1883 noch 188 936,$_{764}$ Pfund fein betrug, ist verkauft bezw. verwendet.

Das Münzgesetz hat in seiner Schlußbestimmung (Art. 18) zugleich die Reform des Banknoten- und Papiergeldwesens weiter vorbereitet. Hinsichtlich des Staatspapiergeldes war vorgeschrieben, daß dasselbe spätestens bis zum 1. Januar 1876 eingezogen und spätestens 6 Monate vor diesem Termine öffentlich aufgerufen werden sollte. Dagegen war die Richtung, welche alles Staatspapiergeld durch Banknoten, welche allerdings manche Vorzüge haben,[34] ersetzen wollte, nicht durchgedrungen. Das Gesetz kündigte vielmehr die Ausgabe von Reichspapiergeld nach Maßgabe eines besonderen Gesetzes an, welches auch über die den einzelnen Bundesstaaten zum Zweck der Einziehung ihres Papiergeldes zu gewährenden Erleichterungen die näheren Bestimmungen treffen sollte.

[34] Vgl. Nasse in Preuß. Jahrb. Bd. 63 S. 512 ff.

Die hierin enthaltene Zusage zu verwirklichen, war das Gesetz vom 30. April 1874, betreffend die Ausgabe von Reichskassenscheinen,[35] bestimmt. Danach ist die Bestimmung wiederholt, daß kein Bundesstaat anders, als auf Grund eines Reichsgesetzes Papiergeld ausgeben oder dessen Ausgabe gestatten darf (§. 8). An Stelle des bisherigen Staatspapiergeldes ist das Reichspapiergeld (Reichskassenscheine), zu dessen Annahme im Privatverkehr Niemand gezwungen ist, zu entsprechend limitirtem Betrage in Abschnitten von 5, 20 und 50 Mark ausgegeben, welches bis auf den unter die Bundesstaaten nach der Bevölkerungsziffer (demselben Maßstabe, nach welchem sie zu den Lasten des Reiches beitragen) vertheilten Normalbetrag von 120 Millionen Mark (übereinstimmend mit dem Reichskriegsschatze)[36] aus den von den Staaten behufs Einziehung ihres überschießenden Papiergeldes empfangenen, spätestens bis zum 31. Dezember 1890 zurückzuerstattenden Vorschüssen wieder einzuziehen ist. Nach der letzten über die Ausführung des Gesetzes veröffentlichten Uebersicht,[37] welche bis Ende März 1891 reicht, sind von dem Landes-

[35] R.G.Bl. S. 40 (unten B 1, S. 56). Die erste Berathung im Reichstage fand in der 24. Sitzung vom 26. März, die zweite in der 26. und 35. Sitzung am 28. März und 18. April, die dritte in der 38. Sitzung vom 22. April 1874 statt. (Sten. Berichte des Reichstags, II. Leg.Per. I. Session 1874, Bd. 1 S. 597 ff.; Bd. 2 S. 923 ff., 1026 ff.)

[36] Ges. v. 11. November 1871 (R.G.Bl. S. 409), Verordn. v. 22. Januar 1874 (R.G.Bl. S. 9).

[37] Centralbl. 1891 S. 72/73.

Papiergeld im Gesammtbetrage von 184 298 529 Mark eingezogen und vernichtet: 183 148 967 Mark. Von den zum Maximalbetrage von 54 889 941,72 Mark nach §. 3 des Gesetzes zu gewährenden Vorschüssen sind auf die Reichshauptkasse angewiesen worden: Mark 54 123 567,14, die bis zum 31. Dezember 1890, dem gesetzlich bestimmten Termin, zurückgezahlt waren. In Folge dieser Rückzahlungen sind an Reichskassenscheinen eingezogen und vernichtet 54 123 565 Mark. — Inzwischen sind übrigens neue Scheine ausgegeben und die Scheine alter Ausgabe bis auf einen geringen Rest eingezogen, bezüglich dessen das Gesetz vom 21. Juli 1884[38] bestimmt, daß diese Scheine vom 1. Juli 1885 nur noch bei der Königlich Preußischen Kontrole der Staatspapiere eingelöst werden. — Das zur Herstellung von Reichskassenscheinen (thatsächlich auch von Reichsbanknoten) verwendete sog. Wilcox-Papier ist in dem Gesetze vom 26. Mai 1885[39] durch Strafbestimmungen gegen unbefugte Nachahmungen geschützt.

Den Schluß der großen Reform machte die Regelung des Banknotenwesens. Die Wirksamkeit des oben erwähnten Gesetzes vom 27. März 1870 war durch das Gesetz vom 16. Juni 1872[40] bis zum 30. Juni 1873, ferner durch Gesetz vom 30. Juni 1873[41] bis zum 31. Dezember 1874, endlich durch Gesetz vom

[38] R.G.Bl. S. 165. Unten B II, S. 63.
[39] R.G.Bl. S. 172. Unten B III, S. 65.
[40] R.G.Bl. S. 169.
[41] R.G.Bl. S. 159.

21. Dezember 1874[42] Art. I bis zum 31. Dezember 1875 verlängert worden. Das letztgedachte Gesetz enthielt aber noch weitere Vorschriften. Schon vorher hatte nämlich der bereits angeführte Art. 18 des Münzgesetzes vom 9. Juli 1873 verordnet, daß bis zum 1. Januar 1876 sämmtliche, nicht auf Reichswährung lautende Noten der Banken einzuziehen seien, und daß von da ab nur solche Banknoten in Umlauf bleiben oder ausgegeben werden dürfen, welche auf Reichswährung in Beträgen von nicht weniger als 100 Mark lauten, und diese Bestimmung auch auf die von Korporationen ausgegebenen Scheine ausgedehnt. Zur Ausführung und in theilweiser Verbesserung dieser Vorschriften wurde nun in dem Gesetze vom 21. Dezember 1874 eine staffelweise Einziehung der kleinen Notenabschnitte in der Weise angeordnet, daß schon vom 1. Juli 1875 ab Banknoten von 50 Mark und darunter nicht mehr ausgegeben werden sollten. Auch wurden die Banken verpflichtet, dem Reichskanzler bis spätestens den 30. Juni 1875 nachzuweisen, daß sie alle zur rechtzeitigen Einziehung ihrer nicht jener Vorschrift des Art. 18 entsprechenden Banknoten erforderlichen Schritte gethan hätten; überdies haben sie monatlich Nachweisungen über die umlaufenden, die in den Bankkassen befindlichen und die nach erfolgter Einlösung vernichteten Noten zur Veröffentlichung einzureichen.[43] Hiermit war

[42] R.G.Bl. S. 193.

[43] Diese letztere Vorschrift besteht noch jetzt. Vgl. unten C I, S. 76.

die Vorbereitung des Bankgesetzes abgeschlossen. Bereits im Juli 1874 war indessen der dem Reichskanzleramte ausgearbeitete Entwurf eines solchen in die Oeffentlichkeit gelangt, welcher von der Errichtung einer Reichsbank (Central-Notenbank) absehend, lediglich durch Unterwerfung der bestehenden Notenbanken unter ein verwickeltes System von Normalstatuten allmälig eine rationelle Gestaltung des Notenbankwesens anbahnen wollte und namentlich auch eine Notensteuer von 1 Prozent jährlich für alle ungedeckten Noten, außerdem eine Abgabe von 4 Prozent für alle über einen fest bestimmten Betrag ausgegebenen ungedeckten Noten vorsah. Obgleich dieser Entwurf in der Literatur und in anderen öffentlichen Kundgebungen sogleich lebhaften Widerspruch fand, wurde derselbe doch in wesentlich unveränderter Gestalt am 5. November 1874 nebst Motiven dem Reichstage vorgelegt.[44] Aber schon bei der ersten Berathung in der 11. bis 13. Sitzung vom 16. bis 18. November[45] gab sich das allgemeine Verlangen nach einer Reichsbank (mit vielseitigen Obliegenheiten im öffentlichen Interesse) nachdrücklich kund. Die Kommission, welcher der Entwurf überwiesen wurde, vertagte sich daher sofort nach ihrer Konstituirung mit dem Beschlusse, daß sie die Diskussion des Bankgesetzes nicht für wünschenswerth erachte, ehe ein Beschluß über die Einführung

[44] Aktenstück Nr. 27 — Sten. Berichte a. a. O. Bd. 3 S. 648.

[45] Sten. Berichte des Reichstages, II. Leg.Per. II. Session 1874 Bd. 1 S. 149 ff., 175 ff., 203 ff.

einer Reichsbank und deren Modalitäten gefaßt sei, und nahm ihre Berathungen erst nach Eingang einer entgegenkommenden, von einem entsprechenden Programm begleiteten Rückäußerung der verbündeten Regierungen wieder auf, indem ein Mitglied aus formellen Gründen jenes die Einführung der Reichsbank enthaltende Programm als revidirten Bankgesetz-Entwurf zum Gegenstande eigener Anträge machte. Das Resultat war die Annahme mit einigen Aenderungen. Nach Erstattung eines eingehenden Berichts seitens der Kommission[46] berieth das Plenum in der 52. bis 55. Sitzung vom 25. bis 28. Januar 1875 in der 2. Lesung[47] und nahm am 30. dss. Mts. in der 57. (Schluß-) Sitzung der Session den nur in einzelnen Punkten modifizirten Entwurf mit erheblicher Mehrheit an,[48] welcher darauf als „Bankgesetz vom 14. März 1875" publizirt wurde.[49]

Dasselbe beruht auf einer Vermittelung des Centralbank-Systems mit der in den bestehenden Verhältnissen wurzelnden Bankenvielheit. Es sollte zunächst auf eine Reihe von Jahren ein von den wesentlichsten Uebel-

[46] Aktenstück Nr. 195, Sten. Ber. a. a. O. Bd. 4, S. 1147 ff. (Anl.).

[47] Sten. Berichte a. a. O. Bd. 2, S. 1265 ff., 1291 ff., 1329 ff., 1364 ff.

[48] Sten. Berichte a. a. O. S. 1435 ff.

[49] R.G.Bl. S. 177. — Unten C I S. 68 ff. — Näheres über die Geschichte des Bankgesetzes s. bei Soetbeer, Deutsche Bankverfassung S. 5 ff. und W. Lotz, Geschichte und Kritik des Deutschen Bankgesetzes v. 14. März 1875 — Leipzig, 1888.

ständen befreiter Uebergangszustand geschaffen werden, um sodann auf Grund der inzwischen gemachten Erfahrungen eine einheitliche Regelung herbeizuführen: Neue Noten-Privilegien können nur durch ein Reichsgesetz ertheilt werden (§. 1). Die Reichsbank erscheint, jedoch in gemäßigtem Sinne, als die Central-Notenbank Deutschlands. Ihre wesentlich wirthschaftliche, verkehrspolitische Bestimmung, auf welcher ihre Sonderrechte und Pflichten[50] beruhen, zeigt sich neben der Bezeichnung ihrer öffentlichen Aufgabe (Bankges. §. 12) hauptsächlich in der auch durch ihren Namen angedeuteten engen Verbindung mit den Einrichtungen des Reichs. Ihrer Verwaltung ist es verwehrt, sich lediglich oder auch nur in der Hauptsache durch Erwerbsrücksichten bestimmen zu lassen; dafür, daß für sie die Rücksicht auf das öffentliche Wohl maßgebend sei, sorgt die „Aufsicht und Leitung des Reichs". Wie die Reichsbank die Währung des Reichs schützt, seine Umlaufsmittel (Reichsmünzen und Reichskassenscheine) durch das elastische Verkehrswerkzeug der Banknoten ergänzt, so bildet sie vermöge ihrer Mittel und ihres Filialennetzes, mit welchem sie, aus der Preußischen Bank kraft der bereits in dem Bankgesetze (§. 61) ertheilten Vollmacht hervorgegangen,[51]

[50] Neben ihrer Hauptaufgabe (§. 12) z. B. die Besorgung der Reichskassengeschäfte (§. 22), die Verpflichtung zum Ankauf von Barrengold zu festem Preise (§. 14 — s. auch Münzges. Art. 12 Anm. 22, unten A II, S. 36), andererseits das Recht zum Pfandverkauf (§. 20) und eine begrenzte Freiheit von Staatssteuern (§. 21).

sofort das ganze Gebiet des Reichs überzog,[52] besonders in schlimmen Zeiten den starken Rückhalt für den Kredit des Landes und erleichtert nicht bloß durch den Ankauf von kurzfälligen Wechseln und anderen Papieren, sowie durch ihr Einziehungsgeschäft und ihren Ein- und Auszahlungsverkehr, sondern hauptsächlich durch ihren großartig entwickelten Giroverkehr[53] den gesammten Zahlungsverkehr, einen Geschäftszweig, welcher ihr gegenüber der Beschränkung ihrer durch den Baarvorrath ungedeckten Noten erst hinreichende Mittel zuführte, um ihre gesetzliche Mission zu erfüllen. Ihr Diskontosatz berücksichtigt auf der einen Seite die Verhältnisse des Geldmarktes, wirkt aber andrerseits selbst bestimmend auf den Preis des Geldes, welchem dann die anderen Geldinstitute folgen. In dieser bedeutenden Rolle für das Wirthschaftsleben des Reichs, dessen Central-Geldbehälter sie bildet, unterscheidet sich die Reichsbank wesentlich nicht

[51] Vgl. das Preuß. Ges. v. 27. März 1875 (Ges.Samml. S. 166) und den Vertrag v. 17./18. Mai 1875 (R.G.Bl. S. 215 — unten C III, S. 166), Statut der Reichsbank v. 21. Mai 1875 (R.G.Bl. S. 203 — unten C II, S. 142).

[52] Noch im Jahre 1875 wurden kraft der in dem Gesetze v. 27. März 1875 §. 2 enthaltenen Ermächtigung 7 außerpreußische „Bank-Commanditen" errichtet. Am 1. Januar 1876 folgten 3 neue Hauptstellen und eine größere Zahl von Reichsbankstellen (s. unten C XIII, S. 193).

[53] Die Umsätze im Giroverkehr betrugen im Jahre 1876 Mark 16 711 245 213, im Jahre 1896 Mark 98 249 164 000, die Guthaben im Jahre 1876 durchschnittlich Mark 70 495 600, im Jahre 1896 Mark 239 027 000, die Zahl der Girokunden Ende 1876 3245, Ende 1896 12 292.

bloß von anderen Bankgeschäften, sondern auch von den „Privat-Notenbanken".[54] Unter diesem Namen ließ das Gesetz nämlich neben ihr die übrigen Notenbanken einstweilen bestehen, knüpfte jedoch die Zulassung des Gebrauchs ihrer Noten zu Zahlungen, sowie den Betrieb von Bankgeschäften außerhalb des Gebiets des konzessionirenden Bundesstaats an die Unterwerfung unter gewisse, in der Hauptsache auch für die Reichsbank geltende Beschränkungen sowohl hinsichtlich des Notenrechts, als ihres sonstigen Geschäftsbetriebes und unterstellte sie überdies der Aufsicht des Reichskanzlers. Von den bestehenden 32 Notenbanken haben allmälig 25 ihr Notenrecht durch Verzicht oder Zeitablauf verloren, die übrigen bis auf eine (die Braunschweigische Bank) haben sich den gedachten Beschränkungen unterworfen.[55]

Von den für alle Notenbanken geltenden Bestimmungen des Bankgesetzes sind hervorzuheben: die Vorschriften über Ausschließung des Zwangskurses und über die Stückelung der Banknoten (§§. 2, 3), deren Einlösung

[54] Vermögensrechtlich ist die Reichsbank zwar ähnlich wie die ehemalige Preußische Bank, auf Privatkapital, und zwar ohne Reichseinschuß, gegründet und als besondere juristische Person von dem Reichsfiskus gesondert. Trotz einiger Aehnlichkeit mit der Aktiengesellschaft ist sie aber eine öffentliche Anstalt des Reichs unter einem in die verschiedensten Rechtsgebiete eingreifenden Sonderrechte. Vgl. Bankges. §. 12 Anm. 31, 34 (unten C I, S. 84), oben Anm. 50.

[55] Vgl. Bankges. § 9 Anm. 26 (unten C I, S. 80), § 45 Anm. 161 (das. S. 125).

und Annahme in Zahlung (§. 4), den Ersatz für beschädigte Noten (ebenda), das Verbot der Wiederausgabe beschädigter und beschmutzter Noten (§. 5), den Aufruf und die Einziehung der Noten (§. 6), das Verbot gewisser Geschäfte (§. 7), die Verpflichtung zu bestimmten Veröffentlichungen (§. 8). Das Notengeschäft ist aber überdies einer wichtigen Beschränkung unterworfen, und zwar einer bedingten Notensteuer (§§. 9, 10). Um nämlich im Interesse der Goldwährung und aus anderen wirthschaftlichen Gründen einer übermäßigen Vermehrung des ungedeckten Notenumlaufs entgegenzuwirken, hat das Gesetz das System der sogenannten indirekten Kontingentirung der Banknoten angenommen. Einer jeden Bank ist ein Normalbetrag von nicht durch ihren Baarvorrath gedeckten Noten überwiesen, wobei man den künftigen Notenumlauf weit unterschätzte (nämlich auf etwa 1 Milliarde Mark). Für die übrigen Noten haben die Banken für die Dauer der Ueberschreitung der steuerfreien Grenze eine Steuer von jährlich fünf vom Hundert (des Ueberschusses) an die Reichskasse zu entrichten. Für die Reichsbank würde jener Betrag, obwohl derselbe sich durch Zuwachs des den erloschenen Banken zugewiesenen Betrags bis zum 1. Januar 1894 auf 293400000 Mark erhöht hat, sich längst als völlig unzureichend erwiesen haben. Ihre Verwaltung hat aber, abgesehen von der Vermehrung ihrer Betriebsmittel durch ihren mächtig entwickelten Giroverkehr es in zahlreichen Fällen nicht gescheut, eine vorübergehende Ueberschreitung der Steuergrenze hinzunehmen, also ohne Gewinn oder sogar mit

Verlust zu arbeiten, anstatt durch Erhöhung des Diskontsatzes dem Lande das Geld zu vertheuern.[56]

Sodann ist die Ausübung des Notenrechts bei der Reichsbank sowohl, als bei den Notenbanken, welche sich den Beschränkungen des Gesetzes unterworfen haben, an das Erforderniß der sogenannten Dritteldeckung geknüpft (§§. 17, 44 Nr. 3, §. 50 Nr. 1).[57] Ferner ist die Einlösung der Noten bei diesen Banken durch besondere, über die allgemeine Bestimmung des §. 4 hinausgehende Vorschriften gesichert (§§. 18, 44 Nr. 4, 50 Nr. 3), und außerdem sind die in Rede stehenden Notenbanken zur wechselseitigen Annahme ihrer Noten verpflichtet (§§. 19, 44 Nr. 5).[58] Ueberdies sind alle diese Banken auch in ihrem sonstigen Geschäftsbetriebe beschränkt, indem sie nur gesetzlich bestimmte Geschäfte betreiben bezw. ihre Betriebsmittel in solchen anlegen dürfen (§§. 13, 44 Nr. 1) und einen Reservefonds bis zu einem Viertel

[56] Bei der Berathung des Bankgesetzes hielt man dies für ausgeschlossen (s. Sten. Ber. d. Reichstags 1874/75 S. 1270 ff.). Das System der indirekten Noten-Kontingentirung ist aber schon deshalb ohne den vorausgesetzten entscheidenden Einfluß auf die Diskontpolitik der Reichsbank geblieben, weil es nicht bloß auf die Größe, sondern auch auf die Art des Geldbedarfs ankommt. Vgl. K. Helfferich, das Deutsche System der Kontingentirung des Notenumlaufs in G. Schanz, Finanz-Archiv XIII, 28, 82 ff.

[57] S. unten C I, Anm. 65, 146, S. 93, 121.

[58] Auch die Wiederausgabe der in Zahlung genommenen Noten, soweit es nicht Noten der Reichsbank sind, ist untersagt.

des Grundkapitals ansammeln müssen (§§. 24 Nr. 2, 44 Nr. 2).

Als Termin einer fortschreitenden einheitlichen Entwickelung des Notenbankwesens war in verschiedenen Vorschriften der 1. Januar 1891 in Aussicht genommen, zu welchem sowohl das Privilegium der Reichsbank als die der dem Bankgesetz unterworfenen Privat-Notenbanken gekündigt werden konnten (§§. 41, 44 Nr. 7).

Trotz einer lebhaften Agitation ist indessen alles im Wesentlichen beim Alten geblieben. Die Reichsregierung beschränkte sich „in der Erwägung, daß es — mindestens für den ersten Kündigungstermin — gerathen war, die jetzige durch eine langjährige Erfahrung bewährte Organisation der Reichsbank in der Hauptsache beizubehalten, mithin die Reichsbank in ihrer Grundverfassung als ein zwar mit Privatkapital, jedoch unter der Verwaltung und Aufsicht des Reichs betriebenes Bank-Institut bis auf Weiteres zu belassen“, darauf, einen Gesetzentwurf vorzulegen, wodurch die Gewinnbetheiligung des Reichs bei der Reichsbank etwas vergrößert wurde,[59] und dieser Entwurf wurde nach lebhaften Debatten vom Reichstage angenommen.[60] Die

[59] Vgl. Drucksachen des Reichstags 1889/90 Nr. 43.

[60] Erste Berathung, 11. Sitzung v. 8. November 1889 — Sten. Berichte des Reichstags S. 291—293. Zweite Berathung auf Grund mündlichen Berichts der VII. Kommission, 26. Sitzung v. 29. November 1889 — das. S. 577—598, 27. Sitzung v. 2. Dezember 1889 — das. S. 599—630. Dritte Berathung, 31. Sitzung v. 6. Dezember 1889 — das. S. 713—730.

darin enthaltene Aenderung des §. 24 des Bankgesetzes ist darauf, nachdem sie auch die Zustimmung der dazu berufenen außerordentlichen Generalversammlung der Reichsbankantheilseigner erhalten, als Gesetz vom 18. Dezember 1889[61] publizirt. Hiermit hat der Reichstag seine Zustimmung zu einer Verlängerung des Privilegs der Reichsbank auf weitere 10 Jahre ausgesprochen (s. §. 41 Abs. 3). Ebensowenig hat das Reich den Privatbanken gegenüber von dem vorbehaltenen Kündigungsrecht Gebrauch gemacht. Auch ihre Existenz war damit auf fernere 10 Jahre gefristet. Indessen sind die Privilegien von einigen der unbedeutenderen (preußischen) Notenbanken von selbst inzwischen nach Maßgabe ihrer Statuten ꝛc. erloschen. Fehlt es hiernach noch immerhin eine Zeit lang an der einheitlichen deutschen Banknote, bleibt der Geldschatz des deutschen Volkes noch ein zersplitterter, und sind die fortbestehenden Privat-Notenbanken noch immer in der Lage, durch Unterbieten die Diskonto-Politik der Reichsbank zu durchkreuzen, wenn sie sich nicht die nöthigen Rücksichten als Verwalter fiduziären Geldes auferlegen, so ist doch nicht zu verkennen, daß das Gesetz wohlthätig gewirkt hat und in der Richtung, ein einheitliches und sicheres Banknotenwesen zu gewinnen, erhebliche Fortschritte gemacht worden sind. Ob die gemachten Erfahrungen die gesetzgebenden Faktoren bestimmen werden, bei dem nicht mehr fernen Ablauf der zehnjährigen Frist grundsätzliche Aenderungen vorzunehmen, steht dahin.

[61] R.G.Bl. S. 201. Vgl. unten C I, Anm. 77 S. 97.

Der durch die vorstehend in ihrer Entwickelung geschilderten Reform-Gesetze in Deutschland geschaffene Zustand des Geldwesens ist kein idealer, aber doch ein im Ganzen gesunder und so grundverschieden von dem, was noch vor zweieinhalb Dezennien bestand, daß für diese Vergangenheit die Erinnerung und das Verständniß zu schwinden beginnen. Dabei darf nicht vergessen werden, daß einer für den Volkswohlstand bedenklichen Häufung der Umlaufsmittel auch durch die fortschreitende Entwickelung des Checkwesens und der Buchübertragungen (im Giroverkehr) unter Führung der Reichsbank sehr erheblich vorgebeugt worden ist und fort und fort vorgebeugt wird. Seit ungefähr 13 Jahren ist in dieser Richtung durch die Einrichtung von Abrechnungsstellen bei der Reichsbank ein wichtiger Schritt vorwärts gethan. Die mit der Wochen-Uebersicht der Reichsbank monatlich veröffentlichten Nachweisungen zeigen, daß der Abrechnungsverkehr, wodurch gewaltige Beträge von Geldverbindlichkeiten ohne einen Pfennig Münze, ohne eine Banknote oder ein Stück Papiergeld lediglich vermöge Skontration und schließlicher Uebertragung der Saldi auf Reichsbank-Giro-Konto ausgeglichen werden, in stetigem, wenngleich erst in den letzten Jahren rascher fortschreitenden Wachsen begriffen ist.[62]

So wird der Weg für die Vollendung unseres

[62] Die Einlieferungen bei den Abrechnungsstellen betrugen
im Jahre 1884 12 130 196 100 Mark,
im Jahre 1896 22 904 935 300 Mark.

Münzsystems und für weitere Schritte zur Vervollkommnung unseres Banknotenwesens mehr und mehr geebnet. Wie sehr auch die Ansichten über das, was in beiderlei Hinsicht zu erstreben, auseinandergehen, so ist doch darin Alles einig, daß in der erreichten Einheit kein Rückschritt gethan werden darf.

Aus der reichen Literatur über das heutige deutsche Geldwesen sind außer den volkswirthschaftlichen Lehr- und Handbüchern von Roscher, Knies, Wirth u. s. w., den handelsrechtlichen Werken von Goldschmidt, Endemann, Gareis u. A., den Lehrbüchern des Deutschen Staatsrechts von Laband, Schulze, v. Rönne, Zorn 2c., sowie des Verwaltungsrechts von G. Meyer, Loening, Frhrn. v. Stengel u. s. w. hervorzuheben:

Dr. Ad. Soetbeer: Deutsche Münzverfassung (Erlangen 1874) und der darin S. 136 ff. befindliche „Literaturnachweis in Bezug auf die Deutsche Münzreform“.

Derselbe: Deutsche Bankverfassung (Erlangen 1875) [nebst Nachtrag (Erlangen 1881)] und der darin S. 191 ff. befindliche „Literaturnachweis in Bezug auf das Bankwesen in Deutschland“.

E. Nasse (W. Lexis): Geld- und Münzwesen in Schönberg, Handbuch d. Polit. Oekonomie I, 4. Aufl. (1896) S. 327 ff.

Derselbe: Die Kündigung des Privilegiums der

Reichsbank und der Privatnotenbanken, in Preuß. Jahrb. Bd. 63 (1888) S. 495 ff.

Stroell, Ueber Gegenwart und Zukunft des Deutschen Notenbankwesens (in Schmollers Jahrb. f. Gesetzgebung 1886).

Ad. Wagner, Kredit- und Bankwesen in Schönberg a. a. O. S. 413 ff., besonders S. 503 ff.

W. Lotz, Geschichte und Kritik des Deutschen Bankgesetzes vom 14. März 1875, Leipzig 1888.

E. v. Philippovich, Die Verlängerung des Reichsbankprivilegiums in Bd. 54 der Jahrb. f. Nationalökonomie und Statistik (1890) S. 275 ff.

Ad. Wagner, sub voce „Reichsbank" in v. Holtzendorff, Rechtslexikon 3. Ausg. Bd. 3 (1881) S. 345 ff. und die am Schlusse dieses Artikels verzeichnete Literatur.

Georg Cohn in Endemann, Handb. d. deutschen Handels-, See- und Wechselrechts III (1884) S. 854 ff., 878 ff., 884 ff., 921 ff., 987 ff., 1011 ff., 1041 ff., 1056 ff., 1093 ff., 1108 ff., 1135 ff.

Dr. Karl Helfferich, Geschichte der deutschen Geldreform, Leipzig 1898.

Derselbe, Beiträge zur Geschichte der deutschen Geldreform, Leipzig 1898.

Hartung, Die Notenbanken unter dem Bankgesetz von 1875 in Bd. 56 der Jahrb. f. Nationalökonomie u. Statistik 1891.

Auch erlaube ich mir, auf meine Artikel über „Banknoten", „Check", „Feingehalt", „Geld", „Giro-Verkehr", „Münzwesen", „Riscontro" in v. Holtzendorff, Rechtslexikon Bd. 1 bis 3, über „Münzwesen", „Notenbanken", „Papiergeld", „Reichsbank" in Frhr. v. Stengel's Wörterbuch des deutschen Verwaltungsrechts Bd. 2, über „Abrechnungsstellen", „Giroverkehr" in Conrad 2c., Handwörterbuch d. Staatswissenschaften Bd. 1, 2, sowie auf meine gesammelten Aufsätze bzw. Vorträge (Berlin 1892, Carl Heymanns Verlag) u. m. Abh. „Geld und Werthpapiere. Eine Besprechung der für den Bankverkehr erheblichen Bestimmungen des Entwurfs eines bürgerlichen Gesetzbuchs für das Deutsche Reich" in Bekker und Fischer, Beiträge zur Erl. u. Beurtheilung d. Entw. e. bürg. Gesetzb. f. d. D. Reich. Heft 4 (Berlin, J. Guttentag, Verlagsbuchhandlung, 1889) zu verweisen, worin die Umlaufsmittel und deren Supplemente ausführlicher behandelt sind.

A. Münzgesetzgebung.

I.

Gesetz, betreffend die Ausprägung von Reichsgoldmünzen. Vom 4. Dezember 1871. (R.G.Bl. S. 404. Ausgegeben am 7. Dezember 1871.)[1]

Wir Wilhelm, von Gottes Gnaden Deutscher Kaiser, König von Preußen ꝛc. verordnen im Namen des Deutschen Reichs, nach erfolgter Zustimmung des Bundesrathes und des Reichstages, wie folgt:

[1] Mit diesem Gesetze begann die nach Art. 4 Nr. 3 der Reichsverfassung der Beaufsichtigung seitens des Reichs und der Gesetzgebung desselben unterliegende Ordnung des Münzsystems. Das Gesetz enthält bereits, indem es die neuen Goldmünzen zu gesetzlichen Zahlungsmitteln erklärt (§ 8) und die Einstellung der Ausprägung von groben Silbermünzen anordnet (§ 10), den Uebergang zu der freilich erst in dem Münzgesetze v. 9. Juli 1873 Art. 1 (unten II) förmlich proklamirten Goldwährung mit der Mark als Rechnungseinheit (§ 2). Die weitere Ausführung erfolgte hauptsächlich durch das soeben erwähnte Münzgesetz v. 9. Juli 1873.

Beide Gesetze sind mit gewissen Maßgaben auf Elsaß-Lothringen ausgedehnt durch das Gesetz v. 15. November 1874 (s. unten III), auf Helgoland durch die Verordnung vom 22. März 1891 Art. I. Abschn. VI. Ziff. 2. (R.G.Bl. S. 21).

§ 1. Es wird eine Reichsgoldmünze ausgeprägt, von welcher aus Einem Pfunde feinen Goldes 139½ Stück ausgebracht werden.[2]

Das Münzwesen in den Schutzgebieten ist nicht einheitlich geordnet. Die Regelung ist vielmehr den gesetzgebenden Faktoren in den einzelnen Schutzgebieten überlassen. Demzufolge sind dort in den Jahren von 1886 ab eine Anzahl besonderer Verordnungen erlassen (vgl. Deutsches Kolonialblatt und Kolisch, die Kolonialgesetzgebung des Deutschen Reichs — Hannover 1896).

[2] Der hiernach in Verbindung mit § 2 bestimmte Werth des Goldes in den Reichsgoldmünzen verhält sich zu dem Werth des Silbers in den Thalermünzen wie 1 zu 15½. Da nämlich aus dem Pfund feinen Silbers 30 Thaler = 90 Mk (§ 2) ausgebracht wurden (vgl. Wiener Münzvertrag v. 24. Januar 1857 Art. 2 — Preuß. Ges.-Samml. S. 312), so liefern 15½ Pfund feines Silber ebenso wie ein Pfund feines Gold 1395 Mark (139½ Zehnmarkstücke = 69¾ Zwanzigmarkstücke). Vgl. § 8 Anm. 17.

Ueber die Benennung des Zehn- und des Zwanzigmarkstücks ist Folgendes bestimmt:

Allerhöchster Erlaß, betreffend die einheitliche Benennung der Reichsgoldmünzen. Vom 17. Februar 1875. (R.G.Bl. S. 72. Ausgegeben am 22. Februar 1875.)

Auf Ihren Bericht vom 16. Februar d. J. bestimme Ich hierdurch, daß die Reichsbehörden für das Zehnmarkstück die Benennung „Krone", für das Zwanzigmarkstück die Benennung „Doppelkrone" anwenden. Dieser Erlaß ist durch das Reichs-Gesetzblatt zu veröffentlichen.

Berlin, den 17. Februar 1875.

Wilhelm.

Fürst von Bismarck.

An den Reichskanzler.

§ 2. Der zehnte Theil dieser Goldmünze wird Mark genannt und in hundert Pfennige eingetheilt.[3]

§ 3. Außer der Reichsgoldmünze zu 10 Mark (§ 1) sollen ferner ausgeprägt werden:

Reichsgoldmünzen zu 20 Mark, von welchen aus Einem Pfunde feinen Goldes $69\frac{3}{4}$ Stück ausgebracht werden.[4]

§ 4. Das Mischungsverhältniß der Reichsgoldmünzen wird auf 900 Tausendtheile Gold und 100 Tausendtheile Kupfer festgestellt.

Es werden demnach

$125_{,55}$ Zehn-Mark-Stücke,

$62_{,775}$ Zwanzig-Mark-Stücke

je Ein Pfund wiegen.[5]

§ 5. Die Reichsgoldmünzen tragen auf der

[3] Die Mark ist die Rechnungseinheit der Reichsgoldwährung (vgl. Münzges. Art. 1). Die Stückelung beruht auf dem Dezimalsystem.

[4] Vgl. § 1. Eine dritte Reichsgoldmünze ist das Fünfmarkstück (Münzges. Art. 20).

[5] Sog. Normalgewicht. Die Legirung (Beschickung) von $^1/_{10}$ Kupfer (vgl. auch Münzges. Art. 3 § 1 Abs. 2) entspricht dem Dezimalsystem. Das Zwanzigmarkstück wiegt danach $7_{,9649542}$ Gr. Brutto (Münzgold), während es $7_{,168458781}$ Gr. Feingold enthält. In Betreff des Münzgewichts vgl. unten § 12 Anm. 28.

Wegen zulässiger Abweichungen vom Normalgewicht und Feingehalt (Toleranz und Passirgewicht) vgl. §§ 7, 9.

Die Vorschrift des § 4 findet auf das goldene Fünfmarkstück entsprechende Anwendung (Münzges. Art. 2).

einen Seite den Reichsadler mit der Inschrift „Deutsches Reich" und mit der Angabe des Werthes in Mark, sowie mit der Jahreszahl der Ausprägung, auf der anderen Seite das Bildniß des Landesherrn, beziehungsweise das Hoheitszeichen der freien Städte mit einer entsprechenden Umschrift und dem Münzzeichen.[6] Durchmesser der

[6] „auf der einen Seite" — sog. Reversseite,
„auf der andern Seite" — sog. Averssseite.

Die Bezeichnung mit den Bildnissen der Landesherren bezw. den Hoheitszeichen der freien Städte hat ebensowenig staatsrechtliche Bedeutung als das „Münzzeichen".

Ueber das letztere bestimmt der Bundesrathsbeschluß v. 7. Dezember 1871 (Hirth, Annalen 1872 Sp. 785):

> „1) Das Münzzeichen, welches auf der Reversseite der Reichsgoldmünzen anzubringen ist, besteht in einem Buchstaben, und die Wahl der Buchstaben richtet sich nach der Reihenfolge (Art. 6 der Reichsverfassung) der Staaten, welchen die betreffenden Münzstätten angehören (Berlin A u. s. w.). Die Anbringung irgend welcher anderer Zeichen ist nicht zulässig."

Münzstätten giebt es noch sechs: zu Berlin (A), München (D), Dresden, jetzt Muldnerhütte bei Freiberg i. S. (E), Stuttgart (F), Karlsruhe (G) und Hamburg (I). — Hannover (B), Frankfurt a/M. (C) und Darmstadt (H) sind eingestellt. In Frankfurt a/M. besteht nur noch eine amtliche Probiranstalt.

§ 5 findet auf das goldene Fünfmarkstück entsprechende Anwendung (Münzges. Art. 2).

Ueber Form und Gepräge der preußischen Reichsgoldmünzen vgl. Bekanntm. des preuß. Staatsministeriums vom 5. Februar 1874 A (Reichsanzeiger v. 9. Februar 1874 Nr. 34).

Münzen, Beschaffenheit und Inschrift der Ränder derselben werden vom Bundesrathe festgestellt.[7]

[7] Diese Bestimmungen enthält der Bundesrathsbeschluß v. 7. Dezember 1871 (Hirth, Ann. 1872 Sp. 795) dahin:

„2) Der Durchmesser der Reichsgoldmünzen soll betragen, und zwar:

für das Zehnmarkstück 19 ½ Millimeter,
„ „ Zwanzigmarkstück 22 ½ „

„3) Die Reichsgoldmünzen sind im Ringe mit einem glatten Rande zu prägen, welcher bei den Zwanzigmarkstücken die vertiefte Inschrift „Gott mit uns" nebst einer zwischen je zwei Worten der Inschrift stehenden vertieften Arabeske führt und bei den Zehnmarkstücken eine vertiefte bandartige Verzierung trägt.

„Der erhabene Rand (flaches Stäbchen mit Perlenkreis) soll auf Avers und Revers völlig gleich sein.

„4) Zur Sicherung der möglichsten Gleichförmigkeit des Gepräges der aus den verschiedenen Münzstätten hervorgehenden Reichsgoldmünzen sind die Urmatrize für die Reversseite, die Urmatrize (das Rad) für die Randschrift bezw. Randverzierung, und die Urmatrizen einer Normalzahlenreihe sowohl für die Zwanzig- als Zehnmarkstücke in der Münzstätte zu Berlin anzufertigen und mittelst dieser Urmatrize hergestellte Matrizen allen übrigen mit der Ausmünzung von Reichsgoldmünzen betrauten Münzstätten zuzustellen."

Nach dem Bundesrathsbeschlusse v. 6. Juli 1873 ist vom Beginn des Jahres 1874 ab das Gepräge der Reversseite der Doppelkronen und Kronen mit dem vorgeschriebenen der goldenen Fünfmarkstücke (s. Münzges. Art. 2 Anm. 4) — selbst-

§ 6. Bis zum Erlaß eines Gesetzes über die Einziehung der groben Silbermünzen [8] erfolgt die Ausprägung der Goldmünzen auf Kosten des Reichs für sämmtliche Bundesstaaten auf den Münzstätten derjenigen Bundesstaaten, welche sich dazu bereit erklärt haben.

Der Reichskanzler bestimmt unter Zustimmung des Bundesrathes die in Gold auszumünzenden Beträge, die Vertheilung dieser Beträge auf die einzelnen Münzgattungen und auf die einzelnen Münzstätten und die den letzteren für die Prägung jeder einzelnen Münzgattung gleichmäßig zu gewährende Vergütung. Er versieht die Münzstätten mit dem Golde, welches für die ihnen überwiesenen Ausprägungen erforderlich ist.[9]

verständlich unter entsprechender Abänderung der Werthbezeichnung — in Uebereinstimmung gebracht.

[8] Die Vorschrift hatte hiernach eine nur vorübergehende Bestimmung. Vgl. aber Münzges. Art. 12 Abs. 1. Eine wichtige Ergänzung des § 6 enthält der das Recht der Privatausprägung einführende Art. 12 des Münzgesetzes.

Wegen der Einziehung der groben Silbermünzen vgl. § 11 Abs. 2 und Münzges. Art. 8.

[9] Zur Ausführung dieser Vorschrift enthält der Bundesrathsbeschluß v. 7. Dezember 1871 folgende Bestimmungen (s. Hirth, Ann. 1872 Sp. 816):

„5) Die auszumünzende Goldmenge wird vorerst auf 100 000 Pfund fein festgesetzt und nach Maßgabe der von den hohen Regierungen an das Reichskanzleramt gelangten Erklärungen auf die einzelnen Münzstätten vertheilt.

§ 7. Das Verfahren bei Ausprägung der Reichsgoldmünzen wird vom Bundesrathe festgestellt und unterliegt der Beaufsichtigung von Seiten des Reichs. Dieses Verfahren soll die vollständige Genauigkeit der Münzen nach Gehalt

„Die Ausprägung vorstehender Goldmengen hat zu $^{9}/_{10}$ in Zwanzigmarkstücken und zu $^{1}/_{10}$ in Zehnmarkstücken und die Ablieferung bezw. Verrechnung der ausgeprägten Stücke nach Maßgabe des Fortganges der Prägung zu erfolgen.

„6) Für die sämmtlichen Kosten der Prägung werden seitens der Reichskasse den Münzstätten für je ein Pfund in Zehnmarkstücken ausgemünztes Feingold oder für 139 $^{1}/_{2}$ Zehnmarkstücke 6 Mark und für je ein Pfund in Zwanzigmarkstücken ausgemünztes Feingold oder für 69 $^{3}/_{4}$ Zwanzigmarkstücke 4 Mark vergütet."

Später sind weitere Goldmengen zur Ausprägung überwiesen, wie die dem Reichstage seitens der Reichsregierung zugestellten „Denkschriften" und „Uebersichten" (vgl. Anm. 26) ergeben. Nach der dritten „Denkschrift" ist das Verhältniß der Ausprägung zwischen Doppelkronen und Kronen auf $^{4}/_{5}$ und $^{1}/_{5}$ erhöht (Hirth, Ann. 1874 S. 875). Vgl. auch die Uebersicht der Ausprägungen von Reichsmünzen bis Ende Dezember 1896 im R.Anz. Nr. 10 v. 13. Jan. 1897, erste Beil. Dergleichen Uebersichten enthält der Reichsanzeiger monatlich. — Die Prägegebühr ist nach der 4. Denkschrift zufolge Bundesrathsbeschlusses v. 29. Mai 1875 für Doppelkronen auf 2,75 Mark, für Kronen auf 4,75 Mark, für halbe Kronen auf 6,75 Mark herabgesetzt (Hirth, Ann. 1876 S. 181), aber nach der 6. Denkschrift zufolge Bundesrathsbeschlusses v. 22. Januar 1878 wiederum auf 6 Mark für Kronen, bezw. 8 Mark für halbe Kronen für das Pfund Feingold erhöht (Hirth, Ann. 1879 S. 907). Vgl. unten II Art. 12 Anm. 23, 24 S. 37.

und Gewicht sicherstellen.[10] Soweit eine absolute Genauigkeit bei dem einzelnen Stücke nicht inne-

[10] Zur Ausführung dieser Vorschrift bestimmt der Bundesrathsbeschluß v. 7. Dezember 1871 (Hirth, Ann. 1872 Sp. 858):

„7) Bei der Bestimmung des Feingehaltes des Goldes soll das nach Art. 19 bezw. Separat-Artikel 10 Ziffer 2 des Wiener Münzvertrags vorgeschriebene, damals vereinbarte Probeverfahren angewendet werden.

„8) Die Prüfung des Feingehaltes der zur Vermünzung legirten Schmelzmassen mittelst Tiegel- oder Schöpfprobe muß durch zwei einander kontrolirende Beamte, somit von jedem Beamten selbstständig unter eigener Verantwortung vorgenommen werden; ebenso müssen zur Feststellung des Durchschnittsgehaltes aller ausgemünzten Stücke auch die sämmtlichen nach dem Beizen ausgeschiedenen ungeprägten Platten oder geprägten Stücke (Cessalien, Fehlplatten) nach den Münzsorten gesammelt, von Zeit zu Zeit eingeschmolzen und mittelst Schöpf- oder Tiegelprobe ebenfalls von zwei Beamten auf ihren Feingehalt untersucht werden.

„9) Sämmtliche bei dem ersten Justiren im Gewichte als richtig befundenen Münzplatten sollen, um das Justirpersonal zu kontroliren, einer nochmaligen genauen Nachwiegung unterzogen werden.

„10) Von jeder Ablieferung geprägter Münzen hat der übernehmende Kassenbeamte drei Stück ohne Auswahl herauszunehmen und davon je ein Stück den beiden kontrolirenden Beamten zur Prüfung des Gewichtes und Gehaltes zu übergeben, das dritte Stück aber für den Fall einer weiteren Kontrole zurückzulegen. Die während des Jahres zurückgegehalten werden kann, soll die Abweichung[11] in Mehr oder Weniger im Gewicht nicht mehr als

legten Stücke sollen noch ein halbes Jahr nach Abschluß des Rechnungsjahres aufbewahrt werden.

„11) Ueber alle vorgenommenen Gehaltsprüfungen und Stückproben sind von den betreffenden Beamten und unter deren Verantwortlichkeit Register oder Journale zu führen.

„12) Um stets eine Uebersicht über das ausgebrachte Gewicht der Münzen im Ganzen zu erhalten, sind die einzelnen Ablieferungen an die Kasse mit ihrem Bruttogewicht und der bei der Auszählung sich ergebenden Stückzahl bezw. Werthsumme in besonderem Verzeichnisse einzutragen und dabei die Abweichungen vom gesetzlichen Gewichte in Mehr oder Weniger anzugeben.

„13) Jede Münzstätte hat alljährlich über die bei ihr erfolgten Goldausprägungen an das Reichskanzleramt einen amtlichen Nachweis zu liefern, in welchem außer dem Gewichte und der Stückzahl der ausgeprägten Münzen, nach den einzelnen Sorten ausgeschieden, auch die Berechnung des gesetzlichen Gewichtes und die Abweichung von letzterem, sowie der bei den vorgenommenen Gehaltsprüfungen ermittelte Durchschnittsgehalt aufzunehmen sind.

„Dieser Nachweis hat sich auch auf das Ergebniß der mit Münzen anderer Münzstätten angestellten Prüfungen zu erstrecken.

„14) Die Beaufsichtigung von Seiten des Reiches (§ 7 des Ges.) erfolgt durch Commissare, welche der Reichskanzler ernennt. Dieselben haben durch örtliche Revision in den einzelnen Münzstätten sich über die Ausführung der vorstehenden Vorschriften, sowie über das gesammte Verfahren bei der Ausprägung der Goldmünzen Kenntniß zu verschaffen. Sie sind

zwei und ein halb Tausendtheile seines Gewichts, im Feingehalt nicht mehr als zwei Tausendtheile betragen.[12]

§ 8. Alle Zahlungen, welche gesetzlich in Silbermünzen der Thalerwährung,[13] der süddeut-

befugt, von allen zum Zwecke der Ausmünzung und zur Prüfung von Gewicht und Feingehalt der Münzen geführten Registern und Journalen Einsicht zu nehmen und den Feingehalt und das Gewicht der zur Zeit der Revision im Betriebe befindlichen Goldbestände und der neugeprägten Reichsgoldmünzen selbst zu prüfen.

„Die Münzbeamten sind gehalten, den Reichskommissaren hierbei in jeder Hinsicht Vorschub zu leisten."

Der Bundesrathsbeschluß v. 29. Mai 1875 (Hirth, Ann. 1876 S. 181) bestimmt, die Nr. 7 des vorgedachten Beschlusses abändernd:

„Bei der Bestimmung des Feingehalts des Goldes soll überall das nach Art. 19 bezw. Separat-Art. 10 Ziff. 2 des Wiener Münzvertrages vorgeschriebene, damals vereinbarte Probirverfahren mit der Maßgabe angewendet werden, daß in Abänderung des § 1 der Beilage I zu dem bez. Separat-Art. 10 den kleinsten Gewichtstheil bei der Goldbestimmung ein Fünftausendtheil der Probirgewichtseinheit bildet."

[11] Die sogen. „Toleranz" oder das „Remedium". — „im Gewicht" — d. h. im Normalgewicht (vgl. § 4). Den gesetzlichen Feingehalt siehe in den §§ 1 und 3.

[12] Die Vorschrift des § 7 gilt auch für das goldene Fünfmarkstück (Münzges. Art. 2), jedoch unter Erweiterung der Toleranz im Gewicht.

[13] D. h. die Silbermünzen des Dreißigthalerfußes und des

schen Währung,[14] der lübischen oder hamburgischen Kurantwährung[15] oder in Thalern Gold bremer Rechnung[16] zu leisten sind, oder geleistet werden dürfen, können in Reichsgoldmünzen (§§ 1. und 3.) dergestalt geleistet werden, daß gerechnet wird:

das Zehn-Mark-Stück zum Werthe von $3\frac{1}{3}$ Thalern oder 5 Fl. 50 Kr. süddeutscher Währung, 8 Mark $5\frac{1}{3}$ Schilling lübischer und hamburgischer Kurantwährung, $3\frac{1}{93}$ Thaler Gold bremer Rechnung;

das Zwanzig-Mark-Stück zum Werthe von $6\frac{2}{3}$ Thalern oder 11 Fl. 40 Kr. süddeutscher Währung, 16 Mark $10\frac{2}{3}$ Schilling

Vierzehnthalerfußes (vgl. Wiener Münzvertrag Art. 3, 4). Die Eintheilung des Thalers war eine dreifach verschiedene. Wegen anderer grober Silbermünzen vgl. Münzges. Art. 16.

[14] D. h. des $52\frac{1}{2}$ Gulden-Fußes (vgl. Wiener Münzvertrag a. a. O.).

[15] Die Mark Kurant, eingetheilt in 16 Schillinge zu 12 Pfennigen. Ein Antrag, auch die hamburgische Bankwährung (Mark Banko) zu tarifiren, ist vom Reichstage abgelehnt. Dieselbe ist durch das hamburgische Ges. v. 11. November 1872 beseitigt.

[16] Der Thaler Gold Bremer Rechnung (zu 72 Grote, zu 5 Schwaren) ist nicht geprägt; sein Werth ist dahin bestimmt, daß 420 Thaler auf ein Zollpfund feinen Goldes gehen. Dagegen waren durch Verord. v. 19. September 1857 die deutsche Goldkrone und durch Verord. v. 26. Juli 1870 auch fremde Goldmünzen als Zahlmittel zugelassen. Durch Ges. v. 30. April 1872 hat Bremen seine bisherige Währung abgeschafft und im Anschluß an die Staaten der Thalerwährung zuerst in Deutschland die Markrechnung eingeführt.

lübischer und hamburgischer Kurant-Währung, $6\,{}^2/_{93}$ Thaler Gold bremer Rechnung.[17]

§ 9. Reichsgoldmünzen, deren Gewicht um nicht mehr als fünf Tausendtheile hinter dem Normalgewicht (§. 4.) zurückbleibt (Passirgewicht),[18] und welche nicht durch gewaltsame oder gesetzwidrige Beschädigung am Gewicht verringert sind,[19] sollen bei allen Zahlungen als vollwichtig gelten.

[17] Vgl. Anm. 1. Durch diese Vorschrift wird, wie die Motive des Gesetzentwurfs bemerken, „während der Uebergangsperiode eine Doppelwährung hergestellt" (richtiger eine sog. hinkende Währung). Die positive Konvertirungs-Norm entspricht dem Werthverhältniß von 1 zu $15\,{}^1/_2$ (vgl. Anm. 2).

Wegen Elsaß-Lothringen vgl. Ges. v. 15. November 1874 § 4 (unten III).

Die weitere Ausführung des § 8 enthalten Art. 14 bis 17 des Münzges. v. 9. Juli 1873.

Die Bestimmungen des § 8 gelten auch für das goldene Fünfmarkstück (Münzges. Art. 2).

[18] Die Fehlergrenze, nach welcher sich das „Passirgewicht", d. h. das zulässige Mindergewicht für den Privatverkehr, bestimmt, ist etwas weiter gegriffen als die in § 7 bestimmte Toleranz für die Münzstätten. Sie beträgt für die Doppelkrone $7_{,9251}$, für die Krone $3_{,9626}$ Gramm. Für das Fünfmarkstück ist sie noch größer (s. Münzges. Art. 2). Für Reichs-Silber-, Nickel- und Kupfermünzen (Scheidemünzen) besteht kein Passirgewicht (s. Münzges. Art. 10).

[19] Den Gegensatz s. in Abs. 3.

Der Bundesrath hat in der Sitzung v. 13. Dez. 1877 beschlossen,

„daß gewaltsam beschädigte, aber vollwichtig gebliebene echte Reichsmünzen von den Reichs- und Landeskassen anzuhalten, durch Zerschlagen oder

Reichsgoldmünzen, welche das vorgedachte Passirgewicht nicht erreichen und an Zahlungsstatt von den Reichs=, Staats=, Provinzial- oder Kommunalkassen, sowie von Geld- und Kredit=anstalten und Banken angenommen worden sind, dürfen von den gedachten Kassen und Anstalten nicht wieder ausgegeben werden.[20]

Die Reichsgoldmünzen werden, wenn dieselben in Folge längerer Cirkulation und Abnutzung am Gewicht so viel eingebüßt haben, daß sie das Passirgewicht nicht mehr erreichen, für Rechnung des Reichs[21] zum Einschmelzen eingezogen. Auch werden dergleichen abgenutzte Goldmünzen bei allen Kassen des Reichs und der Bundesstaaten stets

Einschneiden für den Umlauf unbrauchbar zu machen und alsdann dem Einzahler zurückzugeben sind.

„Dieser Beschluß soll keine Anwendung finden:

1. auf Münzen, deren schadhafte Beschaffenheit von Mängeln bei der Ausprägung herrührt;
2. auf Münzen, deren Beschädigung so geringfügig ist, daß hierdurch ihre Umlaufsfähigkeit nicht beeinträchtigt wird."

(Centralbl. 1878 S. 29.)

Im Uebrigen vgl. die Bekanntmachung des Reichskanzlers v. 9. Mai 1876 (unten IV S. 50) unter II und hinsichtlich der Falschstücke dieselbe unter I.

[20] Eine Strafbestimmung ist nicht gegeben.

[21] Nicht des ausgebenden Staats, wie der Entwurf wollte. Wegen der Ausführung vgl. die in Anm. 19 angeführte Bekanntmachung unter III u. die dem Reichstage zugestellten Denkschriften u. Uebersichten (s. Anm. 26).

voll zu demjenigen Werthe, zu welchem sie ausgegeben sind, angenommen werden.[22]

§ **10.** Eine Ausprägung von anderen, als den durch dieses Gesetz eingeführten Goldmünzen, sowie von groben Silbermünzen, mit Ausnahme von Denkmünzen, findet bis auf Weiteres nicht statt.[23]

§ **11.** Die zur Zeit umlaufenden Goldmünzen der deutschen Bundesstaaten sind von Reichs wegen und auf Kosten des Reichs nach Maßgabe der Ausprägung der neuen Goldmünzen (§. 6.) einzuziehen.[24]

Der Reichskanzler wird ermächtigt, in gleicher Weise die Einziehung der bisherigen groben Silbermünzen der deutschen Bundesstaaten anzuordnen

[22] Die Vorschriften des § 9 sind entsprechend — mit einer Modifikation (vgl. Anm. 18) — auf das goldene Fünfmarkstück anzuwenden.

Wegen anderer Münzen vgl. Münzges. Art. 10.

[23] Der Entwurf wollte nur die Prägung von Thalern (vgl. Wiener Münzvertrag Art. 11 Abs. 2) einstellen. Vgl. oben Anm. 1. Silberne Denkmünzen (z. B. Siegesthaler) dürfen ebenfalls seit dem 31. Dezember 1873 nicht mehr geprägt werden (Münzges. Art. 11).

[24] Vgl. Münzges. Art. 8 und die Bekanntm. v. 6. Dezember 1873 (R.G.Bl. S. 375). Dazu sind von den einzelnen Bundesstaaten Ausführungsverordnungen erlassen (für Preußen vgl. Reichsanzeiger Nr. 68 v. 20. März 1874). Die Einziehung ist längst beendet. Uebersichten der eingelösten Landesgoldmünzen enthält das Centralbl. 1874 S. 228, 262, 326, 1875 S. 282.

und die zu diesem Behufe erforderlichen Mittel aus den bereitesten Beständen der Reichskasse zu entnehmen.[25]

Ueber die Ausführung der vorstehenden Bestimmungen ist dem Reichstage alljährlich in seiner ersten ordentlichen Session Rechenschaft zu geben.[26]

§ 12. Es sollen Gewichtsstücke zur Eichung

[25] Die weitere Ausführung enthält das Münzgesetz Art. 4, 6, 8. Nachrichten über die Einziehung von Landessilbermünzen siehe im Centralbl. 1874 S. 367, 424, 442, 1875 bis Ende November monatlich, 1876 bis Ende Oktober monatlich, 1877 bis Ende November monatlich, 1878 desgleichen, 1879 bis Mai desgleichen; siehe auch die Uebersicht der bis Ende Dezember 1877 eingezogenen Landessilbermünzen das. 1878 S. 31 f., bis Ende Dezember 1878 das. 1879 S. 54, bis Ende Mai 1879 das. S. 408.

[26] Dies ist geschehen in besonderen „Denkschriften"; s. für 1872 in Hirth, Ann. 1872 Sp. 858, für 1873 in Hirth, Ann. 1874 Sp. 618, für 1874 das. Sp. 875, für 1875 das. 1876 Sp. 180, für 1876 das. 1877 Sp. 353, für 1877 u. 1878 das. 1879 S. 923, für 1879 das. 1880 S. 508, für 1880 das. 1882 S. 134. Die folgenden 4 Denkschriften v. 26. November 1881 (Nr. 10; Drucksachen des Reichstags Nr. 20), 8. Januar 1883 (Nr. 11; Drucks. d. Reichstags Nr. 114), 18. März 1884 (Nr. 12; Drucks. d. Reichstags Nr. 39) u. v. 26. Febr. 1885 (Nr. 13; Drucks. d. Reichstags Nr. 214) sind in Hirth's Ann. bisher nicht veröffentlicht. Statt der „Denkschriften" sind sodann in den Anlagen der dem Reichstage mitgetheilten „Uebersicht der Reichs-Ausgaben und -Einnahmen" jedesmal besondere „Uebersichten über die Ausprägung und Einziehung der Reichsmünzen" bis Ende März des laufenden Jahres beigegeben. (Für das Etatsjahr 1895/96 in Anlage X.)

und Stempelung zugelassen werden, welche das Normalgewicht und das Passirgewicht [27] der nach Maßgabe dieses Gesetzes auszumünzenden Goldmünzen, sowie eines Vielfachen derselben angeben. [28] Für die Eichung und Stempelung dieser Gewichtsstücke sind die Bestimmungen der Artikel 10. und

[27] Vgl. §§ 4 u. 9.

[28] Hinsichtlich des Münzgewichts (als Grundlage der Ausmünzung) gilt noch immer Art. 8 der Maaß- und Gewichtsordnung, dahin lautend:

> „In Betreff des Münzgewichts verbleibt es bei den in Art. 1 des Münzvertrags vom 24. Januar 1857 gegebenen Bestimmungen."

Dieser Art. 1 lautet:

> „Das Pfund in der Schwere von 500 Grammen, wie solches bereits bei der Erhebung der Zölle zur Anwendung kommt, soll in den vertragenden Staaten der Ausmünzung zur Grundlage dienen und auf deren Münzstätten als ausschließliches Münzgewicht eingeführt werden, auch zu diesem Zwecke eine selbstständige Eintheilung in Tausendtheile mit weiterer dezimaler Abstufung erhalten."

Das in Tausendtheile eingetheilte Zollpfund bildet also nach wie vor die Grundlage der Ausmünzung. Dagegen ist die weitergehende Vorschrift des preuß. Gesetzes über das Münzgewicht v. 5. Mai 1871 (Ges.-Samml. S. 325), wonach das gedachte Pfund auch im öffentlichen Verkehr ausschließlich zur Anwendung kommen soll, durch Art. 10 der Maaß- und Gewichtsordnung beseitigt.

18. der Maaß- und Gewichtsordnung vom 17. August 1868 (Bundesgesetzbl. S. 473.)[29] maßgebend.[30]

§ 13. Im Gebiet des Königreichs Bayern kann im Bedürfnißfall eine Untertheilung des Pfennigs in zwei Halb-Pfennige stattfinden.[31]

[29] Art. 10 lautet:

„Zum Zumessen und Zuwägen im öffentlichen Verkehr dürfen nur in Gemäßheit dieser Maaß- und Gewichtsordnung gehörig **gestempelte** Maaße, Gewichte und Waagen angewendet werden.

Der Gebrauch unrichtiger Maaße, Gewichte und Waagen ist untersagt, auch wenn dieselben im Uebrigen den Bestimmungen dieser Maaß- und Gewichtsordnung entsprechen. Die näheren Bestimmungen über die äußersten Grenzen der im öffentlichen Verkehr noch zu duldenden Abweichungen von der absoluten Richtigkeit erfolgen nach Vernehmung der im Art. 18 bezeichneten technischen Behörde durch den Bundesrath."

Die technische Behörde ist die „Normal-Aichungs-Kommission", deren Befugnisse in Art. 18 bezeichnet sind.

[30] Vorschriften über die Aichung und Stempelung der Goldmünzgewichte sowie über die innezuhaltenden Fehlergrenzen enthält die von der Normal-Aichungs-Kommission unterm 27. Dezember 1884 erlassene „Aichordnung für das Deutsche Reich", §§ 48—51 (bes. Beilage zu Nr. 5 des R.G.Bl. v. 1885). Vgl. auch Bekanntmachung des Reichskanzlers v. 27. Juli 1885, § 1 V C (R.G.Bl. S. 263).

[31] Vgl. Münzges. Art. 6 Nr. 1, Art. 15 Nr. 5 u. Art. 3. Nr. 3.

Urkundlich unter Unserer Höchsteigenhändigen Unterschrift und beigedrucktem Kaiserlichen Insiegel.

Gegeben Berlin, den 4. Dezember 1871.

(L. S.) **Wilhelm.**

Fürst v. Bismarck.

II.

Münzgesetz. Vom 9. Juli 1873. (Reichsgesetzbl. S. 233. Ausgegeben am 15. Juli 1873.)[1]

Wir Wilhelm, von Gottes Gnaden Deutscher Kaiser, König von Preußen 2c. verordnen im Namen des Deutschen Reichs, nach erfolgter Zustimmung des Bundesrathes und des Reichstages, was folgt:

Art. 1. An die Stelle der in Deutschland geltenden Landeswährungen tritt die Reichsgoldwährung. Ihre Rechnungseinheit bildet die Mark, wie solche durch §. 2 des Gesetzes vom 4. Dezember 1871, betreffend die Ausprägung von Reichsgoldmünzen (Reichs-Gesetzbl. S. 404), festgestellt worden ist.

[1] Das Münzgesetz bringt die mit dem Gesetze v. 4. Dezember 1871 (oben I) begonnene Münzreform in der Hauptsache zum gesetzlichen Abschluß. Wegen der Einführung in Elsaß-Lothringen s. unten III, in Helgoland s. oben I Anm. 1 S. 1.

Der Zeitpunkt, an welchem die Reichswährung im gesammten Reichsgebiete in Kraft treten soll, wird durch eine mit Zustimmung des Bundesrathes zu erlassende, mindestens drei Monate vor dem Eintritt dieses Zeitpunktes zu verkündende Verordnung des Kaisers bestimmt.[2] Die Landesregierungen sind ermächtigt, auch vor diesem Zeitpunkte für ihr Gebiet die Reichsmarkrechnung im Verordnungswege einzuführen.[3]

[2] Dies ist geschehen durch die Verordnung, betreffend die Einführung der Reichswährung. Vom 22. September 1875. (R.-G.Bl. S. 303. Ausgegeben am 25. September 1875.)

Wir **Wilhelm**, von Gottes Gnaden Deutscher Kaiser, König von Preußen rc.
verordnen im Namen des Deutschen Reichs, auf Grund des Artikels 1 des Münzgesetzes vom 9. Juli 1873 (R.G.Bl. S. 233), mit Zustimmung des Bundesraths, was folgt:

Einziger Artikel.

Die Reichswährung tritt im gesammten Reichsgebiete am 1. Januar 1876 in Kraft.

Urkundlich unter Unserer Höchsteigenhändigen Unterschrift und beigedrucktem Kaiserlichen Insiegel.

Gegeben Rostock, den 22. September 1875.

(L. S.) **Wilhelm**.

Fürst v. Bismarck.

[3] Hiervon haben alle Regierungen, mit Ausnahme von Bayern und Elsaß-Lothringen, Gebrauch gemacht.

Art. 2. Außer den in dem Gesetze vom 4. Dezember 1871 bezeichneten Reichsgoldmünzen sollen ferner ausgeprägt werden Reichsgoldmünzen zu fünf Mark, von welchen aus einem Pfunde feinen Goldes 279 Stück ausgebracht werden. Die Bestimmungen der §§. 4, 5, 7, 8 und 9 jenes Gesetzes finden auf diese Münzen entsprechende Anwendung, jedoch mit der Maßgabe, daß bei denselben die Abweichung in Mehr oder Weniger im Gewicht (§. 7) vier Tausendtheile, und der Unterschied zwischen dem Normalgewicht und dem Passirgewicht (§. 9) acht Tausendtheile betragen darf.[4]

Die Reichsmarkrechnung ist auch eingeführt im Kamerungebiet durch Verordn. v. 22. Juli 1887 u. 6. April 1894, im Togogebiet durch Verordn. v. 1. Aug. 1887 (Kolisch, Kolonialgesetzgebung S. 390, 391, 428). Vgl. oben I Anm. 1 S. 2.

[4] Vgl. oben I Anm. 11, 18 und die übrigen Anm. zu den angeführten Paragraphen. Zur Ausführung des Art. 2 bestimmt der Bundesrathsbeschluß v. 8. Juli 1873 (Hirth, Annalen 1874 S. 879):

„1. Der Durchmesser der Reichsgoldmünzen zu fünf Mark soll 17 Millimeter betragen.

„2. Dieselben sind im Ringe mit ganz glattem Rande zu prägen. Innerhalb des aus einem flachen Stäbchen mit Perlenkreis bestehenden erhabenen Randes tragen sie auf der Reversseite über dem Reichsadler die Umschrift „Deutsches Reich" nebst der Jahreszahl und unter dem Reichsadler die Umschrift „5 Mark".

„3. Für die sämmtlichen Kosten der Prägung der Reichsgoldmünzen zu fünf Mark werden seitens

Art. 3. Außer den Reichsgoldmünzen sollen als Reichsmünzen[5] und zwar

1) als Silbermünzen:
Fünfmarkstücke,
Zweimarkstücke,
Einmarkstücke,
Fünfzigpfennigstücke und
Zwanzigpfennigstücke;

2) als Nickelmünzen:
Zwanzigpfennigstücke,[6]

der Reichskasse den einzelnen Münzstätten für je ein Pfund in Fünfmarkstücken ausgemünztes Feingold oder für je 279 Fünfmarkstücke 8 Mark vergütet.

„4. Die Bestimmungen in Ziffer 7, 8, 9, 10, 11, 12 und 13 des Bundesrathsbeschlusses vom 7. Dezember 1871 — s. oben in Anm. 10 zu I (S. 6) — finden auch auf die Reichsgoldmünzen zu fünf Mark Anwendung."

Die Vergütung unter Nr. 3 ist durch Bundesrathsbeschluß v. 29. Mai 1875 (Hirth, Annalen 1876 S. 181) auf $6,_{75}$ Mark herabgesetzt, später aber wieder auf 8 Mark erhöht (s. oben I Anm. 9 a. E., S. 7). Die Prägeziffern s. Einl. S. XXVI.

Die Fünfmarkstücke in Gold haben sich nicht bewährt und befinden sich zum bei weitem größten Theil in den Kassen der Reichsbank, welche sie nicht wieder ausgeben.

[5] Alle nachstehend unter 1—3 aufgeführten Münzen haben den Charakter der Scheidemünze (vgl. Art. 9).

[6] Das Wort „Zwanzigpfennigstücke" ist eingeschaltet durch das Gesetz, betreffend die Ausprägung einer Nickelmünze zu zwanzig Pfennig. Vom 1. April 1886. (R.G.Bl. S. 67. Ausgegeben am 10. April 1886.)

Zehnpfennigstücke und Fünfpfennigstücke;

Wir **Wilhelm**, von Gottes Gnaden Deutscher Kaiser, König von Preußen ꝛc.

verordnen im Namen des Reichs nach erfolgter Zustimmung des Bundesraths und des Reichstags, was folgt:

Im Artikel 3 des Münzgesetzes vom 9. Juli 1873 (Reichs-Gesetzbl. S. 233) ist unter Nr. 2 vor dem Worte „Zehnpfennigstücke" einzuschalten: „Zwanzigpfennigstücke".

Urkundlich unter Unserer Höchsteigenhändigen Unterschrift und beigedrucktem Kaiserlichen Insiegel.

Gegeben Berlin, den 1. April 1886.

(L. S.) **Wilhelm.**

Fürst v. Bismarck.

Der Grund war die wachsende Abneigung des Publikums gegen das silberne Zwanzigpfennigstück wegen seiner Kleinheit und Unhandlichkeit und der dadurch bedingte Rückfluß in die öffentlichen Kassen, welcher bereits zufolge der Bundesrathsbeschlüsse v. 23. Oktober 1879, 11. Mai 1883 u. 19. April 1888 zur Einziehung von 13 Millionen Mark dieser Münzen und Umprägung in mehr gangbare Silbermünzsorten geführt hatte, während andererseits der Verkehr einer Zwischenmünze zwischen dem Zehn- und dem Fünzigpfennigstück bedarf. Ob in Bezug auf Gewicht, Durchmesser und Gepräge das Richtige getroffen ist, bleibt zweifelhaft. Im Uebrigen finden die Bestimmungen des Münzgesetzes über die Nickelmünzen, insbesondere Art. 5 u. 9 auch auf die neue Münze Anwendung. Vgl. die Begründung des Ges.Entw. (Aktenstück Nr. 176, Sten.Ber. d. Reichst., 6. Leg.Per., II. Sess. 1885/86, Bd. V S. 879 Anlagen).

3) als Kupfermünzen:
Zweipfennigstücke und
Einpfennigstücke

nach Maßgabe folgender Bestimmungen ausgeprägt werden.

§ 1.[7] Bei Ausprägung der Silbermünzen wird das Pfund feinen Silbers in

[7] Hierzu bestimmt der Bundesrathsbeschluß vom 8. Juli 1873 (Hirth, Annalen 1874 Sp. 574):

„5. Bei Prüfung des Feingehaltes der Reichssilbermünzen soll überall die Probe auf nassem Wege abgewendet werden.

„6. Alle zur Vermünzung legirten Schmelzmassen müssen mittelst Tiegel- und Schöpfproben durch einen Beamten auf ihren Feingehalt geprüft werden. Ebenso müssen zur Feststellung des Durchschnittsgehaltes aller ausgemünzten Stücke auch die sämmtlichen nach dem Beizen ausgeschiedenen ungeprägten Platten oder geprägten Stücke (Cessalien, Fehlplatten) nach den Münzsorten gesammelt, von Zeit zu Zeit eingeschmolzen und mittelst Schöpf- und Tiegelproben von zwei Beamten auf ihren Feingehalt geprüft werden.

„7. Die Bestimmungen unter Ziffer 11, 12 und 13 des Bundesrathsbeschlusses vom 7. Dezember 1871 — s. oben I, Anm. 10, S. 6, 7 — finden auf die Reichssilbermünzen Anwendung."

Die Unterwerthigkeit der Reichssilbermünzen gegenüber den Thalermünzen beträgt 10 (die Ueberwerthigkeit der Thalermünzen also 11 1/9 Prozent (bei dem Werthverhältniß 15 1/2 : 1 — vgl. oben I Anm. 2). Dementsprechend ist auch die Toleranz bei ersteren weit größer als bei den Reichsgoldmünzen (vgl. oben I, Anm. 11, 12, S. 10). — Der Münzfuß schließt sich dem Dezimalsystem an.

20 Fünfmarkstücke,
50 Zweimarkstücke,
100 Einmarkstücke,
200 Fünfzigpfennigstücke und in
500 Zwanzigpfennigstücke
ausgebracht.

Das Mischungsverhältniß beträgt 900 Theile Silber und 100 Theile Kupfer, so daß 90 Mark in Silbermünzen 1 Pfund wiegen.

Das Verfahren bei Ausprägung dieser Münzen wird vom Bundesrath festgestellt. Bei den einzelnen Stücken darf die Abweichung im Mehr oder Weniger im Feingehalt nicht mehr als drei Tausendtheile, im Gewicht, mit Ausnahme der Zwanzigpfennigstücke, nicht mehr als zehn Tausendtheile betragen. In der Masse aber müssen das Normalgewicht und der Normalgehalt bei allen Silbermünzen innegehalten werden.

§ 2.[8] Die Silbermünzen über ein Mark tragen auf der einen Seite den Reichsadler mit

[8] Zu den §§ 2 und 3 bestimmt der Bundesrathsbeschluß v. 8. Juli 1873 (Hirth, Ann. 1874 Sp. 574):

„8. Der Durchmesser der Silbermünzen soll betragen und zwar

für das	Fünfmarkstück . .	38	Millimeter
„ „	Zweimarkstück . .	28	„
„ „	Einmarkstück . .	24	„
„ „	Fünfzigpfennigstück	20	„
„ „	Zwanzigpfennigstück	16	„

der Inschrift „Deutsches Reich“ und mit der Angabe des Werthes in Mark, sowie mit der Jahreszahl

„9. Die Fünfmarkstücke sind im Ringe mit einem glatten Rande zu prägen, welcher die vertiefte Inschrift: „Gott mit uns“ nebst einer zwischen je zwei Worten der Inschrift stehenden vertieften Arabeske führt. Dieselben tragen innerhalb des aus einem flachen Stäbchen mit Perlenkreis bestehenden erhabenen Randes auf der Reversseite über dem Reichsadler die Umschrift: „Deutsches Reich“ nebst der Jahreszahl und unter dem Reichsadler die Umschrift: „Fünf Mark“.

„10. Die Zwei- und Einmarkstücke, sowie die Fünfzig- und Zwanzigpfennigstücke sind im gerippten Ringe zu prägen und erhalten gleich den Reichsgoldmünzen und silbernen Fünfmarkstücken auf Avers- und Reversseite einen erhabenen aus einem flachen Stäbchen mit Perlenkreis bestehenden Rand. Innerhalb desselben tragen die Zweimarkstücke auf der Reversseite über dem Reichsadler die Umschrift „Deutsches Reich“ nebst der Jahreszahl und unter dem Reichsadler die Umschrift „Zwei Mark“.

„Die Einmarkstücke tragen auf der Reversseite die Inschrift „Deutsches Reich“, „1 Mark“ und die Jahreszahl und als Verzierung einen Kranz.

„Die Fünfzig- und Zwanzigpfennigstücke tragen auf der Reversseite oben die Umschrift „Deutsches Reich“ nebst der Jahreszahl, in der Mitte in arabischen Ziffern die Zahl „50“ bzw. „20“ und unten die Umschrift „Pfennig“.

„11. Die Nickelmünzen sollen aus einer Legirung von 75 Theilen Kupfer und 25 Theilen Nickel geprägt, und es soll das Pfund dieser Legirung zu 125 Pfennigstücken bzw.

der Ausprägung, auf der anderen Seite das Bildniß des Landesherrn beziehungsweise das Hoheitszeichen der freien Städte mit einer entsprechenden

200 Pfennigstücken

ausgebracht werden.

„12. Der Durchmesser dieser Münzen soll betragen und zwar

für das Zehnpfennigstück 21 Millimeter,
„ „ Fünfpfennigstück 18 „

„13. Die Prägung der Nickelmünzen erfolgt mit ganz glattem Rand. Das Gepräge der Reversseite ist das gleiche wie bei den Fünfzig- und Zwanzigpfennigstücken, an Stelle des Perlenkreises tritt jedoch eine Schnureinfassung, und die Ziffern „50" und „20" werden durch die Ziffern „10" bzw. „5" ersetzt.

„14. Die Kupfermünzen sollen aus einer Legirung von 95 Theilen Kupfer, 4 Theilen Zinn und 1 Theil Zink geprägt, und es soll das Pfund dieser Legirung ausgebracht werden in:

150 Zweipfennigstücken bzw.
250 Einpfennigstücken.

„15. Der Durchmesser dieser Münzen soll betragen und zwar

für das Zweipfennigstück 20 Millimeter,
„ „ Einpfennigstück $17^1/_2$ „

„16. Die Prägung der Kupfermünzen erfolgt mit ganz glattem Rand. Die Reversseite derselben gleicht jener der Fünfzig- und Zwanzigpfennigstücke, jedoch mit dem Unterschiede, daß an Stelle des Perlenkreises eine Fadeneinfassung tritt und daß die Ziffern „50" und „20" durch „2" bzw. „1" ersetzt werden.

„17. Bei denjenigen Münzen, welche das Münzzeichen nach Art. 3, § 3 des Münzgesetzes auf

Umschrift und dem Münzzeichen. Durchmesser der Münzen, Beschaffenheit und Verzierung der Ränder derselben werden vom Bundesrathe festgestellt.

gleicher Seite mit dem Reichsadler tragen, wird das Münzzeichen zweimal und zwar unter dem Reichsadler zu beiden Seiten des Schwanzes angebracht."

Eine etwas veränderte Prägung der Fünfzigpfennigstücke (mit einem Kranz auf beiden Seiten) bestimmt der Bundesrathsbeschluß v. 9. Mai 1877 (Hirth, Ann. 1879, S. 906).

Hinsichtlich der Nickelmünzen zu zwanzig Pfennig bestimmt der Bundesrathsbeschluß vom 4. November 1886:

„1. Die in Gemäßheit des Gesetzes vom 1. April d. J. (Reichs-Gesetzbl. S. 67) herzustellende Nickelmünze zu zwanzig Pfennig ist aus einer Legirung von 25 Theilen Nickel und 75 Theilen Kupfer zu prägen, und es sind bei einem Durchmesser der Münze von 23 Millimetern aus einem Pfunde dieser Legirung 80 Stück Zwanzigpfennigstücke auszubringen.

„2. Die Prägung der Nickelmünze zu zwanzig Pfennig erfolgt mit glattem Rand. Auf der Adlerseite wird die Mittelfläche gegen die sie umgebende, nach innen durch einen Perlenkreis, nach außen durch eine Schnureinfassung begrenzte konzentrische Randfläche vertieft und wird in der Spiegel-Mittelfläche der Reichsadler und das Münzzeichen, auf der matten konzentrischen Randfläche eine Verzierung von Eichenlaub angebracht. Auf der Schriftseite wird die von einem Perlenkreis umgebene Mittelfläche durch die gestrichelte Zahl „20" ausgefüllt, während die konzentrische Randfläche zwischen Perlenkreis und Schnureinfassung mit der Umschrift

§ 3. Die übrigen Silbermünzen, die Nickel- und Kupfermünzen tragen auf der einen Seite die Werthangabe, die Jahreszahl und die Inschrift „Deutsches Reich", auf der andern Seite den Reichsadler und das Münzzeichen.[9] Die näheren Bestimmungen über Zusammensetzung, Gewicht und Durchmesser dieser Münzen, sowie über die Verzierung der Schriftseite und die Beschaffenheit der Ränder werden vom Bundesrathe festgestellt.

§ 4.[10] Die Silber-, Nickel- und Kupfermünzen werden auf den Münzstätten derjenigen Bundes-

„Deutsches Reich" nebst der Jahreszahl und hierunter, durch je einen Stern getrennt, mit der Werthangabe „20 Pfennig" zu versehen ist."

Wegen des Münzzeichens s. oben I Anm. 6, S. 3.

[9] Hier fehlen die Bildnisse der Landesherren und die Hoheitszeichen der freien Städte. Vgl. oben I Anm. 6.

[10] Zu § 4 bestimmt in Abänderung des Bundesrathsbeschlusses v. 8. Juli 1873 (Hirth, Ann. 1874 Sp. 576) der Bundesrathsbeschluß v. 29. Mai 1875 (das. 1886 S. 181):

„Für die sämmtlichen Kosten der Prägung werden den Münzstätten aus der Reichskasse vergütet:

für die	Fünfmarkstücke in Silber	3/4	Prozent,
„ „	Zweimarkstücke	1 1/2	„
„ „	Einmarkstücke	1 3/4	„
„ „	Fünfzigpfennigstücke	2 1/2	„
„ „	Zwanzigpfennigstücke	4	„
„ „	Zehnpfennigstücke	3	„
„ „	Fünfpfennigstücke	6	„
„ „	Zweipfennigstücke	15	„
„ „	Einpfennigstücke	30	„

des ausgeprägten Nominalwerthes.

staaten, welche sich dazu bereit erklären, ausgeprägt. Die Ausprägung und Ausgabe dieser Münzen unterliegt der Beaufsichtigung von Seiten des Reichs. Der Reichskanzler bestimmt unter Zustimmung des Bundesrathes die auszuprägenden Beträge, die Vertheilung dieser Beträge auf die einzelnen Münzgattungen und auf die einzelnen Münzstätten und die den letzteren für die Prägung jeder einzelnen Münzgattung gleichmäßig zu gewährende Vergütung. Die Beschaffung der Münzmetalle für die Münzstätten erfolgt auf Anordnung des Reichskanzlers.

Art. 4. Der Gesammtbetrag der Reichssilbermünzen soll bis auf Weiteres zehn Mark für den Kopf der Bevölkerung des Reichs[11] nicht übersteigen.

„Für die Ausprägung der Nickel- und Kupfermünzen wird den Münzstätten das Metall in Form von Münzplättchen geliefert."

Wöchentliche Uebersichten der beschlossenen Ausprägungen enthält das Centralblatt. Vgl. auch die „Denkschriften" bzw. „Uebersichten" oben I Anm. 9 und Anm. 26, S. 6, 15.

Ueber Form und Gepräge der in Art. 3 behandelten Reichsmünzen in Preußen vgl. die Bekanntmachung des Staatsministeriums v. 8. Februar 1874 A II—IV (Reichsanzeiger v. 9. Februar 1874 Nr. 34).

[11] Nach der Zählung vom 2. Dezember 1895 also M. 522 799 010 (vgl. Vierteljahrshefte zur Statistik des Deutschen Reichs 1897, 1. Heft S. 28). Ausgeprägt sind bis Ende Dezember 1896 nur M. 494 228 893 (s. d. Uebersicht v. 13. Jan. 1897, oben Einleitg., S. XXVII).

Bei jeder Ausgabe dieser Münzen ist eine dem Werthe nach gleiche Menge der umlaufenden groben Landessilbermünzen und zwar zunächst der nicht dem Dreißigthalerfuße angehörenden einzuziehen. Der Werth wird nach der Vorschrift im Art. 14, §. 2 berechnet.[12]

Art. 5. Der Gesammtbetrag der Nickel- und Kupfermünzen soll zwei und eine halbe Mark für den Kopf der Bevölkerung des Reichs nicht übersteigen.

Art. 6. Von den Landesscheidemünzen sind

1) die auf andere als Thalerwährung lautenden, mit Ausschluß der bayerischen Heller und der mecklenburgischen nach dem Marksysteme ausgeprägten Fünf-, Zwei- und Einpfennigstücke,
2) die auf der Zwölftheilung des Groschens beruhenden Scheidemünzen zu 2 und 4 Pfennigen,

Eine Vermehrung des auf den Kopf der Bevölkerung entfallenden Höchstbetrages an Reichssilbermünzen auf 12 Mark wurde im Jahre 1880 nach Maßgabe des damals eingebrachten, aber nicht mehr erledigten Gesetzentwurfs beabsichtigt (s. Reichstagsdrucksachen 4. Leg.Per. 3. Sess. 1880 S. 899 ff.). Vgl. auch die Interpellation betr. die Neuausprägung von Reichssilbermünzen und deren Besprechung in der Reichstagssitzung vom 6. April 1894 (Reichstagsdrucksachen 9. Leg.Per. 2. Sess. S. 1947 ff.).

[12] Vgl. Art. 8. Uebersichten der eingezogenen Landes-Silbermünzen enthält das Centralblatt (z. B. 1874 S. 367, 424, 442 u. s. w.).

3) die Scheidemünzen der Thalerwährung, welche auf einer anderen Eintheilung des Thalers, als der in 30 Groschen beruhen, mit Ausnahme der Stücke im Werthe von $^1/_{12}$ Thaler, bis zu dem Zeitpunkte des Eintritts der Reichswährung (Art. 1) einzuziehen.[13]

Nach diesem Zeitpunkte ist Niemand verpflichtet, diese Scheidemünzen in Zahlung zu nehmen, als die mit der Einlösung derselben beauftragten Kassen.[14]

Art. 7. Die Ausprägung der Silber-, Nickel- und Kupfermünzen (Art. 3), sowie die vom Reichskanzler anzuordnende Einziehung der Landessilbermünzen[15] und Landesscheidemünzen erfolgt auf Rechnung des Reichs.

Art. 8. Die Anordnung der Außerkurssetzung[16] von Landesmünzen und Feststellung der

[13] Uebersichten siehe im Centralblatt.

[14] Hier enthält also das Gesetz unmittelbar die Außerkurssetzung.

[15] Durch Beschluß des Bundesrathes v. 8. Juli 1873 ist anerkannt, daß unter den auf Rechnung des Reiches einzuziehenden Landes-Silbermünzen (Artikel 7 des Münzgesetzes) auch die Kronenthaler österreichischen oder brabanter Gepräges inbegriffen sind (s. Hirth, Ann. 1874 Sp. 880). Anders die österreichischen Vereinsthaler (vgl. Anm. 29 Litt. a zu Art. 15, S. 41).

Eine Einziehung von Münzen der Frankenwährung auf Rechnung des Reiches findet nach § 3 des Gesetzes wegen Einführung der Reichs-Münzgesetze in Elsaß-Lothringen v. 15. November 1874 (unten III) nicht statt.

[16] D. h. die Beseitigung der Eigenschaft als gesetzliches

für dieselbe erforderlichen Vorschriften erfolgt durch den Bundesrath.

Die Bekanntmachungen über Außerkurssetzung von Landesmünzen sind außer in den zu der Veröffentlichung von Landesverordnungen bestimmten Blättern auch durch das Reichs-Gesetzblatt zu veröffentlichen.[17]

Zahlungsmittel. Vgl. Anm. 14, Strafgesetzbuch § 146 („verrufenem Gelde"). Verschieden davon ist das Umlaufsverbot (Art. 13 Nr. 1).

[17] Vgl. die Bekanntm. v. 6. Dezember 1873 (R.G.Bl. S. 375; Goldmünzen), v. 7. März 1874 (R.G.Bl. S. 21), v. 2. Juli 1874 (R.G.Bl. S. 111), v. 19. Dezember 1874 (R.G.Bl. S. 149), v. 7. Juni 1875 (R.G.Bl. S. 247), v. 21. September 1875 (R.G.Bl. S. 304, 307), v. 17. Oktober 1875 (R.G.Bl. S. 311), v. 10. Dezember 1875 (R.G.Bl. S. 315), v. 12. April 1876 (R.G.Bl. S. 162), v. 2. November 1876 (R.G.Bl. S. 221), v. 22. Februar 1878 (R.G.Bl. S. 3).

Allmählich sind alle Landesmünzen bis auf die Einthalerstücke deutschen Gepräges außer Kurs gesetzt.

Ueber die Außerkurssetzung der in Oesterreich geprägten Vereinsthaler und Vereinsdoppelthaler bestimmt das Gesetz, betreffend die Vereinsthaler österreichischen Gepräges. Vom 28. Februar 1892 (R.G.Bl. S. 315. Ausgegeben d. 2. März 1892):

Wir **Wilhelm**, von Gottes Gnaden Deutscher Kaiser, König von Preußen rc.

verordnen im Namen des Reichs, nach erfolgter Zustimmung des Bundesraths und des Reichstags, was folgt:

„§. 1. Der Bundesrath wird ermächtigt, die Außerkurssetzung der in Oesterreich bis zum Schlusse des Jahres 1867 geprägten Vereinsthaler und Vereins-

Eine Außerkurssetzung darf erst eintreten, wenn eine Einlösungsfrist von mindestens vier Wochen festgesetzt und mindestens drei Monate vor ihrem

doppelthaler unter Einlösung derselben auf Rechnung des Reichs zu dem Werthverhältnisse von drei Mark gleich einem Thaler anzuordnen und die hierfür erforderlichen Vorschriften festzustellen."

„§. 2. Der Reichskanzler wird ermächtigt, den Bedarf zur Deckung des durch die Einziehung dieser Münzen entstehenden Verlustes aus den bereiten Mitteln der Reichs-Hauptkasse zu entnehmen."

§. 3. (Schatzanweisungen).

Urkundlich unter Unserer Höchsteigenhändigen Unterschrift und beigedrucktem Kaiserlichen Insiegel.

Gegeben Berlin im Schloß, d. 28. Febr. 1892.

(L. S.) **Wilhelm.**

Graf von Caprivi.

Das Ges. v. 20. April 1874 (s. unten S. 41) hatte es unterlassen, die Ermächtigung des Art. 8 auf diese Münzen auszudehnen, welche mit Rücksicht auf die in Oesterreich-Ungarn schwebende Valuta-Regulirung nicht wohl auf die Dauer als gesetzliches Zahlungsmittel in Deutschland beibehalten werden konnten. Das Gesetz beabsichtigte, die rechtzeitige Entfernung der fraglichen Münzen aus dem deutschen Münzumlauf zu ermöglichen und vorzubereiten. Indessen ist die (übrigens nicht an die Fristen des Art. 8 gebundene) Außerkurssetzung bisher nicht erfolgt. Der Verlust des Reichs an den seit Jahren in den Reichsbankkassen angesammelten Oesterreichischen Vereinsthalern ist dadurch erheblich vermindert, daß auf Grund eines Abkommens mit der Oesterreichisch-Ungarischen Regierung v. 20. Febr. 1892 diese in 3 Raten $8^2/_3$ Millionen solcher Thaler = 26 000 000 Mark gegen Erstattung des Werths in Oesterreichischen Noten nach dem

Ablaufe durch die vorbezeichneten Blätter bekannt gemacht worden ist.[18]

Art. 9. Niemand ist verpflichtet, Reichssilbermünzen im Betrage von mehr als zwanzig Mark und Nickel- und Kupfermünzen im Betrage von mehr als einer Mark in Zahlung zu nehmen.[19]

Von den Reichs- und Landeskassen werden Reichssilbermünzen in jedem Betrage in Zahlung genommen. Der Bundesrath wird diejenigen Kassen bezeichnen, welche Reichsgoldmünzen gegen Einzahlung von Reichssilbermünzen in Beträgen von mindestens 200 Mark oder von Nickel- und Kupfermünzen in Beträgen von mindestens 50 Mark auf Verlangen verabfolgen. Derselbe wird zugleich die näheren Bedingungen des Umtausches festsetzen.[20]

Werthverhältnisse 1 Thlr. = $1\frac{1}{2}$ Gulden ö. W. übernommen hat. Vgl. Drucksachen des Reichstags 1890/92 Nr. 500, 648 u. Sten.Ber. S. 3939 ff., 4089 ff., 4131 ff.

Vgl. im Uebrigen über diese Münzen Art. 15 Anm. 29a, S. 41 sowie Einl. S. XXV.

Wegen einer auf die Einthalerstücke deutschen Gepräges und die österreichischen Vereinsthaler bezüglichen Zulassung einer Außerkurssetzung minderen Grades vgl. Anm. 29 Litt. b S. 42.

[18]) Dieser Absatz bleibt nach § 3 des Gesetzes wegen Einführung der Reichs-Münzgesetze in Elsaß-Lothringen v. 15. November 1874 (unten III) in Betreff der Münzen der Frankenwährung außer Anwendung.

[19] Dies folgt aus der Goldwährung (vgl. Art. 1, 3, Anm. 5, 6, S. 21).

[20] „Reichsgoldmünzen" — nicht Thaler (vgl. Art. 14, 15). Die bezüglichen Bestimmungen enthält die Bekanntmachung des Reichskanzlers, betreffend die Um-

Art. 10.[21] Die Verpflichtung zur Annahme und zum Umtausch (Art. 9) findet auf durch-

wechselung von Reichs-Goldmünzen gegen Reichs-Silber-, Nickel- und Kupfermünzen, vom 19. Dezember 1875 (Centralblatt S. 802):

„Auf Grund des Artikels 9 des Münzgesetzes vom 9. Juli 1873 (R.G.Bl. S. 233) hat der Bundesrath Folgendes bestimmt:

Vom 1. Januar 1876 ab werden bei folgenden Kassen:

1. der Reichsbank-Hauptkasse in Berlin,
2. den Kassen der Reichsbank-Hauptstellen in Frankfurt a. M., Königsberg i. Pr. und München Reichs-Goldmünzen gegen Einzahlung von Reichs-Silbermünzen oder von Nickel- und Kupfermünzen auf Verlangen verabfolgt werden.

Die Einlieferung der umzutauschenden Münzen hat in kassenmäßig formirten Beuteln oder Tüten, und zwar die der Silbermünzen in Beträgen von mindestens 200 Mark, die der Nickel- und Kupfermünzen in Beträgen von mindestens 50 Mark zu erfolgen.

Die Auszahlung des Gegenwerthes in Gold erfolgt an den Einlieferer nach bewirkter Durchzählung der eingelieferten Münzen, welche von den gedachten Kassen in der Regel sofort, spätestens aber binnen fünf Tagen nach der Einlieferung bewirkt werden wird."

[21] Hierzu ist erlassen die Bekanntmachung des Reichskanzlers vom 9. Mai 1876 (unten IV S. 50).

Wegen der gewaltsam beschädigten, aber vollwichtig gebliebenen echten Reichsmünzen vgl. den Bundesrathsbeschluß v. 13. Dezember 1877 (oben I Anm. 19, S. 12).

Hinsichtlich der Reichs-Goldmünzen enthalten die entsprechenden Bestimmungen das Ges. v. 4. Dezember 1871 § 9 (oben I) und das Münzges. Art. 2.

löcherte und anders, als durch den gewöhnlichen Umlauf im Gewicht verringerte, ingleichen auf verfälschte Münzstücke keine Anwendung.

Reichs-Silber-, Nickel- und Kupfermünzen, welche in Folge längerer Cirkulation und Abnutzung an Gewicht oder Erkennbarkeit erheblich eingebüßt haben, werden zwar noch in allen Reichs- und Landeskassen angenommen, sind abei auf Rechnung des Reichs einzuziehen.

Art. 11. Eine Ausprägung von anderen, als den durch dieses Gesetz eingeführten Silber-, Nickel- und Kupfermünzen findet nicht ferner statt. Die durch die Bestimmung im §. 10 des Gesetzes, betreffend die Ausprägung von Reichsgoldmünzen, vom 4. Dezember 1871 (Reichs-Gesetzbl. S. 404), vorbehaltene Befugniß, Silbermünzen als Denkmünzen auszuprägen, erlischt mit dem 31. Dezember 1873.

Art. 12.[22] Die Ausprägung von Reichsgoldmünzen geschieht auch ferner nach Maßgabe der Bestimmung im §. 6 des Gesetzes, betreffend die Ausprägung von Reichsgoldmünzen, vom 4. De-

[22] Dieser Artikel enthält den wichtigen Grundsatz der Ausprägung von Reichs-Goldmünzen (nicht Scheidemünzen, vgl. Art. 7) auf Privatrechnung neben der fortgesetzten Ausprägung auf Rechnung des Reichs. Wegen der Ausführung vgl. die Bekanntmachung des Reichskanzlers, betreffend die Ausprägung von Reichs-Goldmünzen auf den deutschen Münzstätten für Rechnung von Privatpersonen, vom 8. Juni 1875 (unten V S. 53).

zember 1871 (Reichs-Gesetzbl. S. 404), auf Rechnung des Reichs.

Privatpersonen haben das Recht, auf denjenigen Münzstätten, welche sich zur Ausprägung auf Reichsrechnung bereit erklärt haben, Zwanzigmarkstücke für ihre Rechnung ausprägen zu lassen, soweit diese Münzstätten nicht für das Reich beschäftigt sind.[23]

Die für solche Ausprägungen zu erhebende Gebühr wird vom Reichskanzler mit Zustimmung des Bundesrathes festgestellt, darf aber das Maximum von 7 Mark auf das Pfund fein Gold nicht übersteigen.

Die Differenz zwischen dieser Gebühr und der Vergütung, welche die Münzstätte für die Ausprägung in Anspruch nimmt, fließt in die Reichskasse.[24] Diese Differenz muß für alle deutschen Münzstätten dieselbe sein.

[23] Die Vermittelung dabei fällt hauptsächlich der Reichsbank zu, welche nach § 14 des Bankges. v. 14. März 1875 (unten C I, S. 91) verpflichtet ist, Barrengold zum festen Satze von 1392 Mark für das Pfund fein gegen ihre Noten umzutauschen. Zuzüglich der Prägegebühr von 3 Mark (s. die Anm. 22 anges. Bek. und Anm. 25) entspricht dies der Werthbestimmung von Mark 1395 für das Pfund fein Gold (vgl. oben I Anm. 2, S. 2).

Uebersichten der für Privatrechnung einschließlich der für die Reichsbank ausgeführten Prägungen enthalten die dem Reichstage vorgelegten „Denkschriften" und „Uebersichten" (vgl. oben I Anm. 26, S. 15), Hirth, Annalen von 1872 ab, auch das Centralblatt und der Reichsanzeiger.

[24] Die Münzstätte erhebt für sich nur die Selbstkosten. In

Die Münzstätten dürfen für die Ausprägung keine höhere Vergütung in Anspruch nehmen, als die Reichskasse für die Ausprägung von Zwanzigmarkstücken gewährt.[25]

Art. 13. Der Bundesrath ist befugt:

1) den Werth zu bestimmen, über welchen hinaus fremde Gold- und Silbermünzen nicht in Zahlung angeboten und gegeben werden dürfen, sowie den Umlauf fremder Münzen gänzlich zu untersagen;[26]

der Differenz soll (nach den Motiven) eine Entschädigung liegen für die Verpflichtung des Reichs zur Einziehung abgenutzter Goldmünzen (Ges. v. 4. Dezember 1871 § 9 — oben I S. 13). Nach der letzten dem Reichstage mitgetheilten Uebersicht (s. oben I Anm. 26, S. 15) sind bis Ende März 1896 in die Reichskasse geflossen Mark 310 348,89.

[25] Also jetzt Mark 2,75 (vgl. Ges. v. 4. Dezember 1871 § 6 und Anm. 9 dazu, oben I S. 7). Die Differenz, welche in die Reichskasse fließt (Abs. 4), beträgt danach Mark 0,25 (vgl. Anm. 23, 24).

[26] Vgl. die Bekanntm. v. 6. Dezember 1873 (R.G.Bl. S. 375), v. 22. Januar 1874 (R.G.Bl. S. 12), v. 7. März 1874 (R.G.Bl. S. 21), v. 16. Oktober 1874 (R.G.Bl. S. 126), v. 19. Dezember 1874 (R.G.Bl. S. 149), v. 19. Dezember 1874 (R.G.Bl. S. 152), v. 26. Februar 1875 (R.G.Bl. S. 134). Der Umlauf ist danach untersagt (Verbot, in Zahlung zu geben und zu nehmen) für: 1. österreichische und ungarische Ein- und Zweiguldenstücke; 2. niederländische Ein- und Zweieinhalbguldenstücke; 3. die finnischen Silbermünzen; 4. die Münzen des Konventionsfußes österreichischen Gepräges; 5. die in der Bekanntm. v. 19. Dezember 1874 (R.G.Bl. S. 152) unter 2 bezeichneten Münzen dänischen Gepräges; 6. die polnischen eindrittel und einsechstel Talarastücke. — Laut Bekanntm. v. 16. April 1888

2) zu bestimmen, ob ausländische Münzen von Reichs- oder Landeskassen zu einem öffentlich bekannt zu machenden Kurse im inländischen Verkehr in Zahlung genommen werden dürfen, auch in solchem Falle den Kurs festzusetzen.

Gewohnheitsmäßige oder gewerbsmäßige Zuwiderhandlungen gegen die vom Bundesrathe in Gemäßheit der Bestimmungen unter 1 getroffenen Anordnungen werden bestraft mit Geldstrafe bis zu 150 Mark oder mit Haft bis zu sechs Wochen.

Art. 14. Von dem Eintritt der Reichswährung an[27] gelten folgende Vorschriften:

§ 1. Alle Zahlungen, welche bis dahin in Münzen einer inländischen Währung oder in

(R.G.Bl. S. 149) dürfen vom 1. Juli 1888 ab, vorbehaltlich der Gestattung von Ausnahmen für einzelne Grenzbezirke fremde Scheidemünzen in Zahlung weder gegeben noch genommen werden. Ausnahmen sind gestattet: im badischen Grenzbezirk für Scheidemünzen der Frankenwährung (Bekanntm. von demselben Tage — ebendas. und Bekanntm. v. 24. Januar 1893 — R.G.Bl. S. 6), im sächsischen Grenzbezirk für österreichische Scheidemünzen (Bekanntm. v. 30. April 1888 — R.G.Bl. S. 171), innerhalb bayerischer Grenzbezirke für Scheidemünzen der österreichischen und der Frankenwährung (Bekanntm. v. 7. Juli 1888 — R.G.Bl. S. 218), innerhalb schlesischer Grenzbezirke für Scheidemünzen der österreichischen Währung (Bekanntmachung v. 26. Februar 1889 — R.G.Bl. S. 37), im württembergischen Grenzbezirk für Scheidemünzen der Frankenwährung (Bekanntm. v. 26. Februar 1889 — R.G.Bl. S. 38 und Bekanntm. v. 19. Dezember 1895 — R.G.Bl. S. 463).

[27] Vgl. Art. 1 Anm. 2.

landesgesetzlich den inländischen Münzen gleichgestellten ausländischen Münzen zu leisten waren, sind vorbehaltlich der Vorschriften Art. 9, 15 und 16 in Reichsmünzen zu leisten.

§ 2.[28] Die Umrechnung solcher Goldmünzen, für welche ein bestimmtes Verhältniß zu Silbermünzen gesetzlich nicht feststeht, erfolgt nach Maßgabe des Verhältnisses des gesetzlichen Feingehalts derjenigen Münzen, auf welche die Zahlungsverpflichtung lautet, zu dem gesetzlichen Feingehalte der Reichsgoldmünzen.

Bei der Umrechnung anderer Münzen werden
der Thaler zum Werthe von 3 Mark,
der Gulden süddeutscher Währung zum Werthe von $1^5/_7$ Mark,
die Mark lübischer oder hamburgischer Kurantwährung zum Werthe von $1^1/_5$ Mark,

die übrigen Münzen derselben Währung zu entsprechenden Werthen nach ihrem Verhältniß zu den genannten berechnet.

Bei der Umrechnung werden Bruchtheile von Pfennigen der Reichswährung zu einem Pfennig berechnet, wenn sie einen halben Pfennig oder mehr betragen, Bruchtheile unter einem halben Pfennig werden nicht gerechnet.

§ 3. Werden Zahlungsverpflichtungen nach

[28] Vgl. Ges. v. 4. Dezember 1871 § 8 — oben I S. 10.

Eintritt der Reichswährung unter Zugrundelegung vormaliger inländischer Geld- oder Rechnungswährungen begründet, so ist die Zahlung vorbehaltlich der Vorschriften Art. 9, 15 und 16 in Reichsmünzen unter Anwendung der Vorschriften des § 2 zu leisten.

§ 4. In allen gerichtlich oder notariell aufgenommenen Urkunden, welche auf einen Geldbetrag lauten, desgleichen in allen zu einem Geldbetrag verurtheilenden gerichtlichen Entscheidungen ist dieser Geldbetrag, wenn für denselben ein bestimmtes Verhältniß zur Reichswährung gesetzlich feststeht, in Reichswährung auszudrücken; woneben jedoch dessen gleichzeitige Bezeichnung nach derjenigen Währung, in welcher ursprünglich die Verbindlichkeit begründet war, gestattet bleibt.

Art. 15.[29] An Stelle der Reichsmünzen sind

[29] Art. 15 ist ergänzt durch folgende Gesetze:

a. Gesetz, betreffend die Abänderung des Artikel 15 des Münzgesetzes vom 9. Juli 1873. Vom 20. April 1874. (R.G.Bl. S. 35 Ausgegeben am 30. April 1874.)

Wir **Wilhelm**, von Gottes Gnaden Deutscher Kaiser, König von Preußen 2c.

verordnen im Namen des Deutschen Reichs, nach erfolgter Zustimmung des Bundesraths und des Reichstags, was folgt:

Einziger Artikel.

Die Bestimmung im Artikel 15, Ziffer 1 des Münzgesetzes vom 9. Juli 1873 (Reichs-Gesetzbl. S. 233) findet auch auf die in Oesterreich bis zum

bei allen Zahlungen bis zur Außerkurssetzung anzunehmen:

1) im gesammten Bundesgebiete an Stelle aller Reichsmünzen die Ein- und Zweithalerstücke deutschen Gepräges unter Berechnung des Thalers zu 3 Mark;

2) im gesammten Bundesgebiete an Stelle der Reichssilbermünzen, Silberkurantmünzen deutschen Gepräges zu $^1/_3$ und $^1/_6$ Thaler unter Berechnung des $^1/_3$ Thalerstücks zu

Schlusse des Jahres 1867 geprägten Vereinsthaler und Vereinsdoppelthaler Anwendung.

Urkundlich unter Unserer Höchsteigenhändigen Unterschrift und beigedrucktem Kaiserlichen Insiegel.

Gegeben Berlin, den 20. April 1874.

(L. S.) **Wilhelm.**

Fürst v. Bismarck.

Ueber die Außerkurssetzung dieser Münzen s. oben Anm. 17 S. 32.

Wegen der Beschränkung auf die bis Ende 1867 geprägten Münzen jener Art. s. Vertrag v. 13. Juni 1867 (Preuß. Gesetz-Samml. 1867 S. 1801).

b. Gesetz, betreffend die Abänderung des Artikel 15 des Münzgesetzes vom 9. Juli 1873. Vom 6. Januar 1876. (R.G.Bl. S. 3. Ausgegeben 18. Januar 1876.)

Wir **Wilhelm**, von Gottes Gnaden Deutscher Kaiser, König von Preußen rc.

verordnen im Namen des Deutschen Reichs, nach erfolgter Zustimmung des Bundesraths und des Reichstags, was folgt:

einer Mark und des $^1/_6$ Thalerstücks zu einer halben Mark;

3) in denjenigen Ländern, in welchen gegenwärtig die Thalerwährung gilt, an Stelle der Reichs-, Nickel- und Kupfermünzen die nachbezeichneten Münzen der Thalerwährung zu den daneben bezeichneten Werthen:

$^1/_{12}$ Thalerstücke	zum	Werthe	von	25	Pfennig,
$^1/_{15}$	=	=	=	=	20	=
$^1/_{30}$	=	=	=	=	10	=
$^1/_2$ Groschenstücke	=	=	=	5	=
$^1/_5$	=	=	=	=	2	=
$^1/_{10}$ und $^1/_{12}$ =	=	=	=	1	=

Der Artikel 15 des Münzgesetzes vom 9. Juli 1873 (Reichs-Gesetzbl. S. 233) erhält folgenden Zusatz:

(Folgt die dem Artikel 15 in gesperrter Schrift hinzugefügte Bestimmung.)

Urkundlich unter Unserer Höchsteigenhändigen Unterschrift und beigedrucktem Kaiserlichen Insiegel.

Gegeben Berlin, den 6. Januar 1876.

(L. S.) **Wilhelm.**

Fürst v. Bismarck.

Alle anderen unter Art. 15 fallenden Münzen sind bereits außer Kurs gesetzt (vgl. Art. 8 Anm. 17, S. 32).

Einen Zusatz für Elsaß-Lothringen enthält das Gesetz wegen Einführung der Reichs-Münzgesetze in Elsaß-Lothringen v. 15. November 1874 § 5 (unten III).

Der Bundesrath hat bisher von der Ermächtigung keinen Gebrauch gemacht.

4) in denjenigen Ländern, in welchen die Zwölftheilung des Groschens besteht, an Stelle der Reichs-, Nickel- und Kupfermünzen die auf der Zwölftheilung des Groschens beruhenden Dreipfennigstücke zum Werthe von $2^1/_2$ Pfennig;

5) in Bayern an Stelle der Reichskupfermünzen die Hellerstücke zum Werthe von $^1/_2$ Pfennig;

6) in Mecklenburg an Stelle der Reichskupfermünzen die nach dem Marksystem ausgeprägten Fünfpfennigstücke, Zweipfennigstücke und Einpfennigstücke zum Werthe von 5, 2 und 1 Pfennig.

Die sämmtlichen sub 3 und 4 verzeichneten Münzen sind an allen öffentlichen Kassen des gesammten Bundesgebietes zu den angegebenen Werthen bis zur Außerkurssetzung in Zahlung anzunehmen.

Der Bundesrath ist befugt, zu bestimmen, daß die Einthalerstücke deutschen Gepräges, sowie die in Oesterreich bis zum Schlusse des Jahres 1867 geprägten Vereinsthaler bis zu ihrer Außerkurssetzung nur noch an Stelle der Reichssilbermünzen, unter Berechnung des Thalers zu 3 Mark, in Zahlung anzunehmen sind.

Eine solche Bestimmung ist durch das Reichs-Gesetzblatt zu veröffentlichen und tritt frühestens einen Monat nach ihrer Veröffentlichung in Kraft.

Art. 16. Deutsche Goldkronen, Landesgoldmünzen und landesgesetzlich den inländischen Münzen gleichgestellte ausländische Goldmünzen, sowie grobe Silbermünzen, welche einer anderen Landeswährung als der Thalerwährung angehören, sind bis zur Außerkurssetzung als Zahlung anzunehmen, soweit die Zahlung nach den bisherigen Vorschriften in diesen Münzsorten angenommen werden mußte.[30]

Art. 17. Schon vor Eintritt der Reichsgoldwährung können alle Zahlungen, welche gesetzlich in Münzen einer inländischen Währung oder in ausländischen, den inländischen Münzen landesgesetzlich gleichgestellten Münzen geleistet werden dürfen, ganz oder theilweise in Reichsmünzen, vorbehaltlich der Vorschrift Art. 9, dergestalt geleistet werden, daß die Umrechnung nach den Vorschriften Art. 14 §. 2 erfolgt.[31]

Art. 18. Bis zum 1. Januar 1876 sind sämmtliche nicht auf Reichswährung lautenden Noten der Banken einzuziehen. Von diesem Termine an dürfen nur solche Banknoten, welche auf Reichs-

[30] Alle diese Münzen sind außer Kurs gesetzt (vgl. Art. 8 und 13, sowie die Bekanntm. v. 6. Dezember 1873 (R.G.Bl. S. 3), v. 7. März 1874 (R.G.Bl. S. 21), v. 19. Dezember 1874 (R.G.Bl. S. 149).

[31] Wegen der Umrechnung von Münzen der Frankenwährung vgl. Ges. v. 15. November 1874 § 4 (unten III).

währung in Beträgen von nicht weniger als 100 Mark lauten, in Umlauf bleiben oder ausgegeben werden.[32]

Dieselben Bestimmungen gelten für die bis jetzt von Korporationen ausgegebenen Scheine.[33]

Das von den einzelnen Bundesstaaten ausgegebene Papiergeld ist spätestens bis zum 1. Januar 1876 einzuziehen und spätestens sechs Monate vor diesem Termine öffentlich aufzurufen. Dagegen wird nach Maßgabe eines zu erlassenden Reichsgesetzes eine Ausgabe von Reichspapiergeld stattfinden. Das Reichsgesetz wird über die Ausgabe und den Umlauf des Reichspapiergeldes, sowie über die den einzelnen Bundesstaaten zum Zweck der Einziehung ihres Papiergeldes zu gewährenden Erleichterungen die näheren Bestimmungen treffen.[34]

[32] Durch diese Bestimmung wurde die mit dem Ges. v. 27. März 1870 (B.G.Bl. S. 51) begonnene Reform des Banknotenwesens wesentlich gefördert. Ihr nächstes Stadium beschritt die letztere durch das zur Ausführung des Art. 18 erlassene Ges., betr. die Ausgabe von Banknoten, v. 21. Dezember 1874 Art. II (R.G.Bl. S. 193). Vgl. auch Bankgesetz v. 14. März 1875 § 3 (unten C I, S. 70).

[33] Vgl. Bankgesetz v. 14. März 1875 § 54.

[34] Aus praktischen Rücksichten ist die mit dem Ges. v. 16. Juni 1870 (B.G.Bl. S. 507) begonnene Reform des Papiergeldwesens mit der des Banknotenwesens verbunden. Die Ausführung der vorliegenden Bestimmung enthält das Ges., betr. die Ausgabe von Reichskassenscheinen, v. 30. April 1874 (unten B I, S. 56).

Urkundlich unter Unserer Höchsteigenhändigen Unterschrift und beigedrucktem Kaiserlichen Insiegel.

Gegeben Bad Ems, den 9. Juli 1873.

(L. S.) Wilhelm.

Fürst v. Bismarck.

III.

Gesetz wegen Einführung der Reichs-Münzgesetze in Elsaß-Lothringen. Vom 15. November 1874.

(R.G.Bl. S. 131. Ausgegeben am 19. November 1874. Gesetzbl. für Elsaß-Lothringen S. 39.)

Wir Wilhelm, von Gottes Gnaden Deutscher Kaiser, König von Preußen etc. verordnen im Namen des Deutschen Reichs, nach erfolgter Zustimmung des Bundesraths und des Reichstags, was folgt:

§ 1. Die Wirksamkeit der anliegenden Reichsgesetze, nämlich des Gesetzes, betreffend die Ausprägung von Reichs-Goldmünzen, vom 4. Dezember 1871 (Reichs-Gesetzbl. S. 404)[1] und des Münzgesetzes vom 9. Juli 1873 (Reichs-Gesetzbl. S. 233)[2] wird mit den aus den folgenden Paragraphen sich ergebenden Maßgaben auf Elsaß-Lothringen ausgedehnt.

[1] oben I, S. 1.
[2] oben II, S. 18.

§ 2. Eine Einziehung von Münzen der Frankenwährung auf Rechnung des Reichs[3] findet nicht statt.

§ 3. Der letzte Satz des Artikels 8 des Münzgesetzes vom 9. Juli 1873, welcher lautet:

„Eine Außerkurssetzung darf erst eintreten, wenn eine Einlösungsfrist von mindestens vier Wochen festgesetzt und mindestens drei Monate vor ihrem Ablaufe durch die vorbezeichneten Blätter bekannt gemacht worden ist."

bleibt in Betreff der Münzen der Frankenwährung außer Anwendung.[4]

§ 4. Bei der Umrechnung von Münzen der Frankenwährung (§. 8 des Gesetzes vom 4. Dezember 1871, Artikel 14 §. 2 und Artikel 17 des Münzgesetzes vom 9. Juli 1873) werden der Frank zum Werthe von $0{,}_8$ Mark, die übrigen Münzen der Frankenwährung zu entsprechenden Werthen nach ihrem Verhältniß zum Frank berechnet.

[3] Vgl. Ges. v. 4. Dezember 1871 § 11, Münzges. v. 9. Juli 1873 Art. 7 Anm. 15, S. 31.

[4] Vgl. die Bekanntm. v. 21. September 1875, betr. die Außerkurssetzung der Silber- und Bronzemünzen der Frankenwährung (R.G.Bl. S. 307). Wegen der Goldmünzen vgl. § 1 der Bekanntm. v. 6. Dezember 1873, betr. die Außerkurssetzung der Landesgoldmünzen und der landesgesetzlich den inländischen Münzen gleichgestellten ausländischen Goldmünzen (R.G.Bl. S. 375).

§ 5. Dem Artikel 15 des Münzgesetzes vom 9. Juli 1873 tritt folgende Bestimmung hinzu:

An Stelle der Reichsmünzen sind in Elsaß-Lothringen folgende Münzen der Frankenwährung[5] bis zur Außerkurssetzung zu den daneben bezeichneten Werthen bis zu den im Artikel 9 Absatz 1 bestimmten Beträgen in Zahlung zu nehmen:

a) an Stelle der Reichs-Nickel- und Kupfermünzen:

Fünfcentimen-Stücke	zum Werthe von	4 Pfg.
Zehncentimen-Stücke	" " "	8 "
Zwanzigcentimen-Stücke	" "	16 "

b) an Stelle der Reichs-Silbermünzen:

Fünfzigcentimen-Stücke	zum Werthe von	40 Pfg.
Einfrank-Stücke	" " "	80 "
Zweifranken-Stücke	"	1 Mark 60 "

Auch die Reichs- und die Landeskassen sind nicht verpflichtet, die vorstehend bezeichneten Münzen der Frankenwährung in höheren als den im Artikel 9 Absatz 1 bestimmten Beträgen in Zahlung zu nehmen.

Urkundlich unter Unserer Höchsteigenhändigen Unterschrift und beigedrucktem Kaiserlichen Insiegel.

Gegeben Berlin, den 15. November 1874.

(L. S.) Wilhelm.

Fürst v. Bismarck.

[5] Also nicht die durch die Außerkurssetzung (vgl. Anm. 3) ebenfalls betroffenen silbernen Fünffrankenstücke (Kurantmünzen). Wegen der Scheidemünzen der Frankenwährung s. jedoch Münzges. v. 9. Juli 1873 Art. 13 Anm. 26 (oben S. 38).

IV.

Falsche, beschädigte und abgenutzte Reichsmünzen.

Bekanntmachung des Reichskanzlers vom 9. Mai 1876.

(Centralblatt S. 260.)[1]

Auf Grund des Artikels 7 der Reichsverfassung[2] hat der Bundesrath in seiner Sitzung vom 24. März 1876 nachstehende Bestimmungen über die Behandlung der bei Reichs- und Landeskassen eingehenden nachgemachten, verfälschten oder nicht mehr umlaufsfähigen Reichsmünzen, beschlossen:

Falschstücke.

I. 1. Sämmtliche Reichs- und Landeskassen haben die bei ihnen eingehenden nachgemachten oder verfälschten Reichsmünzen (§§ 146—148 des Strafgesetzbuchs) anzuhalten.

2. Wird ein eingehendes Falschstück als solches von den Kassenbeamten ohne weiteres erkannt, so hat der Vorsteher der Kasse sofort der zuständigen Justiz- oder Polizeibehörde Anzeige zu machen und das angehaltene Falschstück vorzulegen, unter Beifügung des eingegangenen Begleitschreibens, Etiketts 2c., be-

[1] Vgl. Ges. v. 4. Dezbr. 1871 § 9 — oben I S. 12, Münzges. Art. 10 — oben II Anm. 21, S. 35. Die Bestimmungen des Bundesraths sind auch für die Reichsbank-Kassen maßgebend.

[2] Hiernach hat der Bundesrath u. A. zu beschließen „über die zur Ausführung der Reichsgesetze erforderlichen allgemeinen Verwaltungsvorschriften und Einrichtungen, sofern nicht durch Reichsgesetz etwas Anderes bestimmt ist.“

ziehungsweise der über die Einzahlung aufzunehmenden kurzen Verhandlung.

3. Erscheint die Unechtheit eines Stückes zweifelhaft, so ist dasselbe, nachdem dem bisherigen Inhaber eine Bescheinigung über den Sachverhalt ertheilt worden, an das Münz-Metall-Depot des Reichs bei der Königlich preußischen Münzstätte in Berlin (Unterwasserstraße 2—4), und zwar, wenn das Stück in Bayern, Sachsen, Württemberg, Baden, Hessen oder Hamburg angehalten ist, durch Vermittelung der Landesmünzstätte[3] einzusenden. Die Königlich preußische Münzstätte in Berlin wird diese Stücke einer Untersuchung unterwerfen und

a) im Falle der Echtheit für Rechnung des Reichs den Werth der einsendenden Kasse zur Aushändigung an den Einzahler zusenden lassen, die Münzstücke aber, sofern sie zum Umlauf nicht geeignet sind, zur Einziehung bringen;

b) im Falle der Unechtheit das Falschstück an die einsendende Kasse zurückgeben, damit dieselbe in Gemäßheit der Vorschrift unter I. 2 verfahre.

Gewaltsam 2c. beschädigte Münzen.

II. Durch gewaltsame oder gesetzwidrige Beschädigung am Gewicht[4] verringerte echte Reichsmünzen (§. 150 des Strafgesetzbuchs) sind von den Reichs- und Landeskassen gleichfalls anzuhalten.

Liegt der Verdacht eines Münzvergehens gegen eine bestimmte Person vor, so ist in der unter I. 2 vorgeschriebenen Weise zu verfahren.

[3] Vgl. oben I Anm. 6, S. 4.

[4] Wegen der nicht am Gewicht verringerten s. oben I Anm 19, S. 12.

Liegt ein solcher Verdacht nicht vor, so ist das Münzstück durch Zerschlagen oder Einschneiden für den Umlauf unbrauchbar zu machen und alsdann dem Einzahler zurückzugeben.

Abgenutzte Reichsmünzen.

III. Reichsgoldmünzen, welche in Folge längerer Zirkulation und Abnutzung am Gewicht soviel eingebüßt haben, daß sie das Passirgewicht (§. 9 des Gesetzes vom 4. Dezember 1871, Reichs-Gesetzblatt S. 403)[5] nicht mehr erreichen,

sowie

Reichs-Silber-, Nickel- und Kupfermünzen, welche in Folge längerer Zirkulation und Abnutzung an Gewicht oder Erkennbarkeit erheblich eingebüßt haben,[6] sind von allen Reichs- und Landeskassen zum vollen Werth anzunehmen und in der Weise für Rechnung des Reichs einzuziehen, daß sie den dazu bestimmten Sammelstellen — der Reichs-Hauptkasse und den Ober-Postkassen, in Preußen: der General-Staatskasse und den Regierungs- beziehungsweise Bezirks-Hauptkassen, in den übrigen Bundesstaaten: der Landes-Zentralkasse — zugeführt werden.

Die Sammelstellen haben die Münzen, sobald sich ein angemessener Betrag angesammelt hat, kassenmäßig verpackt und bezeichnet dem Münz-Metall-Depot des Reichs bei der Königlich preußischen Münzstätte zu Berlin gegen Anerkenntniß einzusenden und den Werth des Anerkenntnisses der Reichs-Hauptkasse in Aufrechnung zu bringen.

Die vorstehenden Bestimmungen finden auf deutsche Landesmünzen so lange Anwendung, als dieselben noch nicht außer Kurs gesetzt sind.

[5] Oben I Anm. 18 S 12.

[6] Vgl. Münzges. Art. 10 Abs. 2 — oben II S. 36.

IV. Postsendungen, welche in Ausführung gegenwärtiger Bestimmungen zwischen Landesbehörden und Landeskassen einerseits und dem Reichs-Münz-Metall-Depot andererseits erfolgen, sind als Reichsdienstsachen portofrei zu befördern.

V.

Prägung von Reichsgoldmünzen auf Privatrechnung.

Bekanntmachung des Reichskanzlers, betreffend die Ausprägung von Reichsgoldmünzen auf den deutschen Münzstätten für Rechnung von Privatpersonen. Vom 8. Juni 1875.

(Centralblatt S. 348.)

Zum Vollzuge des Artikels 12 des Münzgesetzes vom 9. Juli 1873 (Reichs-Gesetzblatt S. 233)[1] hat der Bundesrath die nachfolgenden Bestimmungen erlassen:

Die deutschen Münzstätten, und zwar:

die Königlich preußischen Münzstätten zu Berlin, Frankfurt a. M.* und Hannover*, die Königlich bayerische Münzstätte zu München, die Königlich sächsische zu Dresden,[2] die Königlich württembergische zu Stuttgart, die Großherzoglich badische zu Karsruhe, die Groß-

[1] Vgl. oben II Anm. 22 bis 25, S. 36 ff.
[2] Jetzt Muldnerhütte bei Freiberg i. S.

herzoglich hessische zu Darmstadt* und die Münzstätte der freien und Hansestadt Hamburg[3]

prägen, soweit sie nicht für das Reich beschäftigt sind, Reichsgoldmünzen für Rechnung von Privatpersonen gegen eine Prägegebühr von drei Mark für das Pfund Feingold unter folgenden Bedingungen:

1. Das auszuprägende Gold ist der Münzstätte in Barren von mindestens fünf Pfund Rauhgewicht unter Beifügung der Probirscheine einzuliefern.

2. Nach Feststellung des Rauhgewichts, die in Gegenwart des Einlieferers oder seines Beauftragten erfolgt, nimmt die Münzstätte zwei Aushiebe von jedem Barren.

   Die Münzstätte ermittelt durch zwei Proben von jedem Barren den Feingehalt bis auf $^1/_{5000}$. Als Gebühr für diese Ermittelung ist von dem Einlieferer für jede Probe der Betrag von $1,_{50}$ Mark, also für beide Proben zusammen der Betrag von $3,_{00}$ Mark zu zahlen. Die Aushiebe verbleiben dem Einlieferer.

   Barren, deren Feingehalt von der Münzstätte, welcher sie zur Ausprägung überliefert werden, schon früher vorschriftsmäßig festgestellt ist und auf Grund dieser Feststellung nachgewiesen werden kann, werden mit dem nachgewiesenen Feingehalt ohne neue Prüfung angenommen.

3. Nach Feststellung des Feingehalts wird dem Einlieferer eine Abschrift des Probirscheines und eine Berechnung des Werthbetrages, zu welchem das Gold, einschließlich

[3] Die mit * bezeichneten Münzstätten sind aufgehoben. Vgl. oben I Anm. 6, S. 4.

der Aushiebe und abzüglich der Prägegebühr, angenommen werden soll, unter Angabe des Tages, an welchem die Auszahlung zu erfolgen hat, übersandt. Erklärt der Einlieferer nicht binnen drei Tagen, daß er die Barren zurückziehe oder der Feingehaltsbestimmung widerspreche, so werden dieselben verarbeitet.

4. Widerspricht der Einlieferer der Feingehaltsbestimmung, ohne den Barren zurückzuziehen, so findet auf seine Kosten eine weitere Probe zweier Aushiebe statt, welche durch einen vom Reichskanzler zu bezeichnenden Probirer vorgenommen wird, und für die Münzstätte definitiv maßgebend ist. Giebt sich der Einlieferer auch mit dieser Feingehaltsbestimmung nicht zufrieden, so hat er den Barren binnen drei Tagen zurückzunehmen.
5. Die Auszahlung der Prägeergebnisse erfolgt in Doppelkronen, der Einlieferer ist jedoch verpflichtet, auch Kronen in Zahlung anzunehmen.
6. Barren mit einem Feingehalt von weniger als 900 Tausendtheilen ist die Münzstätte befugt, zurückzugeben.
7. Barren, welche vor der Einschmelzung als spröde oder iridiumhaltig erkannt werden, ist der Einlieferer zurückzunehmen verpflichtet.

B. Papiergeld-Gesetzgebung.

I.

Gesetz, betreffend die Ausgabe von Reichskassenscheinen. Vom 30. April 1874. (R.G.Bl. S. 40. Ausgegeben am 5. Mai 1874.)[1]

Wir Wilhelm, von Gottes Gnaden Deutscher Kaiser, König von Preußen rc. verordnen im Namen des Deutschen Reichs, nach erfolgter Zu-

[1] Das Gesetz enthält in Erfüllung der in Art. 18. des Münzgesetzes v. 9. Juli 1873 (oben A II S. 45) gegebenen Zusage die nach Art. 4 Nr. 3 der Reichsverfassung der Beaufsichtigung und Gesetzgebung des Reichs unterliegende Feststellung der Grundsätze über die Emission von Papiergeld, indem es an Stelle des nach jener Vorschrift einzuziehenden Staatspapiergeldes die Ausgabe von Reichspapiergeld anordnet. Staatspapiergeld darf schon seit dem sog. Papiergeld-Sperrgesetz v. 16. Juni 1870 (B.G.Bl. S. 507) nur auf Grund eines Bundes-(Reichs-)Gesetzes (welches bisher nicht erlassen ist) ausgegeben werden (s. auch unten § 8). — Wegen des sog. Kommunal-Papiergeldes s. Bankgesetz § 54 (unten C I S. 133). Die Ausdehnung des Gesetzes auf Helgoland ist erfolgt durch die Verordnung vom 22. März 1891 Art. I. Abschn. VI Ziff. 2 (R.G.Bl. S. 21).

stimmung des Bundesraths und des Reichstags, was folgt:

§ 1. Der Reichskanzler wird ermächtigt, Reichskassenscheine zum Gesammtbetrage von 120 Millionen Mark[2] in Abschnitten zu 5, 20 und 50 Mark[3] ausfertigen zu lassen[4] und unter die Bundesstaaten nach dem Maßstabe ihrer durch die Zählung vom 1. Dezember 1871 festgestellten Bevölkerung zu vertheilen.[5]

Ueber die Vertheilung des Gesammtbetrages auf die einzelnen Abschnitte beschließt der Bundesrath.[6]

[2] Mit Rücksicht auf die damalige Bevölkerungsziffer von rund 40 Millionen. Vgl. jedoch § 3.

[3] Also höchstens zum Betrage der Hälfte des niedrigsten Banknoten-Appoints (vgl. Münzgesetz Art. 18 Abs. 1).

[4] Vgl. §§ 6, 7. Periodische Uebersichten über die Ausführung des Gesetzes, insbesondere über die ausgegebenen Reichskassenscheine sind im Centralblatt veröffentlicht, anfänglich monatlich, dann in längeren Zwischenräumen, von Jahr zu Jahr (vgl. Centralbl. 1875 S. 662 ff., 734 ff., 804 ff. u. s. w.), für die späteren Jahre in den Statistischen Jahrbüchern für das Deutsche Reich.

[5] Eine vorläufige Uebersicht siehe in Anlage 2 zu den Motiven des Gesetz-Entwurfs (Aktenstück Nr. 70. Sten. Ber. d. R.T. 2. Leg.Per. I. Sess. 1874 Bd. 3 S. 263 ff. — Anlagen). Die definitiven Antheile ergiebt Col. 3 der jährlichen Nachweisungen (s. Anm. 4, 8).

[6] Diese Bestimmungen haben mehrfach gewechselt. Durch Bundesraths-Beschluß v. 25. Juni 1881 wurde bestimmt, daß der für den Umlauf in Abschnitten zu 20 und 5 Mark festgestellte Betrag von je 40 Mill. Mark auf je 10 Mill. Mark herabzusetzen

§ 2. Jeder Bundesstaat hat das von ihm seither ausgegebene Staatspapiergeld spätestens bis zum 1. Juli 1875 zur Einlösung öffentlich aufzurufen und thunlichst schnell einzuziehen.[7]

Zur Annahme von Staatspapiergeld sind vom 1. Januar 1876 an nur die Kassen desjenigen

und die Reduktion theils durch Umtausch gegen Fünfzigmarkscheine neuer Ausgabe (v. 10. Jan. 1882 — s. Anm. 20), theils im Wege der alljährlich stattfindenden Einziehung von 3659320 Mark in Reichskassenscheinen (vgl. § 3) zu bewerkstelligen sei. Der herabgesetzte Betrag ist jedoch später wieder erhöht. Nach der Nachweisung für Ende März 1891 (s. Anm. 4) befinden sich im Umlauf:

in Abschnitten zu	5 Mark	20	Millionen Mark,
" " "	20 "	30	" "
" " "	50 "	70	" "

[7] Die Vorschrift entspricht dem Art. 18 Abs. 3 Satz 1 des Münzgesetzes v. 9. Juli 1873 (vgl. Anm. 1). Die Summe des danach einzuziehenden Papiergeldes, welches sich auf 19 Bundesstaaten vertheilt, betrug nach der Anlage 1 zu den Motiven des Gesetzentwurfs 61 374 600 Thaler einschließlich 2 228 000 Thaler preußischer Darlehnskassenscheine (vgl. Anm. 15), nach der Nachweisung für Ende März 1891 jedoch 184 298 529 Mark = 61 432 843 Thaler. Davon waren bis Ende März 1888 eingezogen und vernichtet oder präkludirt 183 148 967 Mark, sodaß noch 1 149 562 Mark nicht zur Einlösung präsentirt und nicht präkludirt waren. Da sich dieser Betrag bis März 1891 nicht verändert hat, kann ziemlich sicher angenommen werden, daß der größte Theil dauernd aus dem Umlauf verschwunden ist.

Für Preußen wurde die Aufrufung und Einziehung durch das Gesetz vom 18. Juni 1875 — Preuß. Ges.-Samml. S. 231 — angeordnet.

Staats verpflichtet, welcher das Papiergeld ausgegeben hat.

§ 3. Denjenigen Staaten, deren Papiergeld den ihnen nach §. 1 zu überweisenden Betrag von Reichskassenscheinen übersteigt, werden zwei Drittheile des überschießenden Betrages aus der Reichskasse als ein Vorschuß überwiesen und zwar, soweit die Bestände der letzteren es gestatten, in baarem Gelde, soweit sie es nicht gestatten, in Reichskassenscheinen.[8]

Der Reichskanzler wird zu diesem Zwecke ermächtigt, Reichskassenscheine über den im §. 1 festgesetzten Betrag hinaus bis auf Höhe des zu leistenden Vorschusses anfertigen zu lassen, und soweit als nöthig in Umlauf zu setzen.[9]

Ueber die Art der Tilgung dieses Vorschusses wird gleichzeitig mit der Ordnung des Zettelbankwesens Bestimmung getroffen.[10] In Ermangelung einer solchen Bestimmung hat die Rückzahlung des Vorschusses innerhalb 15 Jahren, vom 1. Januar

[8] Vgl. die Anlage 2 zu den Motiven des Gesetzentwurfs (s. Anm. 5). Im Ganzen sind an Vorschüssen angewiesen 54 123 567 Mark 14 Pf.

[9] Der Umlauf der Reichskassenscheine erhöhte sich dadurch anfänglich auf mehr als 174 Mill. Mark (s. Anm. 4).

[10] Dies ist nicht geschehen.

1876 an gerechnet, in gleichen Jahresraten zu erfolgen.[11]

Die auf den Vorschuß eingehenden Rückzahlungen sind zunächst zur Einziehung der nach vorstehenden Bestimmungen ausgefertigten Reichskassenscheine zu verwenden.[12]

§ 4. Diejenigen Bundesstaaten, welche Papiergeld ausgegeben haben, werden die ihnen ausgefolgten Reichskassenscheine (§§. 1 und 3), soweit der Betrag der letzteren den Betrag des ausgegebenen Staatspapiergeldes nicht übersteigt, nur in dem Maße in Umlauf setzen, als Staatspapiergeld zur Einziehung gelangt.[13]

§ 5. Die Reichskassenscheine werden bei allen Kassen des Reichs und sämmtlicher Bundesstaaten nach ihrem Nennwerthe in Zahlung angenommen[14] und von der Reichs-Hauptkasse[15] für Rechnung

[11] Die Zurückzahlung des Vorschusses ist innerhalb dieser Frist vollständig erfolgt, sodaß seit dem 1. Januar 1891 nur noch 120000000 Mark Reichskassenscheine im Umlauf sind.

[12] Vgl. Anm. 4.

[13] Vgl. Anm. 7.

[14] Ebenso, wie die Reichssilbermünzen, in jedem Betrage (Münzgesetz Art. 9 Abs. 2 — oben A II S. 34). Anders hinsichtlich der Banknoten Bankges. § 2 (unten C I S. 70).

[15] Dieselbe ist eine Abtheilung der Reichsbank-Hauptkasse (vgl. Bankges. v. 14. März 1875 § 22; Bekanntm. v. 29. Dezember 1875 — unten C XII S. 192). Die Einlösungspflicht ist durch Klage erzwingbar; dies ist jedoch streitig. Wegen Einlösung der Reichskassenscheine alter Ausgabe s. d. Ges. v. 21. Juli 1884 — unten II S. 63.

des Reichs[16] jederzeit auf Erfordern gegen baares Geld eingelöst.

Im Privatverkehr findet ein Zwang zu ihrer Annahme nicht statt.[17]

§ 6. Die Ausfertigung der Reichskassenscheine wird der Preußischen Haupt-Verwaltung der Staatsschulden unter der Benennung „Reichsschulden-Verwaltung“ übertragen.[18]

Die Reichsschulden-Verwaltung hat für beschädigte oder unbrauchbar gewordene Exemplare für Rechnung des Reichs Ersatz zu leisten, wenn das vorgelegte Stück zu einem echten Reichskassenscheine gehört und mehr als die Hälfte eines solchen beträgt. Ob in anderen Fällen ausnahmsweise ein Ersatz geleistet werden kann, bleibt ihrem pflichtmäßigen Ermessen überlassen.[19]

[16] D. h. a conto des Reichsguthabens bei der Reichsbank.

[17] Vgl. auch Bankges. § 2.

[18] Vgl. Ges. v. 19. Juni 1808 § 1 (B.G.Bl. S. 339 — unten E II S 291).

[19] Hierzu ist erlassen die Bekanntmachung der Reichsschulden-Verwaltung, betreffend den Umtausch beschädigter oder unbrauchbargewordener Reichskassenscheine. Vom 18. Mai 1876. (Centralbl. S. 296.)

„In Folge höherer Anordnung wird hierdurch zur öffentlichen Kenntniß gebracht, daß zur Förderung des Umtausches beschädigter oder unbrauchbar gewordener Reichskassenscheine gegen neue vom Bundesrath die nachfolgenden Bestimmungen getroffen sind:

„1. Sämmtliche Reichs- und Landeskassen haben die ihnen

§ 7. Vor der Ausgabe der Reichskassenscheine ist eine genaue Beschreibung derselben öffentlich bekannt zu machen.[20]

Die Kontrole über die Ausfertigung und Ausgabe der Reichskassenscheine übt die Reichsschulden-Kommission.[21]

§ 8. Von den Bundesstaaten darf auch ferner nur auf Grund eines Reichsgesetzes Papiergeld ausgegeben oder dessen Ausgabe gestattet werden.[22]

bei Zahlungen angebotenen beschädigten oder unbrauchbar gewordenen (einschließlich der geklebten und der beschmutzten) Reichskassenscheine, deren Umtauschfähigkeit (§ 6 Absatz 2 des Gesetzes, betreffend die Ausgabe von Reichskassenscheinen vom 30. April 1874, Reichs-Gesetzblatt S. 40) zweifellos ist, anzunehmen aber nicht wieder auszugeben.

„2. Solche Reichskassenscheine sind außer von der Reichs-Hauptkasse auch von den Kaiserlichen Ober-Postkassen, der Königlich preußischen General-Staatskasse, den Königlich preußischen Regierungs- beziehungsweise Bezirks-Hauptkassen und von den Landes-Zentralkassen der übrigen Bundesstaaten gegen umlaufsfähige Reichskassenscheine oder baares Geld umzutauschen."

Vgl. Bankges. § 4 Abs. 2.

[20] Vgl. Centralbl. 1875 S. 48. Für die neuen Scheine vgl. Reichsanzeiger v. 1. April 1882 Nr. 79 Anlage, v. 18. Januar 1883 Nr. 16 Anlage. — Wegen gefälschter oder verfälschter Reichskassenscheine vgl. die Strafbestimmungen der §§ 146—149, 151, 152, 360 Nr. 6 des Strafgesetzbuchs.

[21] Vgl. Ges. v. 19. Juni 1868 § 4 (B.G.Bl. S. 339 — unten E II S. 291) u. Bankges. § 16 Abs. 2.

[22] Hiermit wird die Bestimmung des Ges. v. 16. Juni 1870 (s. Anm. 1) wiederholt. Zu dem „Papiergeld" gehört auch

Urkundlich unter Unserer Höchsteigenhändigen Unterschrift und beigedrucktem Kaiserlichen Insiegel.

Gegeben Berlin, den 30. April 1874.

(L. S.) **Wilhelm.**

Fürst v. Bismarck.

II.

Gesetz, betreffend die Einziehung der mit dem Datum vom 11. Juli 1874 ausgefertigten Reichskassenscheine. Vom 21. Juli 1884.

(R.G.Bl. S. 172. Ausgegeben am 2. August 1884.)[1]

Wir Wilhelm, von Gottes Gnaden Deutscher Kaiser, König von Preußen ꝛc. verordnen im Namen des Reichs, nach erfolgter Zustimmung des Bundesraths und des Reichstags, was folgt:

das sog. fundirte; vgl. Gef. v. 21. Juli 1870, betr. die Gründung öffentlicher Darlehnskassen und die Ausgabe von Darlehnskassenscheinen (B.G.Bl. S. 499) und Gef. v. 6. März 1878, betr. die Einlösung und Präklusion der von dem vormaligen Norddeutschen Bunde ausgegebenen Darlehnskassenscheine (R.G.-Bl. S. 5).

[1] Die Reichskassenscheine vom 11. Juli 1874 waren allmählich gegen die zur Erschwerung von Fälschungen auf sog. Wilcox-Papier (dem von dem Fabrikanten Wilcox in Glenmills [Pennsylvanien] erfundenen Papier mit eingestreuten Pflanzenfasern) hergestellten neuen Scheine vom 10. Januar 1882 (s. die Bekanntmachungen oben I Anm. 20, S. 62) bis auf einen Rest von etwa 15 Mill. Mark umgetauscht. Das Gesetz sollte

Die Bestimmung des §. 5 Absatz 1 des Gesetzes, betreffend die Ausgabe von Reichskassenscheinen, vom 30. April 1874 (Reichs-Gesetzbl. S. 40) tritt bezüglich der mit dem Datum vom 11. Juli 1874 ausgefertigten Reichskassenscheine mit Ende des Monats Juni 1885 außer Wirksamkeit.

Vom 1. Juli 1885 ab werden diese Scheine nur noch bei der Königlich preußischen Kontrole der Staatspapiere eingelöst.[2]

Urkundlich unter Unserer Höchsteigenhändigen Unterschrift und beigedrucktem Kaiserlichen Insiegel.

Gegeben Bad Gastein, den 21. Juli 1884.

(L. S.) **Wilhelm.**

Fürst v. Bismarck.

nun die Rückleitung dieser älteren Scheine an die öffentlichen Kassen beschleunigen und bewirken, daß der Verkehr sich ihrer ganz entledige. Rückständig waren am 21. März 1891 noch 1007 830 Mark, zu deren Einlösung ein gleich hoher Betrag bei der Kontrole der Staatspapiere deponirt wurde. (Vgl. Druckf. des Deutsch. Reichstags 8. Leg.Per. I. Sess. 1890/92. Nr. 422.)

[2] Nicht mehr bei der Reichshauptkasse (Ges. v. 30 April 1874 § 5 Abs. 1). Zur Vermeidung von Härten ist (nach dem Beispiel der Preußischen Bank und der Reichsbank) von einer Ungültigkeitserklärung (Präklusion) Abstand genommen und die vorliegende mildere Form der Außerkurssetzung gewählt.

III.

Gesetz, betreffend den Schutz des zur Anfertigung von Reichskassenscheinen verwendeten Papiers gegen unbefugte Nachahmung. Vom 26. Mai 1885.

(R.G.Bl. S. 165. Ausgegeben am 8. Juni 1885.)[1]

Wir Wilhelm, von Gottes Gnaden Deutscher Kaiser, König von Preußen 2c. verordnen im Namen des Reichs, nach erfolgter Zustimmung des Bundesraths und des Reichstags, was folgt:

§ 1. Papier, welches dem zur Herstellung von Reichskassenscheinen verwendeten, durch äußere Merkmale erkennbar gemachten Papier hinsichtlich

[1] Bei der Uebernahme der vormaligen Königlich Preußischen Staatsdruckerei auf das Reich wurde zufolge § 2 e des desfallsigen Vertrages (s. R.G.Bl. S. 140) auch die ausschließliche Anwendung des von ihr käuflich erworbenen Wilcox-schen Verfahrens zur Herstellung von Papier mit eingestreuten Pflanzenfasern Eigenthum des Reichs. Nachdem unter Anwendung dieses Papiers neue Reichskassenscheine hergestellt und in Verkehr gesetzt (s. oben I Anm. 20 S. 62, II Anm. 1 S. 63) und bereits Fälschungen unter Verwendung einer mehr oder weniger täuschenden Nachahmung des Wilcox-Papiers vorgekommen waren, erschien zum Zweck erhöhter Sicherheit gegen Fälschungen der Reichskassenscheine ein strafrechtlicher Schutz des zu diesen Scheinen verwendeten Papiers nach dem Beispiel anderer Länder angezeigt (s. d. Mot. des betr. Ges.Entw. in den Sten.Ber. des Reichstags 6. Legisl.Per. 1. Sess. 1884/85 Bd. VI Anlagen Nr. 253 S. 1150).

dieser Merkmale gleicht oder so ähnlich ist, daß die Verschiedenheit nur durch Anwendung besonderer Aufmerksamkeit wahrgenommen werden kann,[2] darf, nachdem die Merkmale in Gemäßheit des §. 7 des Gesetzes vom 30. April 1874, betreffend die Ausgabe von Reichskassenscheinen (Reichs-Gesetzbl. S. 40), öffentlich bekannt gemacht worden sind,[3] ohne Erlaubniß des Reichskanzlers oder einer von demselben zur Ertheilung der Erlaubniß ermächtigten Behörde weder angefertigt oder aus dem Auslande eingeführt, noch verkauft, feilgehalten oder sonst in Verkehr gebracht werden.

§ 2. Wer den Bestimmungen im §. 1 vorsätzlich zuwiderhandelt, wird mit Gefängniß bis zu einem Jahre, und wenn die Handlung zum Zweck eines Münzverbrechens begangen worden ist, mit Gefängniß von drei Monaten bis zu zwei Jahren bestraft. Ist die Handlung aus Fahrlässigkeit begangen worden, so ist auf Geldstrafe

[2] Vgl. Markenschutz-Ges. v. 30. November 1874 § 18 (R.G.Bl. S. 143). Das Verbot beschränkt sich nicht auf das Wilcox-Papier, sondern erstreckt sich gleichzeitig auch auf jedes andere Papier, welches etwa künftig zur Anfertigung von Reichskassenscheinen verwendet werden möchte. Aber nur auf diese kommt es an, nicht auf Reichsbanknoten, für welche thatsächlich seit Jahren ebenfalls ausschließlich Wilcox-Papier verwendet wird.

[3] Dieses Erforderniß (vgl. oben I Anm. 20, S. 62) dient sowohl zur näheren Bezeichnung des zu schützenden Papiers als zur Fixirung des Zeitpunkts, von welchem ab der Schutz eintritt.

bis zu eintausend Mark oder Gefängniß bis zu sechs Wochen zu erkennen.[4]

§ 3. Neben der Strafe ist auf Einziehung des Papiers zu erkennen, ohne Unterschied, ob dasselbe dem Verurtheilten gehört oder nicht. Auf die Einziehung des Papiers ist auch dann zu erkennen, wenn die Verfolgung oder die Verurtheilung einer bestimmten Person nicht stattfindet.

Urkundlich unter Unserer Höchsteigenhändigen Unterschrift und beigedrucktem Kaiserlichen Insiegel.

Gegeben Berlin, den 26. Mai 1885.

(L. S.) **Wilhelm.**

Fürst v. Bismarck.

[4] Der Entwurf wollte jede Zuwiderhandlung ohne Unterschied im Anschluß an das Strafmaß des Str.G.B. § 151 mit Gefängniß bis zu 2 Jahren ahnden. Milder Str.G.B. § 360 Nr. 4.

C. Notenbankgesetzgebung.

I.

Bankgesetz. Vom 14. März 1875. (R.G.Bl. S. 177. Ausgegeben am 18. März 1875.)[1]

Wir Wilhelm, von Gottes Gnaden Deutscher Kaiser, König von Preußen 2c. verordnen im Namen des Deutschen Reichs, nach erfolgter Zustimmung des Bundesraths und des Reichstags, was folgt:

Titel I.

Allgemeine Bestimmungen.

§ 1. Die Befugniß zur Ausgabe von Banknoten kann nur durch Reichsgesetz erworben, oder

[1] Das Bankgesetz enthält die nach Art. 4 der Reichsverfassung der Reichsgesetzgebung anheimfallende Reform des Banknotenwesens. Vorbereitet ist dieselbe durch das in seiner Wirksamkeit bis zum 31. Dezember 1875 verlängerte, im Uebrigen jetzt durch die einschlagenden Bestimmungen des Bankgesetzes ersetzte sog. Banknoten-Sperrgesetz v. 27. März 1870 (B.G.Bl. S. 51), ferner durch Art. 18 des Münzges. v. 9. Juli 1873 (oben A II S. 45), endlich durch die zu dessen Ausführung er-

über den bei Erlaß des gegenwärtigen Gesetzes zulässigen Betrag der Notenausgabe hinaus erweitert werden.[2]

Den Banknoten im Sinne dieses Gesetzes wird dasjenige Staatspapiergeld gleich geachtet, dessen Ausgabe einem Bankinstitute zur Verstärkung seiner Betriebsmittel übertragen ist.[3]

lassenen Bestimmungen in Art. II des Ges. v. 21. Dezember 1874 (R.G.Bl. S. 193 — s. unten Anm. 13, S. 76). Das Bankgesetz ist, bis auf die in § 60 bezeichneten, am 1. Januar 1876 in Kraft getretenen Bestimmungen, am 1. April 1875 im ganzen Deutschen Reiche in Kraft getreten (vgl. Reichsverfassung Art. 2).

[2] Die Bestimmung ist an die Stelle der §§ 1, 2 des Ges. v. 27. März 1870 (B.G.Bl. S. 51) getreten. Vgl. auch Bankges. § 44 Abs. 1 Nr. 6, Abs. 4, § 46 Abs. 1. Ein Antrag der betheiligten Bundes-Regierung ist nicht mehr erforderlich. Indessen sind dergleichen Gesetze bisher nicht erlassen. Eine Beschränkung des § 1 Abs. 1 hinsichtlich Bayerns enthält § 47 Abs. 3. Die Vorschriften über den Höchstbetrag der Notenausgabe, sei es an sich oder im Verhältniß zum Grundkapital (§ 44 Abs. 4), befinden sich in den Privilegien und Statuten der einzelnen Notenbanken. Bei Ueberschreitung kann das Notenrecht entzogen werden (§ 50 Nr. 1). Hinsichtlich der Reichsbank vgl. § 16.

Bei Verkündung des Bankgesetzes bestanden im Deutschen Reich 33 Notenbanken, darunter die Preußische Bank und 5 andere mit unbegrenztem, die übrigen mit mehr oder weniger begrenztem Notenrecht (vgl. Anlage zum § 9 — unten S. 141).

Strafbestimmungen wegen unbefugter Notenausgabe siehe in §§ 55, 59 Nr. 3. Vgl. auch § 48.

[3] Die Bestimmung bezieht sich auf die Oldenburgische Landesbank, welcher nach dem Ges. für das Herzogthum Oldenburg, betr. die Ausgabe von Papiergeld, v. 12. August 1868 und einem vorangegangenen Vertrage zwischen der Großherzoglichen Re-

§ 2. Eine Verpflichtung zur Annahme von Banknoten bei Zahlungen, welche gesetzlich in Geld zu leisten sind, findet nicht statt und kann auch für Staatskassen durch Landesgesetz nicht begründet werden.[4]

§ 3. Banknoten dürfen nur auf Beträge von 100, 200, 500 und 1000 Mark oder von einem Vielfachen von 1000 Mark ausgefertigt werden.[5]

gierung und den Gründern der Bank ein Betrag von 2 Millionen Thaler Oldenburgisches Staatspapiergeld für ihren Betrieb überwiesen worden war (vgl. Anlage I zum Entwurf des Bankgesetzes, Aktenstück des Reichstags Nr. 27. 2. Legisl.Per. II. Sess. 1874 S. 31 Anm.). Sie ist durch den Verzicht jener Bank auf das Notenrecht (s. unten Anm. 26 S. 80) und die Einziehung des in Noten umgewandelten Papiergeldes gegenstandslos geworden.

[4] § 1 Abs. 2 entspricht dem § 5 des Ges. v. 27. März 1870 (s. Anm. 1).

Hier ist in absoluter Weise das Gegentheil des Zwangskurses bestimmt. Nur administrative Ermächtigungen bestehen für die Reichs- und Landeskassen. (Vgl. z. B. für Preußen die Verf. des Finanz-Ministers v. 5. Januar 1876 und des Justiz-Ministers v. 11. Februar 1876 — Preuß. Ministerialbl. für die ges. innere Verw. S. 13; Preuß. Justiz-Ministerialbl. S. 35.) Wegen der Bankkassen vgl. § 4 und Anm. 7, §§ 19, 44 Nr. 5. Die §§ 2—6 gelten auch für die von Korporationen ausgegebenen Noten ꝛc. (§ 54).

Wegen Beseitigung des Wiederspruchsrechts von Privatbanken vgl. § 44 Abs. 1 Nr. 6.

[5] Vgl. die periodisch im Centralbl. seit Februar 1877 (S. 206) bis Ende November 1880 (Nr. 51 v. 17. Dezember 1880 S. 786, 787) veröffentlichten statistischen Nachweisungen der deutschen Banknoten und von da ab die „Bemerkungen" zu den ebendaselbst seit September 1875 (S. 674) monatlich abge-

§ 4. Jede Bank ist verpflichtet, ihre Noten sofort auf Präsentation zum vollen Nennwerthe einzulösen,[6] auch solche nicht nur an ihrem Hauptsitz, sondern auch bei ihren Zweiganstalten jederzeit zum vollen Nennwerthe in Zahlung anzunehmen.[7]

Für beschädigte Noten hat sie Ersatz zu leisten, sofern der Inhaber entweder einen Theil der Note präsentirt, welcher größer ist, als die Hälfte, oder den Nachweis führt, daß der Rest der Note, von welcher er nur die Hälfte oder einen geringeren Theil als die Hälfte präsentirt, vernichtet sei.[8]

druckten „Status der deutschen Notenbanken". Bei Weitem der größte Betrag ist in Noten zu 100 Mark ausgegeben. Noten zu 200 Mark kommen jetzt nicht mehr vor, Noten zu 500 Mark nur bei der „Frankfurter Bank", der „Sächsischen Bank" und der Preußischen Bank (jetzt der Reichsbank — s. Anm. 60, S. 92), Noten zu 1000 Mark nur bei der Reichsbank und der „Frankfurter Bank"; Noten zu höheren Beträgen sind bisher nicht ausgegeben. Noten zu kleineren Beträgen als 100 Mark verbietet bereits Art. 18 des Münzges. v. 9. Juli 1873 (s. Anm. 1). Wegen der von Korporationen ausgegebenen Noten ꝛc. siehe § 54.

[6] Die Banknote ist eine Zahlungsanweisung auf Sicht an den Inhaber. Zahlungsort ist der Sitz („Hauptsitz") der Bank; nur die Verpflichtung der Reichsbank ist eine weitere (§ 18 b). Wegen anderer Einlösungsstellen der Privat-Notenbanken vgl. § 44 Abs. 1 Nr. 4, § 45. Unter Umständen kann durch gerichtliches Urtheil die Entziehung der Befugniß zur Notenausgabe ausgesprochen werden nach § 50 Abs. 1 Nr. 3.

[7] Wegen der Annahme von Noten anderer Banken vgl. § 19, § 44 Abs. 1 Nr. 5.

[8] Aehnlich bei Reichskassenscheinen nach dem Ges. v. 30. April 1874 § 6 Abs. 2 (oben B I, S. 61).

Für vernichtete oder verlorene Noten Ersatz zu leisten ist sie nicht verpflichtet.[9]

§ 5. Banknoten, welche in die Kasse der Bank oder einer ihrer Zweiganstalten oder in eine von ihr bestellte Einlösungskasse in beschädigtem oder beschmutztem Zustande zurückkehren, dürfen nicht wieder ausgegeben werden.

§ 6. Der Aufruf und die Einziehung der Noten einer Bank oder einer Gattung von Banknoten darf nur auf Anordnung oder mit Genehmigung des Bundesraths erfolgen.

Die Anordnung erfolgt, wenn ein größerer Theil des Umlaufs sich in beschädigtem oder beschmutztem Zustande befindet, oder wenn die Bank die Befugniß zur Notenausgabe verloren hat.

Die Genehmigung darf nur ertheilt werden, wenn nachgewiesen wird, daß Nachahmungen der aufzurufenden Noten in den Verkehr gebracht sind.[10]

[9] Hiernach giebt es weder eine Zahlungssperre noch ein Aufgebot behufs Kraftloserklärung einzelner Banknoten. Vgl. auch B.G.B. § 799 Abs. 1. Anders der Aufruf des § 6. Ueber die Zulässigkeit der Vindikation entscheiden die Landesgesetze (z. B. Preuß. Allg. L.R. I 15 §§ 45—47). Vgl. B.G.B. § 1006.

[10] Die Einziehung und Vernichtung von Reichsbanknoten erfolgt unter Kontrole der Reichsschulden-Kommission (§ 16 Abs. 2).

Wegen der Verpflichtung zur Einziehung kraft Urtheils s. § 50 Abs. 3, §§ 51—53. Die Frist, innerhalb deren die Bekanntmachung zu erlassen ist, wird vom Gericht bestimmt.

Ueber die Behandlung nachgemachter und ver-

In allen Fällen schreibt der Bundesrath die Art, die Zahl und die Fristen der über den Aufruf zu erlassenden Bekanntmachungen, den Zeit-

fälschter Reichsbanknoten hat der Bundesrath am 30. November 1876 beschlossen:

„1. Den nachstehenden Bestimmungen seine Zustimmung zu ertheilen:

I. Sämmtliche Reichs- und Landeskassen haben die bei ihnen eingehenden nachgemachten oder verfälschten Reichsbanknoten (§§ 146—149 des Strafgesetzbuches) anzuhalten.

II. Wird ein eingehendes Falschstück als solches von den Kassenbeamten ohne weiteres erkannt, so hat der Vorsteher der Kasse sofort der zuständigen Justiz- oder Polizeibehörde Anzeige zu machen und derselben das angehaltene Falschstück unter Beifügung des eingegangenen Begleitschreibens, Etiketts ꝛc. bezw. der über die Einzahlung aufzunehmenden kurzen Verhandlung vorzulegen.

III. Erscheint die Unechtheit einer Note zweifelhaft, so ist dieselbe, nachdem dem bisherigen Inhaber eine Bescheinigung über den Sachverhalt ertheilt worden ist, an das Reichsbank-Direktorium (Berlin W., Jägerstraße Nr. 34) einzusenden. Dasselbe wird diese Noten einer Prüfung unterwerfen und

a) im Falle der Echtheit den Werth der einsendenden Kasse zur Aushändigung an den Einzahler zustellen.

b) im Falle der Unechtheit das Falschstück an die einsendende Kasse zurückgeben, damit dieselbe in Gemäßheit der Vorschriften unter II verfahre.

IV. Dem Reichsbank-Direktorium ist von jeder wegen Fälschung oder Nachahmung von Reichsbankraum, innerhalb dessen und die Stellen, an welchen die Noten eingelöst werden sollen, die Maßgaben, unter denen nach Ablauf der Fristen eine Einlösung der aufgerufenen Noten noch stattzufinden hat, und die zur Sicherung der Noteninhaber sonst erforderlichen Maßregeln vor.

Die nach dem Vorstehenden von dem Bundesrathe zu erlassenden Vorschriften sind durch das Reichs-Gesetzblatt zu veröffentlichen.[11]

noten erfolgten Einleitung eines Untersuchungs- oder Ermittelungsverfahrens durch die betreffende Justiz- oder Polizeibehörde sofort Mittheilung zu machen und sobald es ohne Nachtheil für das Verfahren geschehen kann, das Falschstück vorzulegen.

Auch ist das Reichsbank-Direktorium von dem Fortgang des Verfahrens in Kenntniß zu erhalten und von dem schließlichen Ergebnisse desselben unter Vorlegung der Akten und der Falschstücke zu benachrichtigen. Letztere sind von dem Reichsbank-Direktorium aufzubewahren.

2. Es sei zu veranlassen, daß den betreffenden Reichs- und Landesbehörden die unter Ziff. 1 erwähnten Bestimmungen zur Nachachtung mitgetheilt werden, unter besonderem Hinweis auf die einschlägigen Bestimmungen des Strafgesetzbuchs in den §§ 146—149, 151, 152 und 360 Ziff. 4—6."

Letzteres ist geschehen (vgl. z. B. die Verfügung des Preuß. Finanzministers v. 13. Februar 1877 — Preuß. Ministerialbl. für die ges. innere Verw. S. 70; Allgem. Verfügung des Preuß. Justizministers v. 20. März 1877 — Justiz-Ministerialbl. S. 54).

[11] So hinsichtlich der Noten der Bayerischen Hypotheken- und Wechselbank die Bekanntm. v. 7. Juni 1877 (R.G.Bl.

§ 7. Den Banken, welche Noten ausgeben, ist nicht gestattet:

1. Wechsel zu akzeptiren,
2. Waaren oder kurshabende Papiere für eigene oder für fremde Rechnung auf Zeit zu kaufen oder auf Zeit zu verkaufen, oder für die Erfüllung solcher Kaufs- oder Verkaufsgeschäfte Bürgschaft zu übernehmen.[12]

S. 527); der Rostocker Bank die Bek. v. 19. Dezember 1877 (R.G.Bl. S. 575), v. 9. April 1878 (R.G.Bl. S. 11 und v. 19. Oktober 1878 (R.G.Bl. S. 350); der vormaligen Preußischen Bank die Bek. v. 15. März 1878 (R.G.Bl. S. 6) und v. 10. April 1878 (R.G.Bl. S. 12); der Lübecker Kommerzbank die Bek. v. 8. August 1886 (R.G.Bl. S. 259); der Kölnischen Privatbank die Bek. v. 7. Juli. 1887 (R.G.Bl. S. 286); der Hannoverschen Bank die Bek. v. 16. Juli 1889 (R.G.Bl. S. 169); der Bremer Bank die Bek. v. 25. Oktober 1889 (R.G.Bl. S. 199); des Leipziger Kassenvereins die Bek v. 4. Juli 1890 (R.G.Bl. S. 76); der Magdeburger Privatbank die Bek. v. 9. Dezember 1890 (R.G.Bl. S. 205) und v. 29. April 1893 (R.G.Bl. S. 153); der Provinzial-Aktienbank des Großherzogthums Posen die Bek. v. 9. Dezember 1890 (R.G.Bl. S. 206); der Danziger Privat-Aktien-Bank die Bek. v. 25. Dezember 1890 (R.G.Bl. S. 213); der Chemnitzer Stadtbank die Bek. v. 3. Februar 1891 (R.G.Bl. S. 12); der Städtischen Bank zu Breslau die Bek. v. 19. November 1893 (R.G.Bl. S. 263) — sämmtlich mit Ausnahme der Preuß. Bank (vgl. Anm. 60, S. 92) Fälle der Anordnung wegen Verlustes der Notenausgabe-Befugniß (Abs. 2).

[12] Das Verbot ist hauptsächlich gegen Reportgeschäfte gerichtet. Vgl. die Strafbestimmung in § 58 Abs. 2. Der Ausschluß von Blanko-Krediten ist selbstverständlich. — Die civilrechtliche Gültigkeit der in § 7 bezeichneten Geschäfte bleibt unberührt.

§ 8. Banken, welche Noten ausgeben, haben
1. den Stand ihrer Aktiva und Passiva vom 7., 15., 23. und Letzten jedes Monats, spätestens am fünften Tage nach diesen Terminen[13] und

Das Gesetz v. 19. Juni 1893, betr. Ergänzung der Bestimmungen über den Wucher (R.G.Bl. S. 197) hat nach Art. II 4 Abs. 2 auf Notenbanken keine Anwendung.

[13] Auf diesen Wochenübersichten beruhen die monatlich veröffentlichten „Status der deutschen Notenbanken" (vgl. Anm. 5). Wegen der Reichsbank vgl. §§ 15, 32 Abs. 1.

Außerdem gilt noch folgende Bestimmung des Gesetzes, betreffend die Ausgabe von Banknoten, v. 21. Dezember 1874 Art. II (s. Anm. 1):

„§ 4. Die Banken sind ferner verpflichtet, dem Reichskanzler behufs der Veröffentlichung spätestens am siebenten Tage eines jeden Monats den am letzten Tage des vorausgegangenen Monats vorhanden gewesenen Betrag

der umlaufenden —
der in den Bankkassen (einschließlich der Filiale, Agenturen und sonstigen Zweiganstalten) befindlichen —
eintretendenfalls auch der nach erfolgter Einlösung vernichteten —

Noten, nach den einzelnen Abschnitten (Appoints) gesondert, anzuzeigen."

Die Art. I u. II waren nur von vorübergehender Bedeutung.

Die erste Nachweisung jener Art wurde durch „Bekanntmachung" des Reichskanzlers v. 15. Januar 1875 veröffentlicht (Centralblatt S. 91 ff.). Vgl. ferner Centralblatt 1875 S. 132, 178, 190, 278, 312, 352, 432, 460, 514, 664, 684, 730, 788; 1876 S. 34 ff. In den ferneren Nachweisungen treten noch

2. spätestens drei Monate nach dem Schlusse jedes Geschäftsjahres eine genaue Bilanz ihrer Aktiva und Passiva, sowie den Jahresabschluß des Gewinn- und Verlustkontos

durch den Reichsanzeiger auf ihre Kosten zu veröffentlichen.

Die wöchentliche Veröffentlichung muß angeben

1. auf Seiten der Passiva:
   das Grundkapital,
   den Reservefonds,
   den Betrag der umlaufenden Noten,
   die sonstigen täglich fälligen Verbindlichkeiten,[14]
   die an eine Kündigungsfrist gebundenen Verbindlichkeiten,[15]
   die sonstigen Passiva;[16]
2. auf Seiten der Aktiva:
   den Metallbestand (den Bestand an kursfähigem deutschem Gelde[17] und an

die präkludirten Banknoten hinzu (vgl. Centralbl. 1876 S. 112, 172, 228 ff. u. s. w. bis 1877 S. 124). In den folgenden Nachweisungen werden nur die im Umlauf und im Bestande befindlichen Banknoten nachgewiesen (Centralbl. 1877 S. 206, 216, 280 u. s. w.). Vgl. auch Bankges. §§ 8, 10.

[14] z. B. die Giro-Guthaben (§ 13 Nr. 7) und sonstigen „fremden Gelder" (§ 22) bei der Reichsbank.

[15] z. B. die Depositen-Gelder (§ 13 Nr. 7).

[16] d. h. Buchschulden jeder Art.

[17] d. h. die Reichs-Gold-, -Silber-, -Nickel- und -Kupfermünzen und die den Goldmünzen gleichgestellten Thaler (Münz-

Gold in Barren oder ausländischen Münzen, das Pfund fein zu 1392 Mark berechnet),[18]

den Bestand:

an Reichs-Kassenscheinen,

an Noten anderer Banken,

an Wechseln,

an Lombardforderungen,

an Effekten,[19]

an sonstigen Aktiven.

Welche Kategorien der Aktiva und Passiva in der Jahresbilanz gesondert nachzuweisen sind, bestimmt der Bundesrath.[20]

Ges. Art. 14, 15 — oben A II S. 39 ff.). Eine Sonderung nach Gold und Silber, überhaupt nach einzelnen Gattungen ist nicht vorgeschrieben, sie erfolgt aber seit 1894 in den jährlichen Verwaltungsberichten und Bilanzen der Reichsbank, welcher sich in dieser Hinsicht bisher nur die Bayerische Notenbank angeschlossen hat, für den 31. Dezember und im Jahresdurchschnitt, indem folgende Gattungen des Metallbestandes gesondert angegeben werden: Gold in Barren und fremden Münzen, Gold in deutschen Münzen, Thaler, Scheidemünzen.

[18] Vgl. § 14.

[19] Hier umfaßt der Ausdruck auch kurzfällige Schuldverschreibungen (§ 13 Nr. 2, § 32 Abs. 1). Der Antrag, hinzuzusetzen „zum Tageskurs", wurde von der Kommission des Reichstags als überflüssig abgelehnt. Vgl. Handelsgesetzbuch Art. 31, 185a Nr. 1 und Art. 239b (Neues H.G.B. v. 10. Mai 1897 §§ 40, 261), sowie Statut der Reichsbank § 13 Nr. 1 (unten II S. 149).

[20] Diese Bestimmungen enthält die Bekanntmachung des Reichskanzlers, betreffend die Vorschriften

Außerdem sind in beiden Veröffentlichungen die aus weiterbegebenen im Inlande zahlbaren Wechseln[21] entsprungenen eventuellen Verbindlichkeiten ersichtlich zu machen.

§ 9. Banken, deren Notenumlauf ihren Baarvorrath und den ihnen nach Maßgabe der Anlage zugewiesenen Betrag übersteigt, haben vom 1. Januar 1876 ab von dem Ueberschusse eine Steuer von jährlich Fünf vom Hundert an die Reichskasse zu entrichten.[22] Als Baarvorrath gilt

über die von den Notenbanken in der Jahresbilanz gesondert nachzuweisenden Aktiva und Passiva, vom 15. Januar 1877 (unten IV, S. 175).

Besondere Vorschriften für die Jahresbilanz der Reichsbank auf Grund des § 40 Nr. 4 enthält § 13 des Statuts der Reichsbank unter S. 149.

Strafbestimmungen wegen wissentlich falscher Angaben in den Wochenübersichten und Bilanzen enthält § 59 Nr. 1 des Bankgesetzes. Die Richtigkeit der Angaben überwacht auch der Reichskanzler (§ 48).

[21] Die Reichsbank „rediskontirt" ihre Inlandswechsel nicht.

[22] Diese Bestimmung enthält das wichtige, aber seinem Werthe nach bestrittene Prinzip der sog. indirekten Kontingentirung der Notenausgabe (vgl. darüber die Motive zum Entwurfe des Bankges. S. 18 ff., Kommissionsbericht — Aktenstück Nr. 195 2. Leg.-Periode II. S. 1874 S. 15 ff., Stenogr. Berichte des Reichstags S. 215 ff., 1268 ff.). Die steuerfreie Noten-Reserve, d. h. der Ueberschuß des Baarvorraths und des der betreffenden Bank an ungedeckten Noten zugewiesenen Betrags über den Notenumlauf, ist danach ein bedeutsamer Faktor der Bankpolitik.

bei Feststellung der Steuer der in den Kassen der Bank befindliche Betrag an kursfähigem deutschem Gelde,[23] an Reichs-Kassenscheinen, an Noten anderer deutscher Banken[24] und an Gold in Barren oder ausländischen Münzen, das Pfund fein zu 1392 Mark berechnet.[25]

Erlischt die Befugniß einer Bank zur Notenausgabe (§. 49), so wächst der derselben zustehende Antheil an dem Gesammtbetrage des der Steuer nicht unterliegenden ungedeckten Notenumlaufs dem Antheile der Reichsbank zu.[26]

[23] Vgl. Anm. 17.

[24] Durch die Hinzurechnung dieser Noten (vgl. §§ 19, 44 Abs. 1 Nr. 5) unterscheidet sich die Vorschrift von den Bestimmungen über die sog. Drittelbeckung (§§ 17, 44 Nr. 3).

[25] Vgl. § 13 Nr. 1, § 14. Beliehenes Gold (§ 13 Nr. 3 a) gehört nicht hierher.

[26] Zunächst verzichteten auf das Recht der Notenausgabe (vgl. § 49 Nr. 2) 13 Banken, nämlich die Ritterschaftliche Privatbank in Pommern (Stettin), die Bank des Berliner Kassenvereins, die Kommunalständische Bank für die preußische Oberlausitz (Görlitz), die Leipziger Bank, die Weimarische Bank, die Oldenburgische Landesbank, die Mitteldeutsche Kreditbank in Meiningen, die Privatbank zu Gotha, die Anhalt-Dessauische Landesbank, die Thüringische Bank (Sondershausen), die Geraer Bank, die Niedersächsische Bank (Bückeburg) und die Lübecker Privatbank (Nr. 2, 4, 9, 15, 22, 23, 25 bis 31 der Anlage) mit einem

§ 10. Zum Zweck der Feststellung der Steuer hat die Verwaltung der Bank am 7., 15., 23. und Letzten jedes Monats den Betrag des Baarvorraths und der umlaufenden Noten der Bank festzustellen[27] und diese Feststellung an die Aufsichtsbehörde[28] einzureichen. Am Schluß jedes

Gesammtbetrage von	22 561 000	Mark
sodann die Landgräflich hessische konzessionierte Landesbank in Homburg (Nr. 11) mit	159 000	"
die Rostocker Bank (Nr. 21) mit	1 155 000	"
die Kölnische Privatbank (Nr. 5) mit . .	1 251 000	"
die Kommerzbank in Lübeck (Nr. 32) mit .	959 000	"
die Hannoversche Bank (Nr. 10) mit . .	6 000 000	"
die Bremer Bank (Nr. 33) mit	4 500 000	"
der Leipziger Kassenverein (Nr. 16) mit .	1 440 000	"
Weitere 5 Banken verloren die Befugniß zur Ausgabe von Banknoten durch Ablauf der Zeitdauer, für welche diese Befugniß ertheilt war (vgl. § 49 Nr. 1), und zwar:		
die Danziger Privat-Aktienbank (Nr. 7) mit	1 272 000	"
die Provinzial-Aktienbank des Großherzogthums Posen (Nr. 8) mit	1 206 000	"
die Magdeburger Privatbank (Nr. 6) mit .	1 173 000	"
die Chemnitzer Stadtbank (Nr. 17) mit .	441 000	"
die Städtische Bank zu Breslau (Nr. 3) mit	1 283 000	"
zusammen	43 400 000	Mark
an steuerfreien ungedeckten Noten. Der Antheil der Reichsbank erhöht sich hiernach auf	293 400 000	Mark
Den übrigen 7 Banken verblieben . . .	91 600 000	"
zusammen	385 000 000	Mark

Die noch fortbestehenden Privat-Notenbanken sind:

Jahres wird von der Aufsichtsbehörde auf Grund dieser Nachweisungen die von der Bank zu zahlende Steuer in der Weise festgestellt, daß von dem aus jeder dieser Nachweisungen sich ergebenden steuerpflichtigen Ueberschusse des Notenumlaufs $^{5}/_{48}$ Prozent als Steuersoll berechnet werden. Die Summe dieser für jede einzelne Nachweisung als Steuersoll berechneten Beträge ergiebt die von der Bank

1. die Frankfurter Bank (Nr. 12) mit . .	10 000 000	Mark
2. die Bayerische Notenbank (Nr. 13) mit .	32 000 000	=
3. die Sächs. Bank zu Dresden (Nr. 14) mit	16 771 000	=
4. die Württembergische Notenbank (Nr. 18) mit	10 000 000	=
5. die Badische Bank (Nr. 19) mit . . .	10 000 000	=
6. die Bank für Süddeutschland (Nr. 20) mit	10 000 000	=
7. die Braunschweigische Bank (Nr. 24) mit	2 829 000	=
zusammen	91 600 000	Mark

ungedeckten Noten.

Das Nähere über jene Vorgänge und die Vermehrung des Kontingents der Reichsbank enthalten die Bekanntmachungen des Reichskanzlers v. 1. April 1876 (R.G.Bl. S. 124), v. 23. Juli 1876 (R.G.Bl. S. 170), v. 13. Oktober 1877 (R.G.Bl. S. 567), v. 25. Juli 1886 (R.G.Bl. S. 236), v. 15. März 1887 (R.G.Bl. S. 123), v. 16. Juli 1889 (R.G.Bl. S. 170), v. 25. Oktober 1889 (R.G.Bl. S. 200), v. 9. Mai 1890 (R.G.Bl. S. 68), v. 14. Januar 1891 (R.G.Bl. S. 9) und v. 27. Februar 1894 (R.G.Bl. S. 152).

[27] Die Daten ergeben sich aus den Wochenübersichten (§ 8).

[28] Die „Aufsichtsbehörde" ist der Reichskanzler, welcher auch die Richtigkeit der behufs der Steuerberechnung abgegebenen Nachweise überwacht (§ 48). Die Strafbestimmung wegen unrichtiger Angaben enthält § 59 Nr. 2.

[29] Eine solche Steuer ist von der Sächsischen Bank bisher alljährlich, ebenso von der Württembergischen Bank seit 1889, einige

spätestens am 31. Januar des folgenden Jahres zur Reichskasse abzuführende Steuer.[29]

Mal seit 1890 von der Badischen Bank und der Bayerischen Notenbank, seit 1881 auch von der *Reichsbank* ziemlich häufig in bedeutenden Beträgen zu entrichten gewesen, und zwar von der Reichsbank:

1881	am	31. Dezember	mit	. . .	27 179	Mark	34	Pf.,
1882	=	30. September	=	. . .	20 025	=	10	=
	=	7. Oktober	=	. . .	12 692	=	96	=
1884	=	31. Dezember	=	. . .	34 040	=	32	=
1885	=	7. Januar	=	. . .	2 724	=	30	=
1886	=	31. Dezember	=	. . .	35 584	=	73	=
1889	=	30. September	=	. . .	74 816	=	87	=
	=	7. Oktober	=	. . .	47 110	=	35	=
	=	31. Dezember	=	. . .	114 039	=	16	=
1890	=	7. Januar	=	. . .	52 499	=	26	=
	=	30. September	=	. . .	95 261	=	29	=
	=	7. Oktober	=	. . .	108 546	=	67	=
	=	15. "	=	. . .	35 259	=	76	=
	=	31. "	=	. . .	19 719	=	71	=
	=	31. Dezember	=	. . .	27 341	=	02	=
1893	=	30. September	=	. . .	40 122	=	61	=
1895	=	30. "	=	. . .	48 006	=	56	=
	=	7. Oktober	=	. . .	21 572	=	81	=
	=	31. Dezember	=	. . .	154 462	=	29	=
1896	=	7. Januar	=	. . .	37 303	=	67	=
	=	31. März	=	. . .	45 841	=	90	=
	=	30. Juni	=	. . .	35 759	=	03	=
	=	30. September	=	. . .	124 540	=	17	=
	=	7. Oktober	=	. . .	81 617	=	47	=
	=	31. Dezember	=	. . .	139 738	=	98	=
1897	=	7. Januar	=	. . .	32 594	=	91	=
	=	31. März	=	. . .	12 697	=	44	=
	=	30. Juni	=	. . .	29 372	=	03	=
				zusammen	1 510 470	Mark	71	Pf.

§ 11. Ausländische Banknoten oder sonstige auf den Inhaber lautende unverzinsliche Schuldverschreibungen ausländischer Korporationen, Gesellschaften oder Privaten dürfen, wenn sie ausschließlich oder neben anderen Werthbestimmungen in Reichswährung oder einer deutschen Landeswährung ausgestellt sind, innerhalb des Reichsgebietes zu Zahlungen nicht gebraucht werden.[30]

Titel II.

Reichsbank.[31]

§ 12. Unter dem Namen
„Reichsbank"
wird eine unter Aufsicht[32] und Leitung[33] des Reichs stehende Bank errichtet, welche die Eigen-

[30] Die entsprechende Strafbestimmung enthält § 57. Das Zahlungsgeschäft bleibt gültig.

[31] Die Reichsbank hat eine von den übrigen Banken (Privat-Notenbanken — Titel III) abweichende Stellung als Central-Notenbank des Reichs, welche nicht sowohl dem Erwerbe, als öffentlichen, volkswirthschaftlichen Zwecken dienen soll und daher im öffentlichen Interesse mit gewissen Rechten ausgestattet und mit entsprechenden Pflichten belastet ist. Sie ist, wie das Reichsgericht (Entsch. in Civilsachen XV S. 234 ff.) sagt, „ein verfassungsmäßiges Organ, ein Institut des Reichs, zu dessen öffentlich rechtlichen Zwecken sie besteht und betrieben wird". Ihre Verwaltung ist deshalb dem Organismus der Reichsbehörden eng angeschlossen. Vgl. R. Koch in v. Stengel, Wörterbuch d. d. Verwaltungsrechts unter „Reichsbank."

[32] Vgl. § 25.

[33] Vgl. § 26.

schaft einer juristischen Person[34] besitzt und die Aufgabe hat, den Geldumlauf im gesammten Reichsgebiete zu regeln, die Zahlungsausgleichungen zu erleichtern[35] und für die Nutzbarmachung verfügbaren Kapitals zu sorgen.

Die Reichsbank hat ihren Hauptsitz in Berlin. Sie ist berechtigt, aller Orten im Reichsgebiete Zweiganstalten zu errichten.[36]

Der Bundesrath kann die Errichtung solcher Zweiganstalten an bestimmten Plätzen anordnen.[37]

§ 13. Die Reichsbank ist befugt, folgende Geschäfte zu betreiben:[38]

[34] Die Reichsbank ist somit vermögensrechtlich von dem Reichsfiskus getrennt; aber sie ist keine Aktiengesellschaft, sondern hat ihr eigenes in dem Bankgesetz und ihrem Statut enthaltenes Sonderrecht, neben welchem sie freilich als „öffentliche Bank" den von Kaufleuten handelnden Bestimmungen des Handelsgesetzbuchs unterliegt (vgl. das. Art. 5). Vgl. auch § 66, Statut § 17 Abs. 2 (unten II S. 152) u. Neues H.G.B. v. 10. Mai 1897 § 1 Abs. 2 u. 4, § 7.

[35] Diesem Zwecke dient hauptsächlich der Giroverkehr (§ 13 Nr. 7). Weiter erleichtert werden die Zahlungsausgleichungen durch die bei der Reichsbank in Berlin, Bremen, Breslau, Dresden, Elberfeld, Frankfurt a. M., Hamburg, Leipzig, Köln und Stuttgart errichteten Abrechnungsstellen (Clearing-Häuser).

[36] Im Ganzen hat die Reichsbank jetzt (1. Juni 1897) 285 Zweiganstalten. Vgl. §§ 36, 37 und das Verzeichniß im Anhang B unten S. 264.

[37] Die Reichsbankhauptstellen werden an vom Bundesrath zu bestimmenden größeren Plätzen errichtet (§ 36).

[38] Die civilrechtliche Gültigkeit einzelner nicht unter § 13

1. Gold und Silber in Barren und Münzen zu kaufen[39] und zu verkaufen;
2. Wechsel,[40] welche eine Verfallzeit von höchstens drei Monaten haben und aus welchen in der Regel drei, mindestens aber zwei als zahlungsfähig bekannte Verpflichtete haften, ferner Schuldverschreibungen des Reichs, eines deutschen Staats oder inländischer kommunaler Korporationen,[41] welche nach spätestens drei Monaten mit ihrem Nennwerthe fällig sind, zu diskontiren,[42] zu kaufen und zu verkaufen;
3. zinsbare Darlehne auf nicht länger als drei Monate gegen bewegliche Pfänder zu ertheilen (Lombardverkehr),[43] und zwar:

fallenden Rechtsgeschäfte wird durch diese Beschränkung nicht berührt (vgl. Stenogr. Berichte des Reichstags S. 1317). Vgl. auch § 35. Nr. 1—4 enthalten die Anlage-(Aktiv-)Geschäfte (wegen der Privat-Notenbanken vgl. § 44 Nr. 1), Nr. 5—8 die sonstigen Geschäfte.

[39] Vgl. §§ 14, 32, 33.

[40] Nur Wechsel — keine Anweisungen, Checks (soweit diese keine wirklichen Wechsel sind), Warrants oder ähnliche Papiere. Nur Wechsel dienen als Notendeckung (vgl. § 17).

[41] d. h. Provinzen, Kreise, Gemeinden.

[42] Wegen Bekanntmachung des Diskontosatzes s. § 15. Ueber Anhörung des Centralausschusses s. §. 32, Abs. 2 Litt. e. Die Bedingungen des Diskonto-Geschäfts s. unten im Anh. unter II, S. 200.

[43] Wegen des Höchstbetrages vgl. § 32 Abs. 2 Litt. d. Die Bedingungen s. im Anh. V S. 221. Vgl. auch Anm. 53 a. E.

a) gegen Gold und Silber, gemünzt und ungemünzt,[44]

b) gegen zinstragende oder spätestens nach einem Jahre fällige und auf den Inhaber lautende Schuldverschreibungen des Reichs, eines deutschen Staats[45] oder inländischer kommunaler Korporationen, oder gegen zinstragende, auf den Inhaber lautende Schuldverschreibungen, deren Zinsen vom Reiche oder von einem Bundesstaate garantirt sind, gegen voll eingezahlte Stamm- und Stammprioritätsaktien und Prioritätsobligationen deutscher Eisenbahngesellschaften, deren Bahnen in Betrieb befindlich sind,[46] sowie gegen Pfand-

Ein Verzeichniß der lombardfähigen Papiere s. das. S. 212 ff. Ueber Bekanntmachung des Lombardzinsfußes s. § 15. Ueber die Höhe ist der Centralausschuß zu hören (§ 32 Abs. 2 Litt. e).

[44] Ein Abschlag von dem Metallwerthe, wie der Entwurf wollte, ist nicht vorgeschrieben.

[45] Ueber Reichsschuldbuchforderungen (Ges. v. 31. Mai 1891 — R.G.Bl. S. 321) — vgl. unten S. 304 — und preußische Staatsschuldbuchforderungen (Ges. v. 20. Juli 1883 — Ges.S. S. 120) werden Schuldverschreibungen überhaupt nicht (weder auf Namen noch auf Inhaber) ausgestellt; sie sind also nicht lombardfähig.

[46] Der Relativsatz ist ein Zusatz des Reichstags (Kommissions-Bericht S. 38). Die Aktien und Prioritätsobligationen brauchen nicht auf den Inhaber zu lauten.

briefe landschaftlicher, kommunaler oder anderer unter staatlicher Aufsicht stehender[47] Bodenkreditinstitute[48] Deutschlands und deutscher Hypothekenbanken auf Aktien, zu höchstens drei Viertel des Kurswerthes,

c) gegen zinstragende, auf den Inhaber lautende Schuldverschreibungen nicht deutscher Staaten, sowie gegen staatlich garantirte ausländische Eisenbahn-Prioritätsobligationen, zu höchstens 50 Prozent des Kurswerthes,[49]

d) gegen Wechsel, welche anerkannt solide Verpflichtete aufweisen, mit einem Abschlage von mindestens 5 Prozent ihres Kurswerthes,

e) gegen Verpfändung im Inlande lagernder Kaufmannswaaren, höchstens bis zu zwei Drittheilen ihres Werthes;

4. Schuldverschreibungen der vorstehend unter

[47] Das Erforderniß der staatlichen Aufsicht bezieht sich nicht auf die Hypothekenbanken (Komm.-Bericht S. 38. Stenogr. Berichte S. 1918). — Die Pfandbriefe brauchen nicht auf den Inhaber zu lauten.

[48] Hier ist hauptsächlich an Vereinigungen von Schuldnern gedacht.

[49] Die Prioritätsobligationen dürfen auf Namen lauten und können von Eisenbahngesellschaften ausgegeben sein, deren Bahnen nicht im Betrieb befindlich sind.

3. b. bezeichneten Art[50] zu kaufen und zu verkaufen; die Geschäftsanweisung für das Reichsbank-Direktorium (§. 26)[51] wird feststellen, bis zu welcher Höhe die Betriebsmittel der Bank in solchen Schuldverschreibungen angelegt werden dürfen;

5. für Rechnung von Privatpersonen, Anstalten und Behörden Inkassos zu besorgen und nach vorheriger Deckung Zahlungen zu leisten und Anweisungen oder Ueberweisungen auf ihre Zweiganstalten oder Korrespondenten auszustellen;[52]

6. für fremde Rechnung Effekten aller Art, sowie Edelmetalle nach vorheriger Deckung zu kaufen und nach vorheriger Ueberlieferung zu verkaufen;[53]

[50] Kurzfällige Schuldverschreibungen derselben Art fallen bereits unter Nr. 2.

[51] Nicht das Bankgesetz selbst, wie bei den Privat-Notenbanken (§ 44 Nr. 1). Eine solche Bestimmung ist übrigens bisher nicht erlassen. Ehe der Ankauf von „Effekten", d. h. eben von Papieren der hier bezeichneten Art, erfolgen darf, muß der Höchstbetrag, bis zu welchem die Fonds der Bank zu diesem Zweck verwendet werden dürfen, mit Zustimmung des Centralausschusses festgesetzt sein (§ 32 Abs. 2 Litt. d). Die Reichsbank hält grundsätzlich keine eigenen Effekten.

[52] Die Bedingungen des Einziehungsgeschäfts und des Ein- und Auszahlungsverkehrs s. unten im Anhang IV, VIII S. 209, 242.

[53] Der Blanco-Kredit ist hier wie in Nr. 5 ausdrücklich untersagt. Das Nähere über die erforderliche Sicherstellung beim

7. verzinsliche und unverzinsliche Gelder im Depositengeschäft und im Giroverkehr anzunehmen; die Summe der verzinslichen Depositen[54] darf diejenige des Grundkapitals und des Reservefonds der Bank nicht übersteigen;
8. Werthgegenstände in Verwahrung und in Verwaltung zu nehmen.[55]

An- und Verkauf von Effekten (vgl. § 40 Nr. 11) enthält § 10 des Reichsbankstatuts v. 21. Mai 1875 (unten II S. 148). Vgl. auch die Bedingungen im Anhang IX a. E. S. 245. Die Reichsbank unterliegt bei diesem Geschäftszweig wie bei dem der Nr. 8 und auch im Lombardverkehr (Nr. 3) den Verpflichtungen der Bankiers aus dem sog. Bankdepotgesetz v. 5. Juli 1896 (R.G.Bl. S. 183, 194), welche sie freilich schon früher zu erfüllen gewohnt war.

[54] Die verzinslichen Depositen sind zurückgezahlt (vgl. Vertrag über die Abtretung der Preußischen Bank an das Deutsche Reich v. 17./18. Mai 1875 §§ 12, 13 und Anm. 12 dazu (unten III S. 148). Solche werden seit dem 31. Mai 1879 überhaupt nicht mehr angenommen. Trotzdem weisen auch neuere Gesetze auf die Annahme verzinslicher Gelder durch die Reichsbank hin, so z. B. B.G.B. § 1808 u. d. Krankenversicherungsgesetz v. 10. April 1892 § 40 (R.G.Bl. S. 417). Der Giroverkehr — der wichtigste Theil der Passivgeschäfte neben den Banknoten — beruht auf den „Bestimmungen" im Anh. VI S. 229. — Die Hamburger Giro-Bank ist aufgehoben (Bek. v. 19. November 1875 bei Soetbeer, Deutsche Bankverfassung S. 203). Ihr Gebäude ist von der Reichsbank erworben und dient zu deren Geschäftsbetrieb.

[55] Offen und verschlossen nach Maßgabe der „Bedingungen" im Anh. X u. XI S. 247 ff. Vgl. Anm. 53 a. E.

§ 14. Die Reichsbank ist verpflichtet, Barrengold zum festen Satze von 1392 Mark für das Pfund fein gegen ihre Noten umzutauschen.[56]

Die Bank ist berechtigt, auf Kosten des Abgebers solches Gold durch die von ihr zu bezeichnenden Techniker prüfen und scheiden zu lassen.[57]

§ 15. Die Reichsbank hat jeweilig den Prozentsatz öffentlich bekannt zu machen, zu welchem sie diskontirt (§. 13, 2) oder zinsbare Darlehne ertheilt (§. 13, 3).[58] Die Aufstellung ihrer Wochen-Uebersichten erfolgt auf Grundlage der Bücher des Reichsbank-Direktoriums und der demselben unmittelbar untergeordneten Zweiganstalten.[59]

[56] Die Bestimmung, welche erst in Folge der Kommissions-Verhandlungen des Reichstags in das Gesetz aufgenommen ist (Kommissions-Bericht S. 40, Stenogr. Berichte S. 1319 ff.), ergänzt das Prägerecht der Privaten (vgl. Münzgesetz v. 9. Juli 1873 Art. 12 — oben A II S. 36) und dient wie dieses zur Aufrechthaltung der Goldwährung. Die Differenz von 3 Mark gegen den Münzwerth (Ges. v. 4. Dezember 1871 § 1 — oben A I S. 1) ersetzt die Münzgebühr (vgl. Münzges. Art. 12 Anm. 24 S. 37). Periodische Uebersichten über die Goldankäufe der Reichsbank enthält das Centralblatt.

[57] Vgl. die Bek. v. 8. Juni 1875 (oben A V S. 53).

[58] Sie diskontirt jedoch sog. erste Wechsel zu geeigneter Zeit auch unter dem bekannt gemachten Satze. Noch weiter gehen die Privat-Notenbanken (vgl. § 44 Nr. 1).

[59] Vgl. §§ 8, 36, 37, 48.

§ 16. Die Reichsbank hat das Recht, nach Bedürfniß ihres Verkehrs[60] Banknoten auszugeben.

Die An- und Ausfertigung,[61] Einziehung und Vernichtung derselben erfolgt unter Kontrole der Reichsschulden-Kommission,[62] welcher zu diesem Zwecke ein vom Kaiser ernanntes Mitglied hinzutritt.[63]

§ 17. Die Reichsbank ist verpflichtet, für den

[60] Eine Beschränkung liegt mittelbar in den §§ 9, 10, 17. Wegen Ausgabe der Noten zu 100 Mark und 1000 Mark vgl. die Bek. des Reichsbank-Direktoriums v. 6. August 1876 (Reichsanzeiger Nr. 187 v. 10. August 1876), 20. Juni 1877 (Reichsanzeiger Nr. 149 v. 28. Juni 1877), 10. November 1884 (Reichsanzeiger Nr. 267 v. 12. November 1884), 9. Juli 1891 (Reichsanzeiger Nr. 161 v. 11. Juli 1891), 9. Oktober 1895 (Reichsanzeiger Nr. 244 v. 11. Oktober 1895), 9. Januar 1896 (Reichsanzeiger Nr. 8 v. 10. Januar 1896), 11. April 1896 (Reichsanzeiger Nr. 88 v. 13. April 1896). Laut Bek. des Reichskanzlers v. 16. Dezember 1875 (Reichsbank-Statut Anm. 3 — unten II S. 143) gelten v. 1. Januar 1876 ab alle bis dahin von der Preußischen Bank ausgegebenen Banknoten (s. Anm. 5) als Noten der Reichsbank. Die Noten der Preußischen Bank zu 100 Mark (nicht die zu 500 Mark) sind inzwischen eingezogen (vgl. § 6 Anm. 11).

Thatsächlich hat der Notenumlauf der Reichsbank in den letzten Jahren durchschnittlich 1 Milliarde = 85 bis 86 Prozent des gesammten deutschen Notenumlaufs betragen.

[61] Dieselbe geschieht durch die Reichsdruckerei. Wegen Vertheilung der Kosten auf mehrere Jahre s. Reichsbank-Statut § 13 Nr. 2 (unten II S. 149).

[62] Vgl. Ges. v. 19. Juni 1868 §§ 4—7 (B.G.Bl. S. 339 — unten E II S. 291).

[63] Gegenwärtig der Geh. Ober-Regierungsrath im Reichs-Justizamt Dr. Hoffmann.

Betrag ihrer im Umlauf befindlichen Banknoten jederzeit mindestens ein Drittheil in kursfähigem deutschen Gelde Reichs-Kassenscheinen oder in Gold in Barren oder ausländischen Münzen, das Pfund fein zu 1392 Mark gerechnet,[64] und den Rest in diskontirten Wechseln, welche eine Verfallzeit von höchstens drei Monaten haben, und aus welchen in der Regel drei, mindestens aber zwei als zahlungsfähig bekannte Verpflichtete haften, in ihren Kassen als Deckung bereit zu halten.[65]

§ 18. Die Reichsbank ist verpflichtet, ihre Noten:

a) bei ihrer Hauptkasse in Berlin sofort auf Präsentation,

b) bei ihren Zweiganstalten, soweit es deren Baarbestände und Geldbedürfnisse gestatten,[66]

[64] Vgl. § 8 Anm. 17, § 9 Anm. 23—25, § 14.

[65] Die Wechsel müssen dem § 13 Nr. 2 entsprechen. Silber in Barren oder in Münzen, welche nicht zum kursfähigen deutschen Gelde gehören, und Lombard-Forderungen sind zur Deckung nicht geeignet. Gleiche Deckungsvorschriften für die Privat-Notenbanken enthält § 44 Nr. 3.

Landesgesetzlich können unter gewissen Voraussetzungen etwaige Pfand- und Vorzugsrechte der Banknoten-Inhaber erhalten werden nach § 12 des Einführungsges. zur Konkursordnung v. 10. Februar 1877 (R.G.Bl. S. 390) und § 13 des Einführungsges. zur Civilprozeßordnung v. 30. Januar 1877 (R.G.Bl. S. 244).

[66] Ohne diese Beschränkung würde die Goldausfuhr erleichtert werden. Vgl. Stenogr. Berichte des Reichstags S. 1332 ff.

dem Inhaber gegen kursfähiges deutsches Geld einzulösen.[67]

§ 19. Die Reichsbank ist verpflichtet, die Noten der, vom Reichskanzler nach der Bestimmung im §. 45 dieses Gesetzes bekannt gemachten Banken sowohl in Berlin, als auch bei ihren Zweiganstalten in Städten von mehr als 80 000 Einwohnern[68] oder am Sitze der Bank, welche die Noten ausgegeben hat,[69] zum vollen Nennwerthe in Zahlung zu nehmen, so lange die ausgebende Bank ihrer Noteneinlösungspflicht pünktlich nachkommt. Die auf diesem Wege angenommenen Banknoten dürfen nur entweder zur Einlösung präsentirt oder zu Zahlungen an diejenige Bank, welche dieselben ausgegeben hat, oder zu Zahlungen an dem Orte, wo letztere ihren Hauptsitz hat, verwendet werden.

[67] Vgl. § 4 Abs. 1 und Anm. 6.

[68] Ueber die Einwohnerzahl entscheiden die veröffentlichten Resultate der gesetzlichen Volkszählung (s. oben A II Anm. 11 S. 29). Bisher sind es die Städte: Aachen, Augsburg, Barmen, Braunschweig, Bremen, Breslau, Cassel, Chemnitz, Cöln, Crefeld, Danzig, Dortmund, Dresden, Düsseldorf, Elberfeld, Essen, Frankfurt a. M., Halle a. S., Hamburg, Hannover, Karlsruhe, Kiel, Königsberg i. Pr., Leipzig, Magdeburg, Mannheim, Mülhausen i. E., München, Nürnberg, Stettin, Straßburg, Stuttgart. Vgl. das Verzeichniß der Zweiganstalten, in welchem die fraglichen Plätze durch fette Schrift bezeichnet sind (unten im Anhang B S. 264). Thatsächlich geht die Reichsbank noch weiter indem sie auf das natürliche Umlaufsgebiet Rücksicht nimmt.

[69] Abweichend § 44 Nr. 5.

Die Reichsbank ist ermächtigt, mit anderen deutschen Banken Vereinbarungen über Verzichtleistung der letzteren auf das Recht zur Notenausgabe abzuschließen.[70]

§ 20. Wenn der Schuldner eines im Lombardverkehr (§. 13 Ziffer 3) gewährten Darlehns im Verzuge ist,[71] ist die Reichsbank berechtigt, ohne gerichtliche Ermächtigung oder Mitwirkung das bestellte Faustpfand durch einen ihrer Beamten oder durch einen zu Versteigerungen befugten Beamten öffentlich verkaufen, oder, wenn der verpfändete Gegenstand einen Börsenpreis oder Marktpreis hat, den Verkauf auch nicht öffentlich durch einen ihrer Beamten, oder durch einen Handelsmakler, oder, in Ermangelung eines solchen, durch einen zu Versteigerungen befugten Beamten zum laufenden Preise bewirken zu lassen, und sich aus dem Erlöse wegen Kapital, Zinsen und Kosten bezahlt zu machen. Dieses Recht behält die Bank auch gegenüber anderen Gläubigern und gegenüber der Konkursmasse des Schuldners.[72]

[70] Sie hat in mehreren Fällen den verzichtenden Banken den Betrag der von ihnen zur Herstellung ihrer Banknoten in Reichswährung verwendeten Kosten gegen Verzicht auf weitere Entschädigungsansprüche ersetzt. Vgl. § 9 Abs. 2, § 32 Abs. 2 Litt. f.

[71] Vgl. die Bedingungen A §§ 2, 3 im Anh. V (unten S. 221 ff.).

[72] Vgl. Handelsgesetzbuch Art. 311, 353 (B.G.B. §§ 1234 ff., N. H.G.B. § 368). An Stelle der Handelsmakler

§ 21. Die Reichsbank und ihre Zweiganstalten sind im ganzen Reichsgebiete frei von staatlichen Einkommen- und Gewerbesteuern.[73]

§ 22. Die Reichsbank ist verpflichtet, ohne Entgelt für Rechnung des Reichs Zahlungen anzunehmen und bis auf Höhe des Reichsguthabens zu leisten.[74]

sind die Kursmakler getreten (s. Börsengesetz v. 22. Juni 1896 § 34).

[73] Nicht von kommunalen Steuern und ebensowenig von staatlichen Steuern auf andere Objekte, z. B. Grund- und Gebäudesteuern.

Wegen des Handelsregisters vgl. § 66.

[74] Eine Erweiterung der Verpflichtung enthält § 11 des Statuts der Reichsbank v. 21. Mai 1875 (unten II S. 149).

Auf Grund dieser Bestimmungen ist die Bekanntm. v. 29. Dezember 1875, betreffend die Reichs-Hauptkasse, erlassen (unten XII S. 191).

Für die Reichshauptkasse ist vom Reichskanzler eine Geschäftsanweisung unterm 30. Dezember 1875 erlassen (vgl. Verfügung d. Preuß. Finanzmin. v. 31. Dezember 1875 und v. 15. Januar 1876 nebst Auszug aus der Geschäftsanweisung — Preuß. Min.Bl. f. d. ges. inn. Verw. 1876 S. 63 ff.).

Der Reichsbank-Hauptkasse und einigen anderen Bankkassen ist noch die Umwechselung von Reichsscheidemünzen gegen Goldmünzen nach Art. 9 des Münzges. v. 9. Juli 1873 übertragen laut Bekanntmachung des Reichskanzlers v. 19. Dezember 1875, betr. die Umwechselung von Reichs-Goldmünzen gegen Reichs-Silber-, -Nickel- und -Kupfermünzen (oben A II Anm. 20 S. 34).

Ein besonderes Abkommen besteht mit der Reichspostverwaltung, zufolge dessen die Reichsbank (für Rechnung des

Sie ist berechtigt, die nämlichen Geschäfte für die Bundesstaaten zu übernehmen.[75]

§ 23. Das Grundkapital der Reichsbank besteht aus einhundertundzwanzig Millionen Mark, getheilt in vierzigtausend auf Namen lautende Antheile von je dreitausend Mark.[76]

Die Antheilseigner haften persönlich für die Verbindlichkeiten der Reichsbank nicht.

§ 24.[77] Aus dem beim Jahresabschlusse sich ergebenden Reingewinn der Reichsbank wird:

Reichsguthabens) die Postkassen mit den erforderlichen Zuschüssen versieht und die entbehrlichen Gelder annimmt.

[75] Dies ist für Preußen und Baden geschehen. Das besondere Konto Preußens ist jedoch aufgehoben. Die preußische Generalstaatskasse mit einer großen Zahl anderer preußischen Staatskassen ist in den Giroverkehr eingetreten.

[76] Vgl. Anm. 34. Auf dieser Fundamental-Bestimmung beruht die freilich nur entfernte Aehnlichkeit der Reichsbank mit den Aktien-Gesellschaften. Sie ist danach ganz auf Privatkapital gegründet; das Reich hat kein Kapital eingeschossen; aber es gewährt das Notenrecht und es leitet und beaufsichtigt die Verwaltung (§§ 12, 25 ff.). Ueber seine Gewinnbetheiligung s. § 24. Das Nähere wegen der „Reichsbank-Antheile" siehe im Reichsbank-Statut v. 21. Mai 1875 §§ 2—8 (unten II S. 143 ff.).

[77] Nach der früheren Fassung des § 24 betrug die ordentliche Dividende (Nr. 1 u. Abs. 2) vier und einhalb Prozent, und die Theilung zu $^1/_4$ und $^3/_4$ (Nr. 3) begann erst, sobald die Gesammtdividende acht Prozent überstieg. Die Aenderung enthält das Gesetz, betreffend die Abänderung des Bankgesetzes v. 14. März 1875, v. 18. Dezember 1889 (R.G.Bl. S. 201. Ausgegeben den 20. Dez. 1889).

Wir **Wilhelm**, von Gottes Gnaden Deutscher Kaiser, König von Preußen &c. verordnen im

1. zunächst den Antheilseignern eine ordentliche Dividende von drei und einhalb Prozent des Grundkapitals berechnet, sodann

Namen des Reichs, nach erfolgter Zustimmung des Bundesraths und des Reichstags, was folgt:

Artikel 1. Der § 24 des Bankgesetzes v. 14. März 1875 (Reichs-Gesetzbl. S. 177) wird durch folgende Bestimmung ersetzt:

(hier folgt der obige Text des § 24).

Artikel 2. Dieses Gesetz tritt am 1. Januar 1891 in Kraft.

Urkundlich unter Unserer Höchsteigenhändigen Unterschrift und beigedrucktem Kaiserlichen Insiegel.

Gegeben Neues Palais, den 18. Dezember 1889.

(L. S.) **Wilhelm.**

von Boetticher.

Das Gesetz beruht auf der inzwischen eingetretenen allgemeinen Herabminderung des Zinsfußes und der in Folge der späteren Einstellung der Abschreibungen für den Reservefonds (Nr. 2), welcher Ende 1889 24 434 706,08 Mark betrug, erwarteten Steigerung der Dividende. Der Reservefonds hat Ende 1891 den gesetzmäßigen Höchstbetrag von 30 Millionen Mark erreicht. (Vgl. den Entwurf nebst Anhängen in den Drucksachen des Reichstags 7. Legislatur-Periode, V. Session 1889, Nr. 43.) Nachdem der Entwurf vom Reichstage in dritter Lesung angenommen worden war (s. Sten. Ber. d. Reichstags S. 191 ff., 577 ff., 599 ff., 713 ff.), erfolgte die Anhörung einer außerordentlichen Generalversammlung der Antheilseigner, welche die Abänderung billigte (s. unten Anm. 134), und an demselben Tage die Publikation des Gesetzes.

Wegen anderweiter Regelung des Theilnahmeverhältnisses bei etwaiger Erhöhung des Grundkapitals vgl. Reichsbank-Statut § 2 Abs. 2. Wegen der Dividendenscheine und Talons s. das.

2. von dem Mehrbetrage eine Quote von zwanzig Prozent dem Reservefonds zugeschrieben, so lange derselbe nicht ein Viertel des Grundkapitals beträgt,
3. der alsdann verbleibende Ueberrest zur Hälfte an die Antheilseigner und zur Hälfte an die Reichskasse gezahlt, soweit die Gesammtdividende der Antheilseigner nicht sechs Prozent übersteigt. Von dem weiter verbleibenden Reste erhalten die Antheilseigner ein Viertel, die Reichskasse drei Viertel.

Erreicht der Reingewinn nicht volle drei und einhalb Prozent des Grundkapitals, so ist das Fehlende aus dem Reservefonds zu ergänzen.

Das bei Begebung von Antheilsscheinen der Reichsbank etwa zu gewinnende Aufgeld fließt dem Reservefonds zu.[78]

Dividendenrückstände verjähren binnen vier

§§ 3, 9, 14, 15. Die Festsetzung der Dividende erfolgt nach dem Vorschlage des Reichsbank-Direktoriums und gutachtlicher Anhörung des Centralausschusses durch den Reichskanzler (§ 32 Abs. 2 Litt. a, Reichsbank-Statut § 14) und wird den Antheilseignern in der ordentlichen Generalversammlung mitgetheilt (§ 32 Abs. 2 Litt. a; Reichsbank-Statut § 21). — Ueber die Termine und Modalitäten der Erhebung der Dividende s. § 40 Nr. 5, Reichsbank-Statut § 15.

[78] Das Aufgeld bei der Subskription (§ 62 Nr. 1) betrug 30 Prozent (vgl. Bekanntm. des Reichskanzlers v. 24. Mai 1875. Reichsanzeiger Nr. 120 Beilage 1 vom 26. Mai 1875).

Jahren, von dem Tage ihrer Fälligkeit an gerechnet,[79] zum Vortheil der Bank.

§ 25. Die dem Reiche zustehende Aufsicht über die Reichsbank wird von einem Bank-Kuratorium ausgeübt, welches aus dem Reichskanzler als Vorsitzenden und vier Mitgliedern besteht. Eines dieser Mitglieder ernennt der Kaiser,[80] die drei anderen der Bundesrath.

Das Kuratorium versammelt sich vierteljährlich einmal. In diesen Versammlungen wird ihm über den Zustand der Bank und alle darauf Bezug habenden Gegenstände Bericht erstattet und eine allgemeine Rechenschaft von allen Operationen und Geschäftseinrichtungen der Bank ertheilt.

§ 26. Die dem Reiche zustehende Leitung der Bank wird vom Reichskanzler, und unter diesem von dem Reichsbank-Direktorium ausgeübt; in Behinderungsfällen des Reichskanzlers wird die Leitung durch einen vom Kaiser hierfür ernannten Stellvertreter wahrgenommen.[81]

Der Reichskanzler leitet die gesammte Bankverwaltung innerhalb der Bestimmungen dieses

[79] Diese ergiebt sich aus § 15 des Statuts der Reichsbank.

[80] Gegenwärtig der preuß. Finanzminister Dr. v. Miquel. Die Einrichtungen sind der preußischen Bankordnung v. 5. Oktober 1846 §§ 41 ff. (Ges.Sammlung S. 435) nachgebildet.

[81] Gegenwärtig der allgemeine Stellvertreter des Reichskanzlers, Staatssekretär des Innern, Staatsminister Dr. Graf von Posadowsky-Wehner.

Gesetzes und des zu erlassenden Statuts (§. 40). Er erläßt die Geschäftsanweisungen für das Reichsbank-Direktorium und für die Zweiganstalten,[82] sowie die Dienstinstruktionen für die Beamten der Bank, und verfügt die erforderlichen Abänderungen der bestehenden Geschäftsanweisungen (Reglements) und Dienstinstruktionen.

§ 27. Das Reichsbank-Direktorium ist die verwaltende und ausführende, sowie die, die Reichsbank nach außen vertretende Behörde.

Es besteht aus einem Präsidenten und der erforderlichen Anzahl von Mitgliedern,[83] und faßt

[82] Auf Grund dieser Bestimmung sind vom Reichskanzler erlassen:

a) die Geschäftsanweisung für die Reichsbankhauptstellen und Reichsbankstellen vom 30. November 1875;
b) die Geschäftsanweisung für die Reichsbanknebenstellen vom 17. Dezember 1875;
c) die Geschäftsanweisung für diejenigen Reichsbanknebenstellen, welche durch zwei kautionspflichtige Bankbeamte verwaltet werden, vom 21. April 1883.

Sie sind sämmtlich nicht veröffentlicht. Allgemeine Geschäftsanweisungen und Dienstinstruktionen sind dem Zentralausschusse mitzutheilen (§ 32 Abs. 3).

[83] Seit dem Mai 1887 ist auch die Stelle eines Vicepräsidenten geschaffen und in den Etat (§ 28 Abs. 2) aufgenommen (s. R.G.Bl. 1887 S. 147). Außer diesem zählt das Reichsbank-Direktorium gegenwärtig sechs Mitglieder. Ueber Anhörung des Zentralausschusses vor der Anstellung der Mitglieder vgl. § 32 Abs. 2 Litt. c.

seine Beschlüsse nach Stimmenmehrheit, hat jedoch bei seiner Verwaltung überall den Vorschriften und Weisungen des Reichskanzlers Folge zu leisten.

Präsident und Mitglieder des Reichsbank-Direktoriums werden auf den Vorschlag des Bundesraths vom Kaiser auf Lebenszeit ernannt.

§ 28. Die Beamten der Reichsbank haben die Rechte und Pflichten der Reichsbeamten.[84]

Ihre Besoldungen, Pensionen und sonstigen Dienstbezüge, sowie die Pensionen und Unterstützungen für ihre Hinterbliebenen, trägt die

[84] Wegen der Anstellung der Reichsbankbeamten, welche übrigens den gewöhnlichen Diensteid der unmittelbaren Reichsbeamten (Verordnung v. 29. Juni 1871 — R.G.Bl. S. 303) leisten, und behufs Anwendung des Reichsbeamtengesetzes (in Ergänzung der Verordn. v. 23. November 1874 — R.G.Bl. S. 135) ist die Verordn., betreffend die Anstellung der Beamten und die Zuständigkeit zur Ausführung des Gesetzes vom 31. März 1873 bei der Verwaltung der Reichsbank, vom 19. Dezember 1875 (unten V S. 179) erlassen.

Den Beamten, deren Gehälter vierteljährlich zahlbar sind, treten die Reichsbankbeamten zufolge Bekanntmachung des Reichskanzlers v. 27. Dezember 1875 (Centralbl. S. 819) hinzu.

Die Gehälter der Reichsbankbeamten (mit Ausnahme der Mitglieder des Reichsbankdirektoriums) sind zufolge Erlasses v. 14. Januar 1895 nach Dienstaltersstufen geregelt.

Wegen der Tagegelder, Fuhrkosten und Umzugskosten s. die auf Grund des § 19 der Verordn. v. 21. Juni 1875 (R.G.Bl. S. 249) erlassenen Bekanntm. des Reichskanzlers v. 6. Januar 187[illegible] (Centralbl. S. 7) u. v. 13. Febr. 1886 (Centralbl. S. 35).

Reichsbank. Der Besoldungs- und Pensionsetat des Reichsbank-Direktoriums wird jährlich durch den Reichshaushalts-Etat,[85] der der übrigen Beamten jährlich vom Kaiser im Einvernehmen mit dem Bundesrathe auf den Antrag des Reichskanzlers festgesetzt.[86]

Kein Beamter der Reichsbank darf Antheilscheine derselben besitzen.

§ 29. Die Rechnungen der Reichsbank unterliegen der Revision durch den Rechnungshof des Deutschen Reichs.[87]

Die Form, in welcher die jährliche Rechnungslegung zu erfolgen hat, wird durch den Reichs-

[85] Vgl. R.G.Bl. 1877 S. 408, 425, 489 u. s. w. In Betreff des Pensions- und Kautionswesens vgl. die auf Grund des § 40 „zur Ergänzung des Statuts der Reichsbank" erlassenen Verordn. v. 23. Dezember 1875 (unten VI S. 181), v. 31. März 1880 (unten VII S. 184) u. v. 20. Juni 1886 (unten IX. S 188). Wegen des Wittwen- und Waisengeldes vgl. die auf Grund der §§ 28 und 40 „zur Ergänzung des Statuts der Reichsbank" erlassenen Verordn. v. 8. Juni 1881 (unten VIII S. 186), v. 20. Juni 1886 (unten IX S. 188), v. 18. März 1888 (unten X S. 18[illegible]) u. v. 26. Juli 1897 (unten XI S. 191).

[86] Wegen Anhörung des Zentralausschusses über Abänderungen vgl. § 32 Abs. 2 Litt. b.

[87] Die Kontrole ist alljährlich durch Gesetz der preußischen Oberrechnungskammer übertragen. (Vgl. Ges., betr. die Kontrole des Reichshaushaltes, v. 22. Mai 1877 [R.G.Bl. S. 499] u. s. w.)

kanzler bestimmt. Die hierüber ergehenden Bestimmungen sind dem Rechnungshof mitzutheilen.[88]

§ **30.** Die Antheilseigner üben die ihnen zustehende Betheiligung an der Verwaltung der Reichsbank durch die Generalversammlung,[89] außerdem durch einen aus ihrer Mitte gewählten ständigen Zentralausschuß[90] nach Maßgabe der nachfolgenden Bestimmungen aus.

§ **31.** Der Zentralausschuß ist die ständige Vertretung der Antheilseigner gegenüber der Verwaltung. Er besteht aus fünfzehn Mitgliedern, neben welchen fünfzehn Stellvertreter zu wählen sind. Die Mitglieder und die Stellvertreter werden von der Generalversammlung aus der Zahl der im Besitze von mindestens je drei auf ihren Namen lautenden Antheilscheinen befindlichen Antheilseigner gewählt. Sämmtliche Mitglieder und

[88] Die erforderliche (nicht veröffentlichte) Bestimmung ist unterm 5. Februar 1877 erlassen.

Wegen der Aufnahme der Organisations- und Verwaltungskosten in die Jahresrechnung vgl. auch Reichsbankstatut § 13 Nr. 2 (unten II S. 149).

[89] Die Hauptbestimmung des Bankgesetzes (neben §§ 31, 32 Abs. 2 Litt. a § 33 u. § 40 Nr. 6) über die *General-Versammlung*. Das Nähere über deren Berufung und (sehr beschränkte) Befugnisse u. s. w. s. im Reichsbank-Statut § 2 Abs. 2, §§ 16—22 (unten II).

[90] Der Zentralausschuß hat sehr entfernte Aehnlichkeit mit dem Aufsichtsrath der Aktien-Gesellschaft; in der Hauptsache hat er nur eine *berathende* Stimme (s. § 32). Vgl. auch Reichsbank-Statut §§ 22—26, 29.

Stellvertreter müssen im Reichsgebiete und wenigstens neun Mitglieder und neun Stellvertreter in Berlin ihren Wohnsitz haben. Ein Drittel der Mitglieder scheidet jährlich aus. Die Ausscheidenden sind wieder wählbar.[91]

Der Zentralausschuß versammelt sich unter Vorsitz des Präsidenten des Reichsbank-Direktoriums wenigstens einmal monatlich, kann von demselben aber auch außerordentlich berufen werden. Er ist beschlußfähig bei Anwesenheit von wenigstens sieben Mitgliedern; die Geschäftsanweisung wird festsetzen, in welchen Fällen und in welcher Reihenfolge die Einberufung von Stellvertretern zu bewirken ist.[92]

§ 32. Dem Zentralausschuß werden in jedem Monat die wöchentlichen Nachweisungen[93] über die Diskonto-, Wechsel- und Lombardbestände, den Notenumlauf, die Baarfonds, die Depositen, über den An- und Verkauf von Gold, Wechseln und Effekten, über die Vertheilung der Fonds auf die Zweiganstalten zur Einsicht vorgelegt, und zugleich die Ergebnisse der ordentlichen[94] und der außerordentlichen Kassenrevisionen, sowie die Ansichten

[91] Näheres im Reichsbank-Statut (vgl. Anm. 90). Das Ausscheiden bezieht sich nicht auf die Stellvertreter. (Anders § 34).

[92] Die Festsetzung ist durch besondere Verfügung des Reichskanzlers vom 26. November 1875 geschehen. Vgl. auch § 34.

[93] Vgl. §§ 8, 15.

[94] Diese finden monatlich, in der Regel am 8. Tage statt.

und Vorschläge des Reichsbank-Direktoriums über den Gang der Geschäfte im Allgemeinen und über die etwa erforderlichen Maßregeln mitgetheilt.

Insbesondere ist der Zentralausschuß gutachtlich[95] zu hören:

a) über die Bilanz und die Gewinnberechnung, welche nach Ablauf des Geschäftsjahres vom Reichsbank-Direktorium aufgestellt, mit dessen Gutachten dem Reichskanzler zur definitiven Festsetzung überreicht, und demnächst den Antheilseignern in deren ordentlicher Generalversammlung mitgetheilt wird;[96]

b) über Abänderungen des Besoldungs- und Pensionsetats (§. 28);

c) über die Besetzung erledigter Stellen im Reichsbank-Direktorium, mit Ausnahme der Stelle des Präsidenten, vor der Beschlußfassung des Bundesraths (§. 27);

d) über den Höchstbetrag, bis zu welchem die Fonds der Bank zu Lombarddarlehen verwendet werden können.[97]

[95] Einen ferneren Fall bloß gutachtlicher Aeußerung siehe im Reichsbank-Statut § 14 Abs. 2. Zu hören ist der Zentralausschuß auch nach § 2 Abs. 2 (Erhöhung des Grundkapitals) und § 7 das. (Gebühr für die Vermerkung von Uebertragungen u. s. w.). Einer „Zustimmung" des Zentralausschusses bedarf es nur in den Fällen § 32 Abs. 2 Litt. d, § 35 des Bankges. und des § 15 Abs. 2 des Reichsbank-Statuts.

[96] Vgl. § 8 Anm. 20, §§ 24, 30 u. Reichsbank-Statut §§ 13, 14, 21.

[97] Vgl. § 13 Nr. 3.

Der Ankauf von Effekten für Rechnung der Bank kann nur erfolgen, nachdem die Höhe des Betrages, bis zu welcher die Fonds der Bank zu diesem Zwecke verwendet werden können, zuvor mit Zustimmung des Zentralausschusses festgesetzt ist;[98]

e) über die Höhe des Diskontosatzes und des Lombard-Zinsfußes,[99] sowie über Veränderungen in den Grundsätzen und Fristen der Kreditertheilung;

f) über Vereinbarungen mit anderen deutschen Banken (§. 19),[100] sowie über die in den Geschäftsbeziehungen zu denselben zu beobachtenden Grundsätze.

Allgemeine Geschäftsanweisungen und Dienstinstruktionen sind dem Zentralausschusse alsbald nach ihrem Erlasse (§. 26) zur Kenntnißnahme mitzutheilen.

§ **33.** Die Mitglieder des Zentralausschusses beziehen keine Besoldung.

Wenn ein Ausschußmitglied das Bankgeheimniß (§. 39) verletzt, die durch sein Amt erlangten Aufschlüsse gemißbraucht oder sonst das öffentliche Vertrauen verloren hat, oder wenn durch

[98] Vgl. § 13 Nr. 4 u. Anm. 95.
[99] Vgl. § 15.
[100] Vgl. § 19 Anm. 70.

dasselbe überhaupt das Interesse des Instituts gefährdet erscheint, so ist die Generalversammlung berechtigt, seine Ausschließung zu beschließen.[101]

Ein Ausschußmitglied, welches in Konkurs geräth, während eines halben Jahres den Versammlungen nicht beigewohnt, oder eine der Voraussetzungen seiner Wählbarkeit (§. 31) verloren hat, wird für ausgeschieden erachtet.

§ **34.** Die fortlaufende spezielle Kontrole über die Verwaltung der Reichsbank üben drei, von dem Zentralausschusse aus der Zahl seiner Mitglieder auf ein Jahr[102] gewählte Deputirte des Zentralausschusses beziehungsweise deren gleichzeitig zu wählende Stellvertreter. Die Geschäftsanweisung wird festsetzen, in welchen Fällen und in welcher Reihenfolge die Einberufung von Stellvertretern zu bewirken ist.[103]

Die Deputirten sind insbesondere berechtigt, allen Sitzungen des Reichsbank-Direktoriums mit berathender Stimme beizuwohnen.[104]

[101] Vgl. Reichsbank-Statut § 21. Ueber vorgängige Suspension von Deputirten s. Bankges. § 34 Abs. 4.

[102] Wegen im Laufe des Jahres eintretender Erledigungen ist nichts bestimmt. Eine Ergänzung für den Rest der Wahlperiode ist wenigstens nicht ausgeschlossen.

[103] Vgl. Reichsbank-Statut § 24. — Die Geschäftsanweisung ist bisher nicht erlassen (vgl. Anm. 82, 92).

[104] Obligatorisch ist die Anhörung der Deputirten außerdem nur in den Fällen des § 35. Wegen der ihnen ob-

Sie sind ferner berechtigt und verpflichtet, in den gewöhnlichen Geschäftsstunden und im Beisein eines Mitgliedes des Reichsbank-Direktoriums von dem Gange der Geschäfte Kenntniß zu nehmen, die Bücher und Portefeuilles der Bank einzusehen und den ordentlichen, wie außerordentlichen Kassenrevisionen beizuwohnen. Ueber ihre Wirksamkeit erstatten sie in den monatlichen Versammlungen des Zentralausschusses Bericht.

Im Fall des §. 33 Absatz 2 kann ein Deputirter bereits vor der Entscheidung der Generalversammlung durch den Zentralausschuß suspendirt werden.

§ 35. Geschäfte mit den Finanzverwaltungen des Reichs oder deutscher Bundesstaaten dürfen nur innerhalb der Bestimmungen dieses Gesetzes und des Bankstatuts[105] gemacht und müssen, wenn andere als die allgemein geltenden Bedingungen des Bankverkehrs in Anwendung kommen sollen,[106]

liegenden Prüfung der Jahresbilanz s. Reichsbank-Statut § 14. Vgl. übrigens Anm. 95. Ueber ihre Verpflichtung s. Bankges. § 39.

[105] Vgl. besonders Bankges. § 13 u. Statut §§ 10, 11.

[106] Dieses ist die Bedingung, unter welcher hier die Mitwirkung der Organe der Bankantheilseigner anstatt der sonst ausreichenden Begutachtung (§ 32) gefordert wird. Es soll den Regierungen nicht ohne Weiteres mehr gewährt werden dürfen als dem geschäftstreibenden Publikum. Die Vorschrift ist von grundsätzlicher Bedeutung für die Selbständigkeit der Reichsbank gegenüber etwaigen fiskalischen Anforderungen.

zuvor zur Kenntniß der Deputirten gebracht, und, wenn auch nur Einer derselben darauf anträgt, dem Zentralausschuß vorgelegt werden. Sie müssen unterbleiben, wenn der letztere nicht in einer beschlußfähigen Versammlung mit Stimmenmehrheit für die Zulässigkeit sich ausspricht.

§ 36. Außerhalb des Hauptsitzes der Bank sind an, vom Bundesrathe zu bestimmenden, größeren Plätzen[107] Reichsbankhauptstellen zu errichten, welche unter Leitung eines aus wenigstens zwei Mitgliedern bestehenden Vorstandes, und unter Aufsicht eines vom Kaiser ernannten Bank-Kommissarius stehen.[108]

Bei jeder Reichsbankhauptstelle soll, wenn sich daselbst eine hinreichende Zahl geeigneter Antheilseigner vorfindet, ein Bezirksausschuß bestehen,[109] dessen Mitglieder vom Reichskanzler aus den vom

[107] Vgl. § 12 Abs. 3.

[108] 16 Hauptstellen sind aufgeführt in der auf Grund der §§ 36, 37 erlassenen Bekanntmachung des Reichskanzlers vom 17. Dezember 1875 (unten XIII 1 S. 193).

Später hinzugetreten ist die frühere Reichsbankstelle zu Danzig zufolge Bekanntmachung des Reichskanzlers v. 24. April 1879 (unten XIII 2 S. 194).

Vgl. auch die Bekanntm. des Reichsbank-Direktoriums vom 1. Januar 1876, den Beginn der Thätigkeit der Reichsbank-Anstalten betreffend (Reichsanzeiger 1876 Nr. 1).

Das Verzeichniß der Reichsbankanstalten ist im Anhange (unter B S. 264 ff.) mitgetheilt.

[109] Gegenwärtig bei allen 17 Hauptstellen.

Bank-Kommissar und vom Zentralausschuß aufgestellten Vorschlagslisten der am Sitz der Bankhauptstelle oder in dessen unmittelbarer Nähe wohnhaften Antheilseigner ausgewählt werden.[110] Dem Ausschuß werden in seinen monatlich abzuhaltenden Sitzungen die Uebersichten über die Geschäfte der Bankhauptstelle und die von der Zentralverwaltung ergangenen allgemeinen Anordnungen mitgetheilt. Anträge und Vorschläge der Bezirksausschusses, welchen vom Vorstande der Bankhauptstelle nicht in eigener Zuständigkeit entsprochen wird, werden von letzterem dem Reichskanzler mittelst Berichts eingereicht.[111]

Eine fortlaufende spezielle Kontrole über den Geschäftsgang bei den Bankhauptstellen nach Maßgabe der Bestimmungen im §. 34 üben, soweit es ohne Störung der täglichen laufenden Geschäfte geschehen kann, 2 bis 3 Beigeordnete, welche vom Bezirksausschuß aus seiner Mitte gewählt,[112] oder, wo ein Bezirksausschuß nicht besteht,[113] vom Reichskanzler nach Absatz 2 ernannt werden.

[110] Vgl. § 40 Nr. 7. Ueber das Verfahren s. Reichsbank-Statut § 29; über Zahl und Wählbarkeit der Mitglieder das. §§ 27, 28.

[111] Die letztere Bestimmung ist ohne praktische Bedeutung geblieben.

[112] Vgl. § 40 Nr. 7. Ueber das Verfahren s. Reichsbank-Statut § 29 Abs. 2, über die Wählbarkeit das. § 28, über die Verpflichtung Bankges. § 39.

[113] Vgl. Reichsbank-Statut § 29 Abs. 1 u. oben Anm. 109.

§ 37. Die Errichtung sonstiger Zweiganstalten erfolgt, sofern dieselben dem Reichsbank-Direktorium unmittelbar untergeordnet werden (Reichsbankstellen), durch den Reichskanzler,[114] sofern sie einer anderen Zweiganstalt untergeordnet werden,[115] durch das Reichsbank-Direktorium.

§ 38. Die Reichsbank wird in allen Fällen, und zwar auch wo die Gesetze eine Spezialvollmacht erfordern, durch die Unterschrift des Reichsbank-Direktoriums oder einer Reichsbankhauptstelle ver-

[114] Den in der Bekanntm. v. 17. Dezember 1875 (Anm. 108) genannten 43 sind hinzugetreten die in Reichsbankstellen umgewandelten früheren Unteranstalten in Stolp (Bekanntm. v. 16. Mai 1877, Reichsanzeiger Nr. 115), Cottbus (Bekanntm. v. 9. November 1883, Reichsanzeiger Nr. 265), Cöslin (Bekanntm. v. 19. Juni 1889, Reichsanzeiger Nr. 144), Duisburg (Bekanntm. v. 22. März 1892, Reichsanzeiger Nr. 72), Wiesbaden (Bekanntm. v. 30. März 1894, Reichsanzeiger Nr. 75), Bochum (Bekanntm. v. 16. September 1896, Reichsanzeiger Nr. 223), Darmstadt (Bekanntm. v. 11. März 1897, Reichsanzeiger Nr. 62) und Plauen i. V. (Bekanntm. v. 17. März 1897, Reichsanzeiger Nr. 66). Weggefallen ist die Reichsbankstelle in Danzig, welche in eine Reichsbankhauptstelle umgewandelt ist (vgl. Anm. 108).

[115] Gegenwärtig (1. Juni 1897) die Reichsbank-Kommandite in Insterburg, ferner 199 Reichsbanknebenstellen, von welchen die zu Barmen und Heilbronn durch 2 Beamte (Geschäftsanweisung vom 21. April 1883 — vgl. Anm. 82) verwaltet werden und 18 (hauptsächlich zur Vermittelung von Lombard-Geschäften bestimmte) Waarendepots. Vgl. d. Verzeichniß im Anh. B S. 264. Bei 25 größeren Nebenstellen ist dem Bankvorstand ein zweiter Beamter zur Unterstützung, hauptsächlich zur Kassenführung beigegeben.

pflichtet, sofern diese Unterschriften von zwei Mitgliedern des Reichsbank-Direktoriums beziehungsweise[116] von zwei Mitgliedern des Vorstandes der Reichsbankhauptstelle oder den als Stellvertretern der letzteren bezeichneten Beamten vollzogen sind.

Unter welchen Voraussetzungen und in welcher Form die Unterschriften der Bankstellen[117] eine Verpflichtung für die Reichsbank begründen, wird vom Reichskanzler bestimmt und besonders bekannt gemacht.[118]

[116] Nämlich innerhalb des Geschäftskreises der Reichsbankhauptstelle.

[117] Nicht der Nebenstellen, welche hauptsächlich nur zur Vermittelung von Geschäften dienen, indessen in gewissem, nach und nach gewachsenem Umfange, auch zu verbindlichen Erklärungen bzw. Geschäftsabschlüssen ermächtigt sind.

[118] Die Bestimmung ist enthalten in der Bekanntmachung des Reichskanzlers vom 27. Dezember 1875 (Centralbl. S. 820):

> Auf Grund des §. 38 des Bankgesetzes vom 14. März d. Js. (R.G.Bl. S. 177) wird hierdurch bekannt gemacht, daß die Reichsbank durch die Unterschrift einer Reichsbankstelle in allen Fällen, und zwar auch wo die Gesetze eine Spezialvollmacht erfordern, verpflichtet wird, sofern diese Unterschrift von den beiden Mitgliedern des Vorstandes der Bankstelle oder den als Stellvertretern derselben bezeichneten Beamten vollzogen ist. Die Namen der Vorstandsmitglieder und ihrer Stellvertreter sowie die Unterschriften derselben werden in dem Geschäftsraume der Bankstelle ausgehängt.
>
> Berlin, den 27. Dezember 1875.
>
> Der Reichskanzler.
> v. Bismarck.

Gegen die Reichsbankhauptstellen und Bankstellen[119] können alle Klagen, welche auf den Geschäftsbetrieb derselben Bezug haben, bei dem Gerichte des Orts erhoben werden, wo die Zweiganstalt errichtet ist.[120]

§ **39.** Sämmtliche bei der Verwaltung der Bank als Beamte, Ausschußmitglieder, Beigeordnete betheiligte Personen sind verpflichtet, über alle einzelne Geschäfte der Bank, besonders über die mit Privatpersonen und über den Umfang des den letzteren gewährten Kredits, Schweigen zu beobachten. Die Deputirten des Zentralausschusses und deren Stellvertreter, sowie die Beigeordneten bei den Reichsbankhauptstellen sind hierzu vor Antritt ihrer Funktionen mittelst Handschlags an Eidesstatt besonders zu verpflichten.[121]

§ **40.** Das Statut der Reichsbank wird nach Maßgabe der vorstehend in den §§ 12 bis 39 enthaltenen Vorschriften vom Kaiser im Einvernehmen mit dem Bundesrath erlassen.[122]

[119] Nicht gegen die Nebenstellen (s. Anm. 117).

[120] Die Bestimmung ist aufrecht erhalten nach § 13 Abs. 1 des Einführungsges. zur Civilprozeßordnung v. 30. Jan. 1877 (R.G.Bl. S. 390). Vgl. auch § 22 der Civilprozeßordnung (R.G.Bl. S. 83). Im Uebrigen hat die Reichsbank ihren allgemeinen Gerichtsstand in Berlin (§ 12 Abs. 2).

[121] Vgl. § 33 Abs. 2, § 34 Abs. 4, § 36 Abs. 3.

[122] Wegen der Bedeutung des „Statuts" s. das. (II) Anm. 1 **S. 142.** Dasselbe ist ergänzt durch die auf Grund des § 40 erlassenen Verordnungen, betr. die Pensionen und Kau-

Dasselbe muß insbesondere Bestimmungen enthalten:

1. über die Form der Antheilscheine der Reichsbank und der dazu gehörigen Dividendenscheine und Talons;[123]
2. über die bei Uebertragung oder Verpfändung von Antheilscheinen zu beachtenden Formen;[124]
3. über die Mortifikation verlorener oder vernichteter Antheilscheine, sowie über das Verfahren in Betreff abhanden gekommener Dividendenscheine und Talons;[125]
4. über die Grundsätze, nach denen die Jahresbilanz der Reichsbank aufzunehmen ist;[126]
5. über Termine und Modalitäten der Erhebung der Dividende;[127]
6. über die Form, in welcher die Zusammenberufung der Generalversammlungen geschieht, sowie über die Bedingungen und die Art der Ausübung des Stimmrechts

tionen der Reichsbankbeamten (Anm. 85, S. 103) und die auf Grund der §§ 28 und 40 erlassenen Verordnungen, betr. die Fürsorge für die Wittwen und Waisen der Reichsbankbeamten (ebenda).

[123] Vgl. Reichsbank-Statut § 3.

[124] Vgl. §§ 4—6 das.; auch § 7 das.

[125] Vgl. §§ 8, 9 das.

[126] Vgl. §§ 12, 13 das.; auch § 14 das. und Bankges. § 8 Abs. 3, 4.

[127] Vgl. Reichsbank-Statut § 15.

der Antheilseigner; die Ausübung des Stimmrechts darf jedoch nicht durch den Besitz von mehr als einem Antheilsscheine bedingt, noch dürfen mehr als hundert Stimmen in einer Hand vereinigt werden;[128]

7. über die Modalitäten der Wahl des Zentralausschusses und der Deputirten desselben, der Bezirksausschüsse und der Beigeordneten bei den Reichsbankhauptstellen;[129]
8. über die Form, in welcher die von der Gesellschaft ausgehenden Bekanntmachungen erfolgen, sowie über die öffentlichen Blätter, in welche dieselben aufzunehmen sind;[130]
9. über die im Fall der Aufhebung der Reichsbank (§. 41) eintretende Liquidation;[131]
10. über die Form, in welcher die Mitwirkung der Antheilseigner oder deren Vertreter zu einer durch Reichsgesetz festzustellenden Erhöhung des Grundkapitals herbeigeführt werden soll;[132]

[128] Vgl. §§ 16—22, 30 das.
[129] Vgl. §§ 22—29 das.
[130] Vgl. § 30 das.
[131] Vgl. § 31 das.
[132] Vgl. §§ 2, 31 das.

11. über die Voraussetzungen der Sicherstellung, unter denen Effekten für fremde Rechnung gekauft oder verkauft werden dürfen.[133]

§ 41. Das Reich behält sich das Recht vor, zuerst zum 1. Januar 1891, alsdann aber von zehn zu zehn Jahren nach vorausgegangener einjähriger Ankündigung,[134] welche auf Kaiserliche Anordnung, im Einvernehmen mit dem Bundesrath, vom Reichskanzler an das Reichsbank-Direktorium zu erlassen und von letzterem zu veröffentlichen ist, entweder

a) die auf Grund dieses Gesetzes errichtete Reichsbank aufzuheben und die Grundstücke derselben gegen Erstattung des Buchwerthes zu erwerben, oder
b) die sämmtlichen Antheile der Reichsbank zum Nennwerthe zu erwerben.[135]

[133] Vgl. Bankges. § 13 Nr. 6 u. Reichsbank-Statut § 10.

[134] Von dieser Ankündigung ist bis zum Ablauf der ersten Frist kein Gebrauch gemacht, nachdem die von den Regierungen vorgeschlagene Abänderung des § 24 (mittelst Ges. v. 18. Dezember 1889) zu Stande gekommen ist (s. oben Anm. 77). Die nächste Kündigungsfrist läuft bis zum 31. Dezember 1899.

[135] Vgl. §§ 3, 6 Abs. 4 des Reichsbank-Statuts. Nachdem der Reservefonds die volle gesetzliche Höhe von 30 Mill. Mark erreicht hat (s. § 24 Nr. 2), würden die Antheilseigner also zusammen 135 Mill. Mark (s. Abs. 2), d. h. $112^1/_2$ Prozent erhalten.

Die sog. „Verstaatlichung" (b) wurde bei der Berathung der in Anm. 77 erwähnten Gesetzesvorlage von einer Seite angeregt

In beiden Fällen geht der bilanzmäßige Reservefonds, soweit derselbe nicht zur Deckung von Verlusten in Anspruch zu nehmen ist, zur einen Hälfte an die Antheilseigner, zur andern Hälfte an das Reich über.

Zur Verlängerung der Frist nach Inhalt des ersten Absatzes ist die Zustimmung des Reichstags erforderlich.[136]

Titel III.

Privat-Notenbanken.

§ **42.** Banken, welche sich bei Erlaß dieses Gesetzes im Besitze der Befugniß zur Notenausgabe befinden,[137] dürfen außerhalb desjenigen

(Nr. 74 d. Drucksachen), fand aber nicht den Beifall der Mehrheit (s. Sten. Ber. S. 728—730).

[136] Die Bestimmung ist nicht ganz deutlich gefaßt. Nach der Entstehungsgeschichte (s. Kommiss.Ber. S. 52—55) ging die Absicht dahin, daß das Reich nicht ohne den Reichstag, dessen Zustimmung sich in Annahme einer bezüglichen Gesetzvorlage oder auch in einer bloßen Resolution und selbst stillschweigend (vgl. Anm. 77, 134) *äußern kann, von der Ausübung der Kündigungs*befugniß abstehen, d. h. das Privilegium der Reichsbank verlängern darf.

[137] Das im Gesetze hinsichtlich der Privat-Notenbanken angenommene System besteht in einer Vereinigung

erstens gewisser, für alle Notenbanken unbedingt maßgebenden Vorschriften [hinsichtlich der Banknoten [§ 2—6, 9, 10] und des sonstigen Geschäftsbetriebs [§ 7] mit der Verpflichtung zu gewissen Veröffentlichungen bzw. Mittheilungen [§ 8 u. Gesetz v. 21. Dezember 1874 II — oben S. 76]; Beschränkung von

Staates, welcher ihnen diese Befugniß ertheilt hat, Bankgeschäfte durch Zweiganstalten weder betreiben noch durch Agenten für ihre Rechnung betreiben lassen, noch als Gesellschafter an Bankhäusern sich betheiligen.[138]

§ 43. Die Noten einer Bank, welche sich bei Erlaß dieses Gesetzes im Besitze der Befugniß zur Notenausgabe befindet,[139] dürfen außerhalb desjenigen Staates, welcher derselben diese Befugniß ertheilt hat, zu Zahlungen nicht gebraucht werden.[140]

Aenderungen der Statuten u. s. w. [§ 47] und Unterwerfung unter die Aufsicht des Reichskanzlers [§ 48]]

und zweitens solcher (auf dem Gedanken, daß das Notenprivileg nicht über das Gebiet des ertheilenden Staats hinaus wirke, beruhenden) Beschränkungen (§§ 42, 43), welchen die Banken dadurch entgehen konnten, daß sie sich bis zum 1. Januar 1876 gewissen anderen, im Gesetz also fakultativ vorgesehenen Beschränkungen unterwarfen (§§ 44—46).

[138] Die noch bestehenden Privatnotenbanken sind von diesen Beschränkungen nicht befreit (vgl. § 45 u. Anm. 161, sowie unten Nr. XIV 1, S. 195). Im Uebrigen s. Anm. 2; § 44 Abs. 3, 4, § 45 Abs. 2 Nr. 1, §§ 48, 50 Abs. 1 Nr. 2 und die Strafbestimmung des § 58.

[139] Vgl. Anm. 137.

[140] Diese Beschränkung gilt nur noch für die Braunschweigische Bank (vgl. § 45 u. Anm. 161, 162). Die anderen Banken sind davon befreit (s. unten Nr. XIV 1). Im Uebrigen vgl. §§ 44—48, 50 Abs. 1 Nr. 3, § 54 und die Strafbestimmung des § 56. Civilrechtlich bleiben die betreffenden Geschäfte gültig.

§ 43 gilt auch für das Papiergeld des § 54.

Der Umtausch solcher Noten gegen andere Banknoten, Papiergeld oder Münzen unterliegt diesem Verbote nicht.

§ **44.** Die beschränkenden Bestimmungen des § 43 finden auf diejenigen Banken keine Anwendung, welche bis zum 1. Januar 1876 folgende Voraussetzungen erfüllen:

1. Die Bank darf ihre Betriebsmittel nur in den im §. 13 unter 1 bis 4 bezeichneten Geschäften,[141] und zwar zu 4 höchstens bis zur Höhe der Hälfte des Grundkapitals der Bank und der Reserven,[142] anlegen.

   Bezüglich des Darlehnsgeschäfts[143] ist der Bank eine Frist bis zum 1. Januar 1877 eingeräumt, innerhalb welcher sie ihre Darlehne den Bestimmungen des §. 13 Nr. 3 zu konformiren hat.

   Sie hat jeweilig den Prozentsatz öffentlich bekannt zu machen, zu welchem sie diskontirt oder zinsbare Darlehne gewährt.[144]

2. Die Bank legt von dem sich jährlich über das Maß von $4^1/_2$ Prozent des Grundkapitals hinaus ergebenden Reingewinn

[141] Vgl. Anm. 38.
[142] Vgl. Anm. 51 und § 44 Abs. 4 sowie § 46.
[143] Vgl. § 13 Nr. 3.
[144] Vgl. § 15 u. Anm. 158.

jährlich mindestens 20 Prozent so lange zur Ansammlung eines Reservefonds zurück, als der letztere nicht ein Viertheil des Grundkapitals beträgt.[145]

3. Die Bank verpflichtet sich, für den Betrag ihrer im Umlauf befindlichen Banknoten jederzeit mindestens ein Drittheil in kursfähigem deutschem Gelde, Reichs-Kassenscheinen oder in Gold in Barren oder ausländischen Münzen, das Pfund fein zu 1392 Mark gerechnet, und den Rest in diskontirten Wechseln, welche eine Verfallzeit von höchstens drei Monaten haben und aus welchen in der Regel drei, mindestens aber zwei als zahlungsfähig bekannte Verpflichtete haften, in ihren Kassen als Deckung bereit zu halten.[146]

4. Die Bank verpflichtet sich, ihre Noten bei einer von ihr zu bezeichnenden Stelle in Berlin oder Frankfurt, deren Wahl der Genehmigung des Bundesraths unterliegt, dem Inhaber gegen kursfähiges deutsches Geld einzulösen.

Die Einlösung hat spätestens vor Ab-

[145] Wie in § 24 Nr. 2. Welche Banken ohne Weiteres von dieser Beschränkung entbunden sind, s. in § 44 Abs. 4 u. Anm. 158.

[146] Uebereinstimmend mit § 17. Vgl. § 46.

lauf des auf den Tag der Präsentation folgenden Tages zu erfolgen.[147]

5. Die Bank verpflichtet sich, alle deutschen Banknoten, deren Umlauf im gesammten Reichsgebiete gestattet ist, an ihrem Sitze, sowie bei denjenigen ihrer Zweiganstalten, welche in Städten von mehr als 80,000 Einwohnern ihren Sitz haben,[148] zu ihrem vollen Nennwerthe in Zahlung zu nehmen, so lange die Bank, welche solche Noten ausgegeben hat, ihrer Noteneinlösungspflicht pünktlich nachkommt. Alle bei einer Bank eingegangenen Noten einer anderen Bank dürfen, soweit es nicht Noten der Reichsbank sind, nur entweder zur Einlösung präsentirt, oder zu Zahlungen an diejenige Bank, welche dieselben ausgegeben hat, oder zu Zahlungen an dem Orte, wo letztere ihren Hauptsitz hat, verwendet werden.[149]

[147] Für die Einlösung am Sitz (Hauptsitz) bestehen strengere Bestimmungen. Vgl. §§ 4, 18. Im Uebrigen vgl. § 45 Abs. 1 Nr. 2, Abs. 2 Nr. 2; §§ 46, 47, 50 Abs. 1 Nr. 3 Litt. b.

Neben Berlin oder Frankfurt (am Main) bestehen zuweilen noch andere Einlösungsstellen (vgl. § 50 Nr. 3 c).

[148] Vgl. Anm. 68. Die Verpflichtung der Reichsbank erstreckt sich außerdem noch auf den Sitz der ausgebenden Bank (§ 19 Anm. 69). Auch die der Privatbanken ist civilrechtlich erzwingbar (vgl. Mandry, Reichsgesetze 3. Aufl. S. 186).

[149] Vgl. § 46 Abs. 1.

6. Die Bank verzichtet auf jedes Widerspruchsrecht, welches ihr entweder gegen die Ertheilung der Befugniß zur Ausgabe von Banknoten an andere Banken,[150] oder gegen die Aufhebung einer etwa bestehenden Verpflichtung der Landesregierung, ihre Noten in den öffentlichen Kassen statt baaren Geldes in Zahlung nehmen zu lassen,[151] zustehen möchte.
7. Die Bank willigt ein, daß ihre Befugniß zur Ausgabe von Banknoten zu den in §. 41 bezeichneten Terminen durch Beschluß der Landesregierung oder des Bundesraths mit einjähriger Kündigungsfrist aufgehoben werden könne, ohne daß ihr ein Anspruch auf irgend welche Entschädigung zustände.[152]

Von Seiten des Bundesraths wird eine Kündigung nur eintreten zum Zwecke weiterer einheitlicher Regelung des Notenbankwesens oder wenn eine Notenbank den Anordnungen gegenwärtigen Gesetzes zuwidergehandelt hat. Ob diese Voraussetzungen vorliegen, entscheidet der Bundesrath.[153]

[150] Vgl. § 1 u. Anm. 2.

[151] Vgl. § 2 u. Anm. 4.

[152] Vgl. Ges. v. 27. März 1870 § 3 (B.G.Bl. S. 51).

[153] Zum ersten Kündigungstermin (31. Dezember 1889 — vgl. § 41) ist von der Befugniß kein Gebrauch gemacht.

Einer Bank, welche die vorstehend unter 1 bis 7 bezeichneten Voraussetzungen erfüllt hat, kann der Betrieb von Bankgeschäften durch Zweiganstalten oder Agenturen[154] außerhalb des im §. 42 bezeichneten Gebietes auf Antrag der für den Ort, wo dies geschehen soll, zuständigen Landesregierung[155] durch den Bundesrath gestattet werden.[156]

Banken, welche bis zum 1. Januar 1876 nachweisen, daß der Betrag der nach ihrem Statut oder Privileg ihnen gestatteten Notenausgabe auf den Betrag des Grundkapitals eingeschränkt ist, welcher am 1. Januar 1874 eingezahlt war,[157] sind von der Erfüllung der unter 2 bezeichneten Voraussetzung entbunden und erlangen mit der Gestattung des Umlaufs ihrer Noten im gesammten Reichsgebiete[158] zugleich die Befugniß, im gesammten Reichsgebiete durch Zweiganstalten oder Agenturen Bankgeschäfte zu betreiben. Dem Bundesrath bleibt vorbehalten, diesen Banken

[154] Nicht genannt ist die Betheiligung als Gesellschafter an Bankhäusern.

[155] Hierin liegt eine Einschränkung der fakultativen Befreiung von den Schranken des § 42.

[156] Ohne Weiteres befreit sind die in Abs. 4 bezeichneten Banken unter den dortigen Voraussetzungen. Welche den Nachweis geführt haben, ist aus den Bekanntmachungen (vgl. Anm. 161) nicht zu erkennen.

[157] Vgl. Anm. 156 a. E.

[158] Vgl. § 44 Abs. 1, § 45 Abs. 2 Nr. 1.

einzelne der durch die Bestimmungen unter 1 ausgeschlossenen Formen der Kreditertheilung, in deren Ausübung dieselben sich bisher befunden haben, auf Grund des nachgewiesenen besonderen Bedürfnisses zeitweilig oder widerruflich auch ferner zu gestatten und die hierfür etwa nothwendigen Bedingungen festzusetzen.[159]

§ **45.** Banken, welche von den Bestimmungen im §. 44 zu ihren Gunsten Gebrauch machen wollen, haben dem Reichskanzler nachzuweisen:

1. daß ihre Statuten den durch den § 44 aufgestellten Voraussetzungen entsprechen;
2. daß die erforderliche Einlösungsstelle[160] eingerichtet ist.

Sobald dieser Nachweis geführt ist, erläßt der Reichskanzler eine durch das Reichs-Gesetzblatt zu veröffentlichende Bekanntmachung,[161] in welcher:

[159] Der Schlußsatz ist durch den Reichstag hinzugefügt.

Von der Befugniß ist insofern Gebrauch gemacht, als einzelnen Privatbanken die Beleihung gewisser, sonst gesetzlich nicht beleihbarer Papiere bis zu bestimmten Höchstbeträgen gestattet ist.

[160] Vgl. § 44 Abs. 1 Nr. 4.

[161] Es sind demzufolge erlassen: die Bekanntmachungen, betreffend die Anwendung der §§ 42 und 43 des Bankgesetzes v. 14. März 1875, vom 29. Dezember 1875, vom 7. Januar 1876, vom 3. September 1879 u. vom 27. Februar 1883, welche zugleich das Nöthige wegen der Einlösungsstellen enthalten (unten XIV S. 195 ff.). Von den Beschränkungen des Notenumlaufs (§ 43) sind dem-

1. die beschränkenden Bestimmungen der §§. 42 und 43 oder des §. 43 dieses Gesetzes zu Gunsten der zu bezeichnenden Bank als nicht anwendbar erklärt,
2. die Stelle, an welcher die Noten der Bank eingelöst werden, bezeichnet wird.

§ 46. Kann die Dauer einer bereits erworbenen Befugniß zur Ausgabe von Banknoten durch eine vom Staate oder einer öffentlichen Behörde ausgehende, an einen bestimmten Termin gebundene Kündigung auf eine bestimmte Zeit beschränkt werden, so tritt diese Kündigung zu dem frühesten zulässigen Termine kraft gegenwärtigen Gesetzes ein, es sei denn, daß die Bank den zulässigen Betrag ihrer Notenausgabe auf den am 1. Januar 1874 eingezahlten Betrag ihres Grundkapitals beschränkt und sich den Bestimmungen im §. 44 unter 1 und 3 bis 7 unterworfen hat.[162]

nach alle z. Z. noch bestehenden (s. § 9 Anm. 26) Privatnotenbanken mit alleiniger Ausnahme der Braunschweigischen Bank (s. Anm. 162) befreit. — Die älteren Statuten dieser Banken haben sämmtlich theils in Folge des Bankgesetzes, theils in Folge der Aktienrechts-Novelle vom Jahre 1884 eingreifende Aenderungen erfahren.

[162] Von den bestehenden Notenbanken hat nur die Braunschweigische Bank sich nicht unterworfen. Ihr Privilegium dauert (ohne Kündigungsbefugniß) bis zum 11. Mai 1952. Vgl. § 47 Abs. 2. Die übrigen in den Bekanntmachungen (Anm. 161) nicht genannten Notenbanken haben auf ihr Notenrecht verzichtet (vgl. § 9 Anm. 26).

Statutarische Bestimmungen, durch welche die Dauer einer Bank oder der derselben ertheilten Befugniß zur Notenausgabe von der unveränderten Fortdauer des Notenprivilegiums der Preußischen Bank abhängig gemacht ist,[163] treten außer Kraft.

§ **47.** Jede Abänderung der Bestimmungen des Grundgesetzes, Statuts oder Privilegiums einer Bank, welche die Befugniß zur Ausgabe von Banknoten bereits erworben hat, bedarf, so lange der Bank diese Befugniß zusteht, zu ihrer Gültigkeit der Genehmigung des Bundesraths, sofern sie das Grundkapital, den Reservefonds, den Geschäftskreis oder die Deckung der auszugebenden Noten, oder die Dauer der Befugniß zur Notenausgabe zum Gegenstande hat.[164] Landesgesetzliche Vorschriften und Konzessionsbedingungen, durch welche eine Bank bezüglich des Betriebs des Diskonto-, des Lombard-, des Effekten- und des Depositengeschäfts Beschränkungen unterworfen ist, welche das gegenwärtige Gesetz nicht enthält, stehen einer solchen Aenderung nicht entgegen.

[163] Dies war der Fall bei den in den älteren preußischen Provinzen bestehenden Notenbanken. Vgl. auch Ges. v. 27. März 1870 § 4 (B.G.Bl. S. 51).

[164] Eine solche Genehmigung ist z. B. verschiedenen der jetzt aufgehobenen preußischen Privatnotenbanken ertheilt worden. Die Bestimmung gilt für alle Privatnotenbanken ohne Ausnahme. Wegen der Geltung des § 47 für das Papiergeld des § 54 s. daselbst.

Die Genehmigung wird, nach Erfüllung der sonstigen gesetzlichen Erfordernisse, durch die betheiligte Landesregierung beantragt und muß versagt werden, wenn die Bank nicht von den Bestimmungen des § 44 Gebrauch macht.

Die bayerische Regierung ist berechtigt, bis zum Höchstbetrage von 70 Millionen Mark die Befugniß zur Ausgabe von Banknoten für die in Bayern bestehende Notenbank zu erweitern, oder diese Befugniß einer anderen Bank zu ertheilen, sofern die Bank sich den Bestimmungen des §. 44 unterwirft.[165]

§ 48. Der Reichskanzler ist jederzeit befugt, sich nöthigenfalls durch kommissarische Einsichtnahme von den Büchern, Geschäftslokalen und Kassenbeständen der Noten ausgebenden Banken die Ueberzeugung zu verschaffen, daß dieselben die durch Gesetz oder Statut festgestellten Bedingungen und Beschränkungen der Notenausgabe innehalten, oder die Voraussetzungen der zu ihren Gunsten etwa ausgesprochenen Nichtanwendbarkeit

[165] Zufolge Vertrages mit der Bayerischen Hypotheken- und Wechselbank vom 20. März 1875 hat diese ihr Noten-Emissionsrecht der neu gegründeten Bayerischen Notenbank überlassen, welche sich den Bestimmungen in § 44 Nr. 1—7 unterworfen hat (vgl. Bekanntm. v. 29. Dezember 1875 Nr. 7, unten XIV 1 S. 195). Die entsprechende Gesetzesänderung enthält das bayerische Ges. v. 15. April 1875 (Gesetz- und Verordnungsblatt Nr. 23).

der §§. 42 und 43 oder des § 43 dieses Gesetzes[166] erfüllen und daß die von ihnen veröffentlichten Wochen- und Jahresübersichten (§ 8), sowie die behufs der Steuerberechnung abgegebenen Nachweise (§. 10) der wirklichen Sachlage entsprechen.

Das Aufsichtsrecht der Landesregierungen wird durch diese Bestimmung nicht berührt.

§ 49. Die Befugniß zur Ausgabe von Banknoten geht verloren:

1. durch Ablauf der Zeitdauer, für welche sie ertheilt ist,[167]
2. durch Verzicht,[168]
3. im Falle des Konkurses durch Eröffnung des Verfahrens gegen die Bank,
4. durch Entziehung kraft richterlichen Urtheils,[169]
5. durch Verfügung der Landesregierung nach Maßgabe der Statuten oder Privilegien.

§ 50. Die Entziehung der Befugniß zur Notenausgabe wird auf Klage des Reichskanzlers oder der Regierung des Bundesstaates, in welchem die Bank ihren Sitz hat, durch gerichtliches Urtheil ausgesprochen:

[166] Vgl. § 45. Der § 48 gilt aber für alle Notenbanken, auch für die Braunschweigische Bank.

[167] Vgl. § 44 Nr. 7, §§ 46, 47 Abs. 1.

[168] Vgl. §§ 9 Abs. 2, 19 Abs. 2, 32 ff.

[169] Vgl. §§ 50—53.

1. wenn die Vorschriften der Statuten, des Privilegiums oder des gegenwärtigen Gesetzes[170] über die Deckung für die umlaufenden Noten verletzt worden sind oder der Notenumlauf die durch Statut, Privilegium oder Gesetz [171] bestimmte Grenze überschritten hat;
2. wenn die Bank vor Erlaß der in §. 45 erwähnten Bekanntmachung des Reichskanzlers außerhalb des durch §. 42 ihr angewiesenen Gebiets die in §. 42 ihr untersagten Geschäfte betreibt, oder außerhalb des durch §. 43 ihr angewiesenen Gebiets ihre Noten verteibt oder vertreiben läßt;[172]
3. wenn die Bank die Einlösung präsentirter Noten nicht bewirkt
   a) an ihrem Sitze am Tage der Präsentation,[173]
   b) an ihrer Einlösungsstelle (§. 44 Nr. 4) bis zum Ablaufe des auf den Tag der Präsentation folgenden Tages,
   c) an sonstigen durch die Statuten be-

[170] Vgl. § 44 Nr. 3, § 47. Auch der Fall des § 44 Abs. 4 gehört hierher (s. Stenogr. Berichte des Reichstags S. 1390).
[171] Vgl. §§ 44 Abs. 4, 47 Abs. 3, 48.
[172] Von der Reichstags-Komm. zur Verhütung von Umgehungen zugefügt.
[173] Vgl. § 4.

stimmten Einlösungsstellen bis zum Ablaufe des dritten Tages nach dem Tage der Präsentation;

4. sobald das Grundkapital sich durch Verluste um ein Drittheil vermindert hat.

Die Klage ist im ordentlichen Verfahren zu verhandeln. Der Rechtsstreit gilt im Sinne der Reichs- und Landesgesetze als Handelssache.[174]

In dem Urtheile ist zugleich die Verpflichtung zur Einziehung der Noten auszusprechen.[175]

§ 51. Das Urtheil ist erst nach Eintritt der Rechtskraft vollstreckbar. Die Vollstreckung wird auf Antrag durch das Prozeßgericht verfügt. Das Gericht bestimmt zu diesem Zwecke die Frist, innerhalb welcher von der Bankverwaltung die Bekanntmachung über die Einziehung der Noten zu erlassen ist.

Sofern nicht der Konkurs über die Bank ausgebrochen ist, setzt das Gericht einen Kurator ein, welcher die Einziehung der Noten zu überwachen

[174] Diese Vorschrift ist in § 101 des Gerichtsverfassungsgesetzes v. 27. Januar 1877 R.G.Bl. S. 41) nicht berücksichtigt. Die vorliegenden Sachen gehören also vor die Civilkammern der Landgerichte. Dagegen behält die Bestimmung ihre Bedeutung insofern, als die Zuständigkeit des Reichsgerichts durch die Landesgesetzgebung nicht beseitigt werden darf (Einführungsges. zum Gerichtsverfassungsges. v. 27. Januar 1877 § 8 Abs. 2, R.G.-Bl. S. 77).

[175] Vgl. § 6 Abs. 4, 5 Anm. 10, 11.

und, wenn die Bank den für diesen Fall vorgesehenen Verpflichtungen nicht nachkommt, die Liquidation der Bank beim Gerichte zu beantragen verpflichtet ist.

Eingehende Noten sind von der Bank an eine vom Reichskanzler zu bezeichnende, am Sitze der Bank gelegene Kasse abzuliefern.

§ **52.** Sechs Monate, nachdem das Urtheil §. 50) die Rechtskraft erlangt hat, zahlt die Bank an die vom Reichskanzler bezeichnete Kasse einen Betrag in baarem Gelde ein, welcher dem bis dahin nicht abgelieferten Betrage ihrer Noten gleichkommt. Dieser Baarbetrag wird ihr nach Maßgabe der weiter von ihr abgelieferten Noten und der verbleibende Rest nach Ablauf der letzten vom Bundesrathe für die Einlösung festgesetzten Frist zurückgezahlt.

§ **53.** Die an die Kasse abgelieferten Noten (§. 51 und §. 52) werden in Gegenwart des Kurators der Kasse und des für die Einziehung der Noten bestellten Kurators[176] vernichtet. Ueber die Vernichtung wird ein gerichtliches oder notarielles Protokoll aufgenommen. Die Verwaltung der Bank ist befugt, an der Vernichtung durch zwei Abgeordnete Theil zu nehmen. Der für die Vernichtung bestimmte Termin ist ihr jedesmal spätestens acht Tage vorher von der der Kasse

[176] Vgl. § 51 Abs. 2.

vorgesetzten Behörde anzuzeigen. Die Vernichtung kann in einem oder in mehreren Terminen erfolgen.

§ 54. Für diejenigen Korporationen, welche, ohne Zettelbanken zu sein, sich beim Erlaß dieses Gesetzes im Besitz der Befugniß zur Ausgabe von Noten, Kassenscheinen oder sonstigen auf den Inhaber ausgestellten unverzinslichen Schuldverschreibungen befinden, und für das von ihnen ausgegebene Papiergeld gelten insolange, als sie von der Befugniß, Papiergeld in Umlauf zu erhalten, Gebrauch machen, die Bestimmungen der §§. 2 bis einschließlich 6, dann des §. 43 und des §. 47 Absatz 1 dieses Gesetzes, soweit sich derselbe auf die Befugniß zur Ausgabe von Papiergeld, auf deren Dauer, oder auf die Deckung des Papiergeldes bezieht[177]

Titel IV.

Strafbestimmungen.

§ 55. Wer unbefugt Banknoten oder sonstige auf den Inhaber lautende unverzinsliche Schuld-

[177] Die Vorschrift betrifft das sog. Korporations- oder Kommunal-Papiergeld. Vgl. auch Münzges. Art. 18 Abs. 2 — oben S. 46. Dergleichen Befugniß hatten einzelne Stadtgemeinden, ständische Verbände u. s. w. erhalten, z. B. die Landständische Bank in Bautzen, welche keine Wechsel diskontirt und deshalb nicht zu den Notenbanken gerechnet ist. Das Papiergeld der Stadt Han-

verschreibungen ausgiebt,[178] wird mit einer Geldstrafe bestraft, welche dem Zehnfachen des Betrages der von ihm ausgegebenen Werthzeichen gleichkommt, mindestens aber fünftausend Mark beträgt.

§ 56. Mit Geldstrafe bis zu einhundertfünfzig Mark wird bestraft, wer der Verbotsbestimmung des §. 43 zuwider, Noten inländischer Banken, oder Noten oder sonstige Geldzeichen inländischer Korporationen[179] außerhalb desjenigen Landesgebiets, für welches dieselben zugelassen sind, zur Leistung von Zahlungen verwendet.

§ 57. Mit Geldstrafe von fünfzig Mark bis zu fünftausend Mark wird bestraft, wer den Verbotsbestimmung in §. 11 zuwider, ausländische Banknoten oder sonstige auf den Inhaber lautende unverzinsliche Schuldverschreibungen ausländischer Korporationen, Gesellschaften oder Privaten, welche ausschließlich oder neben anderen Werthbestimmungen in Reichswährung oder einer deutschen Landeswährung ausgestellt sind, zur Leistung von Zahlungen verwendet.

Geschieht die Verwendung gewerbsmäßig, so

nover ist im Jahr 1893 eingezogen worden. — Vgl. §§ 56, 57, 59 Abs. 2. — Wegen ausländischer Scheine dieser Art vgl. §§ 11, 57.

[178] Vgl. §§ 1, 16, 42, 43, 44 Abs. 4, 46, 47, 48, 49, 54.

[179] Vgl. §. 54.

tritt neben der Geldstrafe Gefängniß bis zu einem Jahre ein. Der Versuch ist strafbar.

§ 58. Mit Geldstrafe bis zu fünftausend Mark wird bestraft, wer den Bestimmungen im §. 42 zuwider, für Rechnung von Banken als Vorsteher von Zweiganstalten oder als Agent Bankgeschäfte betreibt oder mit Banken als Gesellschafter in Verbindung tritt.

Die gleiche Strafe trifft die Mitglieder des Vorstandes einer Bank, welche den Bestimmungen des §. 7 entgegenhandeln, oder welche dem Verbote des §. 42 zuwider

a) Zweiganstalten oder Agenturen bestellen, oder

b) die von ihnen vertretene Bank als Gesellschafter an Bankhäusern betheiligen.

§ 59.[180] Die Mitglieder des Vorstandes einer Bank werden:

1. wenn sie in den durch die Bestimmungen des §. 8 vorgeschriebenen Veröffentlichungen wissentlich den Stand der Verhältnisse der Bank unwahr darstellen oder verschleiern, mit Gefängniß bis zu drei Monaten bestraft;

[180] Die Strafkammern der Landgerichte sind nach § 74 Nr. 5 des Gerichtsverfassungsgesetzes v. 27. Januar 1877 (R.G.Bl. S. 41) für diese Zuwiderhandlungen ausschließlich zuständig.

2. wenn sie durch unrichtige Aufstellung der im §. 10 vorgeschriebenen Nachweisungen den steuerpflichtigen Notenumlauf zu gering angeben, mit einer Geldstrafe bestraft, welche dem Zehnfachen der hinterzogenen Steuer gleichsteht, mindestens aber fünfhundert Mark beträgt;
3. wenn die Bank mehr Noten ausgiebt, als sie auszugeben befugt ist,[181] mit einer Geldstrafe bestraft, welche dem Zehnfachen des zu viel ausgegebenen Betrages gleichkommt, mindestens aber fünftausend Mark beträgt.

Die Strafe zu 3. trifft auch die Mitglieder des Vorstandes solcher Korporationen, welche zur Ausgabe von auf den Inhaber lautenden unverzinslichen Schuldverschreibungen befugt sind, wenn sie mehr solche Geldzeichen ausgeben, als die Korporation auszugeben befugt ist.[182]

Titel V.

Schlußbestimmungen.

§ 60. Die §§. 6, 42 und 43, sowie die auf die letzteren bezüglichen Strafbestimmungen in den §§. 56 und 58 gegenwärtigen Gesetzes treten am 1. Januar 1876 in Kraft.[183]

[181] Vgl. Anm. 178.
[182] Vgl. § 54.
[183] Vgl. Anm. 1.

§ 61. Der Reichskanzler wird ermächtigt, mit der Königlich preußischen Regierung wegen Abtretung der Preußischen Bank an das Reich auf folgenden Grundlagen einen Vertrag abzuschließen:[184]

1. Preußen tritt nach Zurückziehung seines Einschußkapitals von 1,906,800 Thalern, sowie der ihm zustehenden Hälfte des Reservefonds die Preußische Bank mit allen ihren Rechten und Verpflichtungen mit dem 1. Januar 1876 unter den nachstehend Ziffer 2 bis 6 bezeichneten Bedingungen an das Reich ab. Das Reich wird diese Bank an die nach Maßgabe der Bestimmungen dieses Gesetzes zu errichtende Reichsbank übertragen.
2. Preußen empfängt für Abtretung der Bank eine Entschädigung von fünfzehn Millionen Mark, welche aus den Mitteln der Reichsbank zu decken ist.
3. Den bisherigen Antheilseignern der Preußischen Bank wird die Befugniß vorbehalten, gegen Verzicht auf alle ihnen durch ihre Bankantheilsscheine verbrieften Rechte zu Gunsten der Reichsbank den Umtausch

[184] Vgl. den Vertrag über die Abtretung der Preußischen Bank an das Deutsche Reich v. 17./18. Mai 1875 (unten III S. 166).

dieser Urkunden gegen Antheilsscheine der Reichsbank von gleichem Nominalbetrage zu verlangen.

4. Die Reichsbank hat denjenigen Antheilseignern, welche nach den Bestimmungen der §§. 16 und 19 der Bankordnung vom 5. Oktober 1846 (Preuß. Gesetz-Samml. S. 435) die Herauszahlung des eingeschossenen Kapitals und ihres Antheils an dem Reservefonds der Preußischen Bank verlangen, diese Zahlung zu leisten.

5. Die Reichsbank wird zur Erfüllung der von der Preußischen Bank durch Vertrag vom 28./31. Januar 1856 hinsichtlich der Staatsanleihe von sechzehn Millionen fünfhundertachtundneunzigtausend Thalern übernommenen Verbindlichkeiten an Preußen für die Jahre 1876 bis einschließlich 1925 jährlich 621,910 Thaler in halbjährlichen Raten zahlen. Wird die Konzession der Reichsbank nicht verlängert, so wird das Reich dafür sorgen, daß, so lange keine andere Bank in diese Verpflichtung eintritt, die Rente bis zu dem ebengedachten Zeitpunkte der preußischen Staatskasse unverkürzt zufließe.

6. Eine Auseinandersetzung zwischen Preußen und der Reichsbank wegen der Grund-

stücke der Preußischen Bank bleibt vorbehalten.

§ 62. Der Reichskanzler wird ermächtigt:

1. diejenigen Antheilsscheine der Reichsbank zu begeben, welche nicht nach §. 61 Nr. 3 gegen Antheilsscheine der Preußischen Bank umzutauschen sind,[185]
2. auf Höhe der nicht begebenen Antheilsscheine zur Beschaffung des nach §. 23 erforderlichen Grundkapitals der Reichsbank verzinsliche, spätestens am 1. Mai 1876 fällig werdende Schatzanweisungen auszugeben.

§ 63. Die Ausfertigung der Schatzanweisungen (§. 62 Nr. 2) wird der Preußischen Hauptverwaltung der Staatsschulden übertragen. Den Zinssatz bestimmt der Reichskanzler. Bis zum 1. Mai 1876 kann, nach Anordnung des Reichskanzlers, der Betrag der Schatzanweisungen wieder-

[185] Sämmtliche nicht umgetauschte Antheilsscheine (im Gesammtnennwerth von 60 243 000 Mark) sind begeben, und zwar:

20 000 Stück im Wege öffentlicher Subskription (vgl. Bekanntm. des Reichskanzlers v. 24. Mai 1875, Reichs-Anzeiger Nr. 120, erste Beilage v. 26. Mai 1875).

81 Stück (bei denen von der Umtausch-Befugniß kein Gebrauch gemacht worden war) durch Verkauf an der Börse.

Von der in § 62 Nr. 2 ertheilten Befugniß war mithin kein Gebrauch zu machen; die §§ 63—65 sind gegenstandslos geblieben.

holt, jedoch nur zur Deckung der in Verkehr gesetzten Schatzanweisungen ausgegeben werden.

§ 64. Die zur Verzinsung und Einlösung der Schatzanweisungen erforderlichen Beträge müssen der Reichsschulden-Verwaltung aus den bereitesten Einkünften des Reichs zur Verfallzeit zur Verfügung gestellt werden.

§ 65. Die Ausgabe der Schatzanweisungen ist durch die Reichskasse zu bewirken.

Die Zinsen der Schatzanweisungen verjähren binnen vier Jahren, die verschriebenen Kapitalbeträge binnen 30 Jahren nach Eintritt des in jeder Schatzanweisung auszudrückenden Fälligkeitstermins.

§ 66. Die Bestimmungen des Handelsgesetzbuchs über die Eintragung in das Handelsregister und die rechtlichen Folgen derselben finden auf die Reichsbank keine Anwendung.[186]

Urkundlich unter Unserer Höchsteigenhändigen Unterschrift und beigedrucktem Kaiserlichen Insiegel.

Gegeben Berlin, den 14. März 1875.

(L. S.) **Wilhelm.**

Fürst v. Bismarck.

[186] Die Bestimmung ist erst vom Reichstag bei der zweiten Lesung zur Beseitigung möglicher Zweifel hinzugefügt (Stenogr. Berichte S. 1395 ff.). Vgl. § 12 Anm. 34.

Anlage zum § 9.

Laufende Nr.	Bezeichnung der Bank.	Ungedeckter Notenumlauf. Mark.
1.	Reichsbank	250000000 [1]
2.	Ritterschaftliche Privatbank in Pommern (Stettin)	1222000
3.	Städtische Bank in Breslau	1283000
4.	Bank des Berliner Kassenvereins	963000
5.	Kölnische Bank	1251000
6.	Magdeburger Privatbank	1173000
7.	Danziger Privat-Aktienbank	1272000
8.	Provinzial-Aktienbank des Großherzogthums Posen	1206000
9.	Kommunalständische Bank für die preußische Oberlausitz (Görlitz)	1307000
10.	Hannoversche Bank	6000000
11.	Landgräflich hessische konzessionirte Landesbank	159000
12.	Frankfurter Bank	10000000
13.	Bayerische Banken	32000000
14.	Sächsische Bank zu Dresden	16771000
15.	Leipziger Bank	5348000
16.	Leipziger Kassenverein	1440000
17.	Chemnitzer Stadtbank	441000
18.	Württembergische Notenbank	10000000
19.	Badische Bank	10000000
20.	Bank für Süddeutschland	10000000
21.	Rostocker Bank	1155000
22.	Weimarische Bank	1971000
23.	Oldenburgische Landesbank	1881000
24.	Braunschweigische Bank	2829000
25.	Mitteldeutsche Kreditbank in Meiningen	3187000
26.	Privatbank zu Gotha	1344000
27.	Anhalt-Dessauische Landesbank	935000
28.	Thüringische Bank (Sondershausen)	1658000
29.	Geraer Bank	1651000
30.	Niedersächsische Bank (Bückeburg)	594000
31.	Lübecker Privatbank	500000
32.	Kommerzbank in Lübeck	959000
33.	Bremer Bank	4500000
	Zusammen	385000000

[1] Die Antheile zu 2 bis 11, 15 bis 17, 21 bis 23, 25 bis 33 sind der Reichsbank zugewachsen, deren Antheil jetzt (1. Juni 1897) 293400000 Mark beträgt (s. § 9 Anm. 26).

II.

Statut der Reichsbank. Vom 21. Mai 1875.

(R.G.Bl. S. 203. Ausgegeben den 24. Mai 1875.)[1]

Wir Wilhelm, von Gottes Gnaden Deutscher Kaiser, König von Preußen ꝛc. erlassen auf Grund des § 40 des Bankgesetzes vom 14. März 1875 (Reichs-Gesetzbl. S. 177) im Einvernehmen mit dem Bundesrath im Namen des Deutschen Reichs nachstehendes

Statut der Reichsbank.

§ 1. Die Reichsbank tritt am 1. Januar 1876 in Wirksamkeit.

Mit demselben Tage gehen alle Rechte und Verpflichtungen der Preußischen Bank, welche mit Ablauf des 31. Dezember 1875 ihre Wirksamkeit einstellt, nach Maßgabe des zwischen dem Reiche

[1] Das „Statut" der Reichsbank hat nur geringe Aehnlichkeit mit dem Statut einer Aktien-Gesellschaft. Es enthält in Ergänzung des von der Reichsbank handelnden Titel II des Bankgesetzes v. 14. März 1875 (oben I) Bestimmungen, welche ebensowohl in diesem selbst hätten enthalten sein können. Indessen ist diese Trennung beliebt, um das Gesetz nicht mit Detailbestimmungen zu überladen, welche theils mehr reglementarischen Inhalts sind (vgl. z. B. §§ 10, 11, 13), theils nur die Verhältnisse der Bankantheilseigner betreffen, und um zugleich eine Ergänzung in bequemerer Form zu ermöglichen. In Betreff der letzteren vgl. z. B. Bankges. § 40 und Anm. 122, S. 114. Wegen Abänderung des Statuts vgl. § 21 desselben.

und Preußen unterm 17./18. Mai d. J. abgeschlossenen Vertrages,[2] auf die Reichsbank über.[3]

§ 2. Das Grundkapital der Reichsbank von 120 Millionen Mark[4] wird durch das Einschußkapital derjenigen Antheilseigner der Preußischen Bank, welche innerhalb der vom Reichskanzler bestimmten Frist den Umtausch ihrer Antheilsscheine

[2] Insbesondere § 1 Abs. 2—4 das. (unten III S. 167).

[3] Hierzu ist erlassen die Bekanntmachung des Reichskanzlers vom 16. Dezember 1875 (Centralbl. S. 787):

„Nach §. 1 des Statuts der Reichsbank v. 21. Mai d. J. (R.G.Bl. S. 203) tritt die Reichsbank am 1. Januar 1876 in Wirksamkeit, und gehen mit demselben Tage alle Rechte und Verpflichtungen der Preußischen Bank, welche mit Ablauf des 31. Dezember 1875 ihre Wirksamkeit einstellt, nach Maßgabe des zwischen dem Reiche und Preußen unter dem 17./18. Mai d. J. abgeschlossenen Vertrages (R.G.Bl. S. 215), auf die Reichsbank über.

Es sind daher vom 1. Januar 1876 an insbesondere auch die seither von der Preußischen Bank unter der Unterschrift des Königlich preußischen Hauptbank-Direktoriums, — und zwar sowohl die in Thalerwährung, als die in Reichswährung, — ausgestellten Banknoten in allen rechtlichen Beziehungen als Noten der Reichsbank zu betrachten.

Berlin, den 16. Dezember 1875.

Der Reichskanzler.

v. Bismarck."

[4] Vgl. Bankges. § 23.

gegen Antheilsscheine der Reichsbank verlangt haben,[5] und durch die auf die neuen Bankantheilsscheine bis zu deren Nominalbetrag geleisteten baaren Einzahlungen gebildet.[6]

Bevor eine Erhöhung des Grundkapitals durch Reichsgesetz festgestellt wird, hat, nachdem der Centralausschuß gehört worden,[7] die Generalversammlung über das Bedürfniß und das Maß der Erhöhung, sowie über die folgeweise etwa erforderliche anderweite Regelung des Theilnahmeverhältnisses am Gewinne der Reichsbank (Bankgesetz §. 24) Beschluß zu fassen.[8]

§ 3. Die Reichsbankantheile sind untheilbar und vorbehaltlich der Bestimmungen in §. 41 des Bankgesetzes unkündbar. Sie werden mit Angabe der Eigenthümer nach Namen, Stand und Wohnort in die Stammbücher der Reichsbank eingetragen.[9] Ueber jeden Antheil wird ein Antheilsschein nach dem beiliegenden Formulare ausgefertigt. Mit dem

[5] Vgl. Bankges. § 61 Nr. 3 und die Bekanntm. des Reichskanzlers v. 24. Mai 1875 (Reichs-Anzeiger Nr. 120, erste Beilage).

[6] Wegen der Begebung der neuen Bankantheilsscheine, welche sämmtlich vollgezahlt sind, vgl. Anm. 185 zum Bankges., oben I S. 139.

[7] Vgl. Bankges. §§ 30—32.

[8] Vgl. Bankges. § 30 Anm. 89, S. 104, § 41 Anm. 134, S. 117.

[9] Vgl. Handelsgesetzbuch Art. 182. (Neues H.G.B. v. 10. Mai 1897 § 222).

Antheilsscheine erhält der Eigenthümer zugleich die Dividendenscheine für die nächsten fünf Jahre und einen Talon zur Abhebung neuer Dividendenscheine nach Ablauf des fünfjährigen Zeitraumes.[10] Die Dividendenscheine und Talons lauten auf den Inhaber.[11]

§ 4. Wenn das Eigenthum eines Bankantheils auf einen Anderen übergeht, so ist dies unter Vorlegung des Antheilsscheines bei der Reichsbank anzumelden und in den Stammbüchern, sowie auf dem Antheilsscheine zu bemerken.

Im Verhältnisse zu der Reichsbank wird nur derjenige als Antheilseigner angesehen, welcher als solcher in den Stammbüchern eingetragen ist.[12] Zur Prüfung der Legitimation ist die Reichsbank berechtigt, aber nicht verpflichtet.[13]

§ 5. Die Uebertragung der Bankantheile kann durch Indossament erfolgen.

In Betreff der Form des Indossaments kommen die Bestimmungen der Artikel 11 bis 13 der Wechselordnung zur Anwendung.[14]

[10] Vgl. Bankges. § 24 Abs. 4.

[11] Vgl. unten § 9.

[12] S. unten § 6 Abs. 2, § 16 Abs. 2, 3, 4.

[13] Vgl. Handelsgesetzbuch Art. 183. (Neues H.G.B. v. 10. Mai 1897 § 223.)

[14] Vgl. Handelsgesetzbuch Art. 182. (Neues H.G.B. v. 10. Mai 1897 § 222.)

§ 6. Wenn ein Bankantheil verpfändet ist, so ist dies unter Vorlegung des Antheilscheines und der schriftlichen Erklärung des Antheilseigners bei der Reichsbank anzumelden; auf Grund dieser Anmeldung ist die Verpfändung in den Stammbüchern und auf dem Antheilsscheine zu bemerken.

Im Verhältnisse zur Reichsbank wird nur derjenige als Pfandgläubiger angesehen, welcher als solcher in den Stammbüchern eingetragen ist.

Zur Prüfung der Echtheit und der Rechtsgültigkeit der Erklärung ist die Reichsbank berechtigt, aber nicht verpflichtet.

Der Eigenthümer kann ohne Zustimmung des Pfandgläubigers keine neuen Dividendenscheine und im Falle des §. 41 des Bankgesetzes keine Zahlung auf den Bankantheil erhalten, wird aber im Uebrigen in seinen ihm nach dem Bankgesetze und diesem Statute zustehenden Rechten nicht beschränkt.

Die Löschung des Pfandrechts erfolgt auf Vorlegung des Antheilsscheines und beglaubigter Einwilligung des Pfandgläubigers.

§ 7. Die für die Vermerkung von Uebertragungen oder von Verpfändungen der Bankantheile zu entrichtende Gebühr bestimmt das Reichsbank-Direktorium nach Anhörung des Zentralausschusses.[15]

[15] Die Gebühr ist durch Verfügung v. 4. Januar 1876 dahin bestimmt, daß für jeden Antheilsschein 3 Mark, bei gleich-

§ 8. Wegen des Aufgebots und der Mortifikation verlorener oder vernichteter Antheilsscheine kommen die Vorschriften des Gesetzes vom 12. Mai 1873 (Reichs-Gesetzbl. S. 91)[16] mit der Maßgabe zur Anwendung, das an Stelle der Reichsschuldenverwaltung überall das Reichsbank-Direktorium tritt. Das Zeugniß des letzteren (§§. 2, 4 a. a. O.) wird dahin ertheilt, daß und für welche Person der betreffende Bankantheil in den Stammbüchern der Reichsbank noch eingetragen sei. Vor der Mortifikation hat der Antragsteller, wenn er mit dem zuletzt eingetragenen Antheilseigner nicht identisch ist, nachzuweisen, daß der letztere keinerlei Ansprüche auf den Antheil erhebe. An Stelle des mortifizirten Antheilsscheines wird demjenigen, zu dessen Gunsten die Mortifikation ausgesprochen ist, auf seinen Antrag ein neuer Antheilsschein ertheilt.

§ 9. Wegen der abhanden gekommenen oder vernichteten Dividendenscheine und Talons ist ein

zeitiger Uebertragung oder Vermerkung der Verpfändung von Bankantheilen desselben Eigners auf denselben Erwerber 1 Mark für den zweiten und jeden ferneren Antheil erhoben werden. Hierzu tritt nach dem Preußischen Stempelsteuergesetz vom 31. Juli 1895 (Stempel-Tarif Ziff. 2) eine Stempelabgabe von $^1/_{50}$ % mindestens 1 Mark, sofern nicht bereits das Indossament oder die Abtretungsurkunde entsprechend gestempelt ist.

[16] Unten E. V S. 298. Vgl. auch Civilprozeßordnung v. 30. Januar 1877 §§ 823 ff., 837 ff. (R.G.Bl. S. 83).

Mortifikationsverfahren nicht zulässig, und ebensowenig ist die Reichsbank verpflichtet, bei Nachweis des Verlustes neue Dividendenscheine und Talons auszugeben oder den entsprechenden Geldbetrag zu zahlen. Ist jedoch den Verlust eines Dividendenscheines dem Reichsbank-Direktorium innerhalb der Verjährungsfrist (§. 24 des Bankgesetzes) angezeigt, so ist dasselbe befugt,[17] den Betrag nach Ablauf jener Frist dem Anzeigenden zahlen zu lassen, wenn der Dividendenschein nicht inzwischen präsentirt und eingelöst ist. Ist von dem Verluste eines Talons Anzeige gemacht, so vertritt die Vorlegung des Antheilsscheines die Einlieferung des Talons.[18]

§ **10.** Der Ankauf von Effekten für fremde Rechnung[19] darf erst erfolgen, nachdem die dazu erforderlichen Gelder bei der Bank wirklich eingegangen oder lombardmäßig (§. 13 Ziff. 3 des Bankgesetzes) sichergestellt sind. Ebenso muß bei Verkaufsaufträgen der Eingang der Effekten abgewartet werden.

Soll der Ankauf oder Verkauf von Effekten für Rechnung einer öffentlichen Behörde[20] er-

[17] Aber nicht verpflichtet. (Anders B.G.B. § 804.)

[18] Entspricht der Praxis (Entsch. d. R.O.H.G. 10 S. 313, 17 S. 31, 32. Vgl. B.G.B. § 805).

[19] Vgl. Bankges. § 13 Nr. 6.

[20] Ueber diesen Begriff s. Entsch. d. R.G. i. Str.S. Bd. 8 S. 9.

folgen, so kann die Erklärung, daß die Gelder oder Effekten zur Verfügung der Bank stehen, für genügend erachtet werden.

§ **11.** Der Reichsbank liegt ob, das Reichsguthaben (§. 22 des Bankgesetzes) unentgeltlich zu verwalten und über die für Rechnung des Reichs angenommenen und geleisteten Zahlungen Buch zu führen und Rechnung zu legen.[21]

§ **12.** Der Werth der von der Preußischen Bank übernommenen Grundstücke ist in die für den 1. Januar 1876 aufzustellende Bilanz mit dem Betrage von zwölf Millionen Mark, zuzüglich der in der Zeit vom 1. April bis 31. Dezember 1875 auf die Grundstücke noch zur Verwendung gelangenden Kosten aufzunehmen.[22]

§ **13.** Für die Aufstellung der Jahresbilanz[23] sind folgende Vorschriften maßgebend:

1. Kurshabende Papiere dürfen höchstens zu dem Kurswerthe, welchen sie zur Zeit der Bilanzaufstellung haben, angesetzt werden.
2. Von den Kosten der Organisation und Verwaltung dürfen nur die Ausgaben für

[21] Vgl. Bankges. Anm. 74, 75.

[22] Vgl. Bankges. § 61 Nr. 6 u. Vertrag v. 17./18. Mai 1875 § 8 (unten III S. 170). Die fraglichen Kosten betrugen 751 012 Mark 85 Pfennige (Verwaltungsbericht der Preuß. Bank für 1875 S. 7, Anlagen D u. N; Verwaltungsbericht der Reichsbank für 1876 S. 9, Anlagen F, P).

[23] Vgl. Anm. 19 zum Bankgesetz, I S. 78.

die Herstellung der Banknoten auf mehrere Jahre vertheilt werden. Alle übrigen Kosten sind ihrem vollen Betrage nach in der Jahresrechnung unter den Ausgaben aufzuführen.

3. Der Betrag des Grundkapitals und des Reservefonds[24] ist unter die Passiva aufzunehmen.

4. Der aus der Vergleichung sämmtlicher Aktiva und sämmtlicher Passiva sich ergebende Gewinn oder Verlust muß am Schlusse der Bilanz besonders angegeben werden.

§ **14.** Die Prüfung der Jahresbilanz erfolgt auf Grund der Bücher der Reichsbank durch die Deputirten, welche über das Ergebniß dem Zentralausschusse berichten.[25]

Letzterer äußert sich gutachtlich über den Befund und über die Höhe der den Antheilseignern zu gewährenden Dividende. Das von den sämmtlichen in der betreffenden Versammlung anwesenden Mitgliedern des Zentralausschusses zu vollziehende Gutachten wird von diesem dem Reichsbank-Direktorium eingereicht.[26]

§ **15.** Die Dividende wird spätestens vom

[24] Bankges. §§ 23, 24 Nr. 2.
[25] Bankges. §§ 32 a, 34.
[26] Bankges. § 32 a.

1. April des folgenden Jahres ab bei der Reichsbank-Hauptkasse und sämmtlichen Reichsbankhauptstellen und Bankstellen[27] gegen Einreichung der Dividendenscheine gezahlt.

Mit Zustimmung des Zentralausschusses können auf die Dividende halbjährige Abschlagszahlungen bis zu $2^1/_4$ Prozent am 1. Juli und 2. Januar geleistet werden.[28]

§ 16. Die Generalversammlung (§. 30 des Bankgesetzes) vertritt die Gesammtheit der Reichsbank-Antheilseigner.

Zur Theilnahme ist jeder männliche und verfügungsfähige Antheilseigner berechtigt, welcher durch eine spätestens am Tage vor der Generalversammlung im Archive der Reichsbank abzuhebende Bescheinigung nachweist, daß und mit wie vielen Antheilen er in den Stammbüchern der Reichsbank als Eigner eingetragen ist.[29]

Eintragungen, welche nicht mindestens 14 Tage vor dem Tage der Generalversammlung geschehen sind, werden nicht berücksichtigt.

[27] Auch bei der Kommandite zu Insterburg und den von 2 Beamten verwalteten Nebenstellen (s. Bankges. Anm. 115, S. 112).

[28] Vgl. Bankges. §§ 24, 32 u. Anm. 95, S. 106. Aktiengesellschaften ist dies untersagt (Handelsgesetzbuch Art. 217. Neues H.G.B. v. 10. Mai 1897 § 215).

[29] Vgl. oben § 4 Abs. 2.

Oeffentliche Behörden,[30] juristische Personen, Gesellschaften[31] und Verfügungsunfähige können durch ihre Vertreter, Ehefrauen durch ihre Ehemänner theilnehmen.

Als Bevollmächtigte werden nur in den Stammbüchern der Bank eingetragene Antheilseigner zugelassen, welche sich durch eine gerichtliche oder notarielle Vollmacht[32] ihres Auftraggebers legitimiren. Ein und derselbe Bevollmächtigte darf nicht mehrere Antheilseigner vertreten.[33]

§ 17. Jeder Erschienene (§. 16) hat soviel Stimmen, als er Bankantheile vertritt, jedoch nicht mehr als 100 Stimmen.[34]

Die einfache Stimmenmehrheit ist entscheidend. Bei Stimmengleichheit giebt die Stimme desjenigen den Ausschlag, welcher die größte Anzahl von Bankantheilen vertritt.

[30] Ueber diesen Begriff s. Anm. 20.

[31] Für Kollektiv-Firmen (offene Handelsgesellschaften, Kommanditgesellschaften) kann nur ein Gesellschafter bzw. Komplementar theilnehmen, und zwar ein solcher, welcher nicht von der Vertretung der Gesellschaft ausgeschlossen ist. Für Gesellschaften mit beschränkter Haftung handelt der Geschäftsführer, für Aktiengesellschaften und eingetragene Genossenschaften ein, wie jener, statutenmäßig (oder kraft Vollmacht) vertretungsberechtigtes Vorstandsmitglied oder ein anderer Bevollmächtigter. Vgl. § 22 Abs. 5.

[32] Auch eine Prokura unterliegt den Erfordernissen des Abs. 5.

[33] Vgl. Handelsgesetzbuch Art. 190, 221. (Neues H.G.B. v. 10. Mai 1897 § 252.) Die Beschränkung gilt nur für Bevollmächtigte, nicht für andere Vertreter.

[34] Entsprechend dem Bankges. § 40 Nr. 6.

§ 18. Die Generalversammlung findet alljährlich zu Berlin im März statt, kann aber auch jederzeit außerordentlich berufen werden. Die Berufung geschieht durch den Reichskanzler mittelst einer mindestens 14 Tage vorher in die dazu bestimmten Blätter (§. 30) aufzunehmenden öffentlichen Bekanntmachung.

§ 19. In der Generalversammlung führt der Reichskanzler oder dessen Vertreter,[35] und in deren Behinderung der Präsident des Reichsbank-Direktoriums den Vorsitz. Das Reichsbank-Direktorium wohnt derselben bei; die Mitglieder können sich an der Berathung betheiligen, ohne jedoch stimmberechtigt zu sein.

§ 20. Ueber die Verhandlungen und Beschlüsse wird von einem Mitgliede des Reichsbank-Direktoriums ein Protokoll aufgenommen und von dem Vorsitzenden, einem Mitgliede des Zentralausschusses, zwei Reichsbank-Antheilseignern und dem Protokollführer unterschrieben.

§ 21. Die Generalversammlung empfängt jährlich den Verwaltungsbericht nebst der Bilanz und Gewinnberechnung (§ 32 a. des Bankgesetzes), wählt die Mitglieder des Zentralausschusses (§. 31 das.) und beschließt über deren Ausschließung (§. 33 das.). Sie beschließt ferner über Erhöhung des Grundkapitals (§. 2 des Statuts)

[35] Vgl. Bankges. § 26 und Anm. 81, S. 100.

und über Abänderung des Statuts, sofern diese Gegenstände in der Berufung ausdrücklich erwähnt sind.

Außerordentliche Generalversammlungen[36] können nur über Gegenstände beschließen, welche in der Berufung ausdrücklich erwähnt sind.

§ **22.** Die Wahl der Mitglieder des Zentralausschusses, sowie ihrer Stellvertreter (§. 31 des Bankgesetzes) erfolgt mittelst verdeckter Stimmzettel für jede Stelle besonders.

Gewählt ist nur derjenige, welcher die absolute Stimmenmehrheit erhalten hat.

Wenn sich auch bei der zweiten Abstimmung eine absolute Stimmenmehrheit nicht herausstellt, so sind die beiden Kandidaten, welche die meisten Stimmen erhalten haben, auf eine engere Wahl zu bringen. Bei Stimmengleichheit entscheidet das Loos.

Wählbar sind nur Männer.

Von mehreren Inhabern einer Handelsfirma kann nur Einer Mitglied des Zentralausschusses oder Stellvertreter sein.

§ **23.** Das Ausscheiden eines Drittheils der Mitglieder des Zentralausschusses (§. 31 Abs. 1 des Bankgesetzes) erfolgt in den beiden ersten Jahren nach dem Loose, späterhin nach dem Alter des Eintritts.

[36] Vgl. oben § 18.

§ 24. Bei der Wahl der Deputirten des Zentralausschusses und ihrer Stellvertreter (§. 34 des Bankgesetzes) hat jedes Mitglied nur eine Stimme abzugeben; im Uebrigen finden die Bestimmungen des §. 22 auch hier Anwendung.

§ 25. Die Protokolle über die Verhandlungen und Beschlüsse des Zentralausschusses werden von dem Vorsitzenden, zwei Ausschußmitgliedern und dem protokollirenden Mitgliede des Reichsbank-Direktoriums unterzeichnet.

§ 26. Die Mitglieder des Reichsbank-Direktoriums nehmen an den Berathungen des Zentralausschusses, nicht aber an den Abstimmungen Theil.

§ 27. Die Bezirksausschüsse (§. 36 des Bankgesetzes) bestehen aus wenigstens vier und höchstens zehn Mitgliedern, von denen jährlich die Hälfte — das erste Mal nach dem Loose, demnächst nach dem Alter des Eintritts — ausscheidet. Die Ausscheidenden sind wieder wählbar.

§ 28. Zu Mitgliedern der Bezirksausschüsse und zu Beigeordneten (§. 36 des Bankgesetzes) können Antheilseigner nicht ausgewählt werden, welche nach §. 22 Absatz 4 und 5 zum Zentralausschusse nicht wählbar sind.

§ 29. Zum Zweck der Auswahl der Mitglieder der Bezirksausschüsse und der Beigeordneten, wo diese vom Zentralausschusse vorzuschlagen sind (§. 36 des Bankgesetzes), ist dem Zentralausschusse die Vorschlagsliste des Bank-Kommissars und ein Verzeichniß der auswählbaren Antheilseigner vorzulegen.

Für die Wahl der Beigeordneten, insofern dieselbe durch die Bezirksausschüsse erfolgt, sind die Bestimmungen in §. 24 maßgebend.

§ **30.** Die für die Antheilseigner bestimmten Bekanntmachungen werden von dem Reichskanzler erlassen und in dem Deutschen Reichs-Anzeiger, sowie am Sitze einer jeden Reichsbankhauptstelle in einem durch Bekanntmachung[37] zu bestimmenden Blatte veröffentlicht. Spezieller Benachrichtigung für die einzelnen Antheilseigner bedarf es nicht.

Die gleichen Blätter sind für die öffentlichen Bekanntmachungen des Reichsbank-Direktoriums zu benutzen, soweit der Zweck derselben nicht lokal beschränkt ist.

§ **31.**[38] Im Falle der Aufhebung der Reichsbank (§. 41 des Bankgesetzes) erfolgt die Liquidation unter Leitung des Reichskanzlers durch das Reichsbank-Direktorium. Das letztere hat die laufenden Geschäfte zu beendigen, die Verpflichtungen der Reichsbank zu erfüllen, die For-

[37] Vgl. die Bekanntm. des Reichskanzlers v. 3. November 1875 (Reichsanzeiger Nr. 261). An Stelle einzelner, inzwischen eingegangener Blätter sind demnächst andere bestimmt worden.

[38] Vgl. Handelsgesetzbuch Art. 137, 244. (Neues H.G.B. v. 10. Mai 1897 § 297 ff.)

derungen derselben einzuziehen und das Vermögen zu versilbern.

Zur Beendigung schwebender Geschäfte können auch neue Geschäfte eingegangen werden. Nach außen hin bleibt das Reichsbank-Direktorium zur Vertretung der Reichsbank nach Maßgabe von §. 38 des Bankgesetzes bis zur Beendigung der Liquidation ermächtigt.

§ **32.** Das Reichsbank-Direktorium hat die schließliche Auseinandersetzung zwischen dem Reiche und den Antheilseignern, sowie unter diesen herbeizuführen.

§ **33.** Die erste ordentliche Generalversammlung der Reichsbank-Antheilseigner findet im März 1877 statt. Bis dahin werden die Funktionen derselben durch eine Generalversammlung wahrgenommen, welche aus nachstehenden Personen gebildet wird:

1. aus denjenigen Eignern von Antheilen der Preußischen Bank, welche innerhalb der von dem Reichskanzler bestimmten Frist den Umtausch ihrer Antheilsscheine gegen solche der Reichsbank verlangt haben, oder deren Rechtsnachfolgern;
2. aus denjenigen Personen, welchen nach erfolgter Zeichnung ein Reichsbankantheil zugetheilt worden ist, oder deren Rechtsnachfolgern.

Dieselbe wird noch vor dem 1. Januar 1876

behufs Vornahme der Wahlen zum Zentralausschusse aus den zu 1 und 2 bezeichneten Personen berufen, kann aber bis zum Zusammentritt der ersten ordentlichen Generalversammlung (Abs. 1) jederzeit berufen werden. Der Zentralausschuß tritt noch vor dem 1. Januar 1876 zusammen und wählt aus seinen Mitgliedern die Deputirten und deren Stellvertreter. Die Auswahl der Mitglieder der Bezirksausschüsse und der Beigeordneten erfolgt gleichfalls noch vor dem 1. Januar 1876 aus den zu 1 und 2 bezeichneten Personen.

§ **34.** Hinsichtlich der in §. 33 geordneten einstweiligen Vertretung der Reichsbank-Antheilseigner kommen die Bestimmungen des Bankgesetzes und dieses Statuts, welche von der Generalversammlung, dem Zentralausschusse, den Deputirten desselben, den Bezirksausschüssen und den Beigeordneten handeln, überall zu entsprechender Anwendung.

Urkundlich unter Unserer Höchsteigenhändigen Unterschrift und beigedrucktem Kaiserlichen Insiegel.

Gegeben Berlin, den 21. Mai 1875.

(L. S.) **Wilhelm.**

Fürst v. Bismarck.

Reichsbank.

Reichsbank-Antheils-Schein

№

Der Reichsbankantheil № über *Dreitausend Mark* ist in Gemäßheit des § 3 des Statuts der Reichsbank für ....

....

....

in die Stammbücher der Reichsbank eingetragen.

Berlin, den ten 18 . .

Reichsbank-Direktorium.

(L. S.)

Archivar: Buchführer:

Bestimmungen

über das Verfahren bei Eigenthums-Veränderungen und Verpfändungen.

1. Die Uebertragung der Reichsbankantheile kann durch Indossament — also entweder mittelst

vollständiger Ausfüllung eines der umstehend vorgedruckten Giros oder mittelst bloßer Namensunterschrift (Wechselordnung Art. 11 bis 13) — geschehen.

2. Wenn das Eigenthum eines Bankantheils auf einen Anderen übergeht, so ist dies unter Vorlegung des Antheilscheines und der zum Nachweise des Uebergangs etwa erforderlichen Urkunden bei der Reichsbank anzumelden. Im Verhältnisse zur Reichsbank wird nur der als Antheilseigner angesehen, welcher als solcher in den Stammbüchern eingetragen ist.

Zur Prüfung der Legitimation ist die Reichsbank berechtigt, aber nicht verpflichtet.

Die Eintragung des Uebergangs in die Stammbücher wird auf dem Antheilsscheine bemerkt und dieser demnächst zurückgegeben, während die übrigen Urkunden bei den Akten der Bank bleiben.

3. Wenn ein Bankantheil verpfändet ist, so ist dies unter Vorlegung des Antheilsscheines und der schriftlichen Erklärung des Antheilseigners bei der Reichsbank anzumelden. Im Verhältnisse zu der Reichsbank wird nur derjenige als Pfandgläubiger angesehen, welcher als solcher in den Stammbüchern eingetragen ist. Zur Prüfung der Echtheit und der Rechtsgültigkeit der Erklärung ist die Reichsbank berechtigt, aber nicht verpflichtet. Der Eigenthümer kann ohne die Zustimmung des Pfandgläubigers keine neuen Dividendenscheine und im Falle des § 41 des Bankgesetzes keine Zahlung auf den Bankantheil erhalten, wird aber im Uebrigen in seinen ihm nach dem Bankgesetze und dem Statut zustehenden Rechten nicht beschränkt. Die Löschung des Pfandrechts erfolgt auf Vorlegung des Antheilsscheines und beglaubigter Einwilligung des Pfandgläubigers.

Im Uebrigen kommen die Bestimmungen unter Ziff. 2 zur Anwendung.

Für mich an die Ordre ....

....

.... den ten ....

Uebertragen auf ....

....

Berlin, den ten ....

....

Reichsbank-Direktorium.

(L. S.)

Archivar: Buchführer:

Für mich an die Ordre ....

....

.... den ten ....

Uebertragen auf ....

....

Berlin, den ten ....

....

Reichsbank-Direktorium.

(L. S.)

Archivar: Buchführer:

Dividenden-Rückstände verjähren binnen vier Jahren, vom Tage ihrer Fälligkeit an gerechnet, zum Vortheil der Bank (§. 24 des Bankgesetzes).

№ Reihe | № Reihe

Erstes Halbjahr.

Der Inhaber dieses Scheins empfängt gegen Rückgabe desselben

am 1. Juli 18 . .

auf die für das Jahr . . . . . festzusetzende Dividende des Reichsbankantheils № ▒▒▒ als erste halbjährige Abschlagszahlung

Zweiundfünfzig Mark fünfzig Pfennig

bei der Reichsbank-Hauptkasse und sämmtlichen Reichsbankhauptstellen und Bankstellen.

Berlin, den ten 18 . .

Reichsbank-Direktorium.

(L. S.)

Archivar: Buchführer:

Dividenden-Rückstände verjähren binnen vier Jahren, vom Tage ihrer Fälligkeit an gerechnet, zum Vortheil der Bank (§. 24 des Bankgesetzes).

№ Reihe | № Reihe

Zweites Halbjahr.

Der Inhaber dieses Scheins empfängt gegen Rückgabe desselben

am 2. Januar 18 . .

auf die für das Jahr . . . . . festzusetzende Dividende des Reichsbankantheils № ▒▒▒ als zweite halbjährige Abschlagszahlung

Zweiundfünfzig Mark fünfzig Pfennig

bei der Reichsbank-Hauptkasse und sämmtlichen Reichsbankhauptstellen und Bankstellen.

Berlin, den ten 18 . .

Reichsbank-Direktorium.

(L. S.)

Archivar: Buchführer:

Dividenden=Rückstände verjähren binnen vier Jahren, vom Tage ihrer Fälligkeit an gerechnet zum Vortheil der Bank (§ 24 des Bankgesetzes)

№ Reihe | № Reihe

Der Inhaber dieses Scheines empfängt gegen Rückgabe desselben auf die für das Jahr 18 . . festgesetzte Dividende des Bankantheils

Mr. ______ die Restzahlung

bei der Reichsbank=Hauptkasse und bei sämmtlichen Reichsbank=Hauptstellen und Bankstellen.

Der Betrag derselben, sowie die Zeit der Zahlung werden von dem Reichskanzler öffentlich bekannt gemacht (Bankgesetz §§. 24, 32 a, Statut §§. 15, 21, 30, Gesetz vom 18. Dez. 1889, Art. 1).

Berlin, den ten 18 . .

Reichsbank=Direktorium.

(L. S.)

Archivar: Buchführer:

Talon zur Abhebung der . . . Dividendenschein-Reihe zu dem Reichsbankantheile

Nr. ————

Der Inhaber dieses Talons empfängt gegen dessen Rückgabe die Dividendenscheine für die fünf Jahre . . . . einschließlich nebst Talon.

Wird von dem Verluste eines Talons Anzeige gemacht, so vertritt die Vorlegung des Antheilsscheines die Einlieferung des Talons (§. 9 des Statuts).

Berlin, den ten 18 . .

Reichsbank-Direktorium.

(L. S.)

Archivar: Buchführer:

III.

Vertrag zwischen Preußen und dem Deutschen Reiche über die Abtretung der Preußischen Bank an das Deutsche Reich. Vom 17./18. Mai 1875.

(R.G.Bl. S. 215. Ausgegeben am 24. Mai 1875.)[1]

Auf Grund der im §. 61 des Bankgesetzes vom 14. März d. J. (Reichs-Gesetzbl. S. 177)[2] und im §. 1 des Gesetzes vom 27. März d. J. (Preuß. Ges.Samml. S. 166) ertheilten Ermächtigungen ist zwischen dem Reichskanzler Fürsten von Bismarck Namens des Deutschen Reichs einerseits, und dem Königlich preußischen Finanzminister, Vize-Präsidenten des Staatsministeriums Camphausen, sowie dem Königlich preußischen Minister für Handel, Gewerbe und öffentliche Arbeiten Dr. Achenbach Namens der Königlich preußischen Staatsregierung andererseits, folgender Vertrag abgeschlossen worden:

§ 1. Der preußische Staat zieht sein Einschußkapital bei der Preußischen Bank von

[1] Vgl. die Preußische Bankordnung v. 5. Oktober 1846 (Preuß. Ges.Samml. S. 435), Vertrag v. 28./31. Januar 1856 (Ges.Samml. S. 336), Ges. v. 7. Mai 1856 (Ges.Samml. S. 342). Die in § 2 dieses Gesetzes vorgesehene Kündigung war vor dem 31. Dezember 1871 erfolgt. Der Vertrag v. 17./18. Mai 1875 ist auch abgedruckt in der Preuß. Ges.Samml. 1875 S. 224.

[2] Oben I S. 137.

5,720,400 Mark und seinen Antheil von deren Reservefonds mit 9,000,000 Mark mit dem 1. Januar 1876 zurück.

Mit diesem Tage geht die Preußische Bank nach Maßgabe dieses Vertrages mit allen ihren Rechten und Verpflichtungen auf das Reich über.

Das Reich wird diese Bank auf die Reichsbank (§. 12 des Reichsbankgesetzes) übertragen.[3]

Die Uebergabe der Preußischen Bank an das Reich erfolgt in der Art, daß der Chef der Preußischen Bank das Vermögen der letzteren dem Reichsbank-Direktorium von dem gedachten Tage ab schriftlich zur weiteren Verwaltung überweist.[4]

§ 2. Die Beamten der Preußischen Bank werden unter Beibehaltung ihres Ranges, ihrer Anziennetät und ihres Diensteinkommens von der Reichsbank übernommen.

Beamte, welche in den Dienst der letzteren überzutreten nicht geneigt sein sollten, werden von der Königlich preußischen Staatsregierung einstweilig in den Ruhestand versetzt. Ansprüche auf Diensteinkommen, Wartegeld oder Ruhegehalt, welche ein Beamter der Preußischen Bank für die Zeit vom 1. Januar 1876 ab zu erheben berechtigt ist, sind von der Reichsbank zu vertreten.

[3] Dies ist geschehen durch § 1 des Statuts der Reichsbank (oben II S. 142).

[4] Dies ist geschehen durch Erlaß des Chefs der Preußischen Bank v. 31. Dezember 1875.

Dasselbe gilt von den Bezügen der Hinterbliebenen von Beamten der Preußischen Bank mit Ausschluß der bei der Königlich Preußischen Allgemeinen Wittwen-Verpflegungsanstalt versicherten Pensionen.

§ 3. Preußen erhält vom Reiche für Abtretung der Preußischen Bank eine Entschädigung von 15,000,000 Mark, welche aus den Mitteln der Reichsbank zu decken und Preußen vom 1. Januar 1876 ab zur Verfügung zu stellen ist.[5]

§ 4. Den bisherigen Antheilseignern der Preußischen Bank wird die Befugniß vorbehalten, innerhalb einer von dem Reichskanzler zu bestimmenden Frist gegen Verzicht auf alle ihnen durch ihre Bankantheilsscheine verbrieften Rechte zu Gunsten der Reichsbank den Umtausch dieser Urkunden gegen Antheilsscheine der Reichsbank von gleichem Nominalbetrage zu verlangen.[6]

§ 5. Die Reichsbank übernimmt die Befriedigung der Ansprüche, zu deren Erhebung die legitimirten Eigner solcher Antheilsscheine der Preußischen Bank berechtigt sind, welche nicht nach §. 4 gegen Reichsbank-Antheilsscheine umgetauscht werden. Die Reichsbank hat demgemäß

[5] Vgl. Bankges. § 61 Nr. 2. Die Entschädigung ist aus dem bei der Subskription auf Reichsbankantheile gewonnenen Aufgelde bezahlt. Vgl. Anm. 78 zum Bankges. § 24 (oben I S. 99).

[6] Vgl. Bankges. § 61 Nr. 3. Vgl. Bek. des Reichskanzlers v. 24. Mai 1875 (Reichs-Anzeiger 120, erste Beilage).

vom 1. Januar 1876 ab diesen Antheilseignern die Zahlung ihres Einschußkapitals, sowie ihres Antheils am Reservefonds nach Maßgabe der Bestimmungen in den §§. 16 und 19 der Bankordnung vom 5. Oktober 1846 zu leisten.[7]

§ 6. Die Reichsbank zahlt zur Erfüllung der von der Preußischen Bank durch den Vertrag vom 28./31. Januar 1856 hinsichtlich der Staatsanleihe von 16,598,000 Thlr. übernommenen Verbindlichkeiten an Preußen vom 1. Januar 1876 ab jährlich 621,910 Thlr. = 1,865,730 Mark in halbjährlichen Raten.[8] Diese Verbindlichkeit erlischt mit dem 1. Juli 1925, so daß für das Jahr 1925 nur der an diesem Tage fällige Betrag von 310,955 Thlr. = 932,865 Mark zu zahlen ist.

Wird die Konzession der Reichsbank nicht verlängert,[9] so wird das Reich dafür sorgen, daß, so lange keine andere Bank in diese Verpflichtung eintritt, die Rente bis zu dem gedachten Zeitpunkte der preußischen Staatskasse unverkürzt zufließe.

Das der Preußischen Bank in dem Vertrage

[7] Vgl. Bankges. § 61 Nr. 4. 81 Antheilseigner haben den Umtausch nicht bewirkt und sind in der hier vorgesehenen Art befriedigt. Vgl. Anm. 185 zum Bankges. § 62 (oben I S. 139).

[8] Vgl. Bankges. § 61 Nr. 5 u. den in Anm. 1 zitirten Vertrag v. 28./31. Januar 1856 § 5.

[9] Vgl. Bankges. § 41.

vom 28./31. Januar 1856 in Verbindung mit dem Uebereinkommen vom 22. April 1874 zugestandene Recht, einen dem jedesmaligen, gemäß §. 6 des Vertrages vom 28./31. Januar 1856 festzustellenden Betrage des Tilgungsfonds der Staatsanleihe von 1856 gleichen Betrag in Schuldverschreibungen der $4^1/_2$ prozentigen konsolidirten Staatsanleihe nach dem Nennwerth an die preußische Staatskasse abzuliefern und auf die zu zahlenden Raten von 621,910 Thlr. abzurechnen, erlischt mit Ablauf des Jahres 1875.

§ 7. Die Vermögensbilanz und die Gewinnberechnung der Preußischen Bank für das Jahr 1875 werden in Gemäßheit der §§. 95 und 96 der Bankordnung vom 5. Oktober 1846 und der seither beobachteten Grundsätze durch das Reichsbank-Direktorium unter Mitwirkung des Centralausschusses der Preußischen Bank und seiner Deputirten aufgemacht und mit den Vorschlägen über die Vertheilung des Gewinnes und die Höhe der Dividende für die bisherigen Antheilseigner der Preußischen Bank dem Königlich preußischen Minister für Handel, Gewerbe und öffentliche Arbeiten zur definitiven Festsetzung und Ertheilung der Decharge eingereicht.

§ 8. In die Bilanz (§. 7) sind die Grundstücke der Preußischen Bank zu demjenigen Betrage aufzunehmen, welcher im Einverständniß mit dem

Reichskanzler als der wirkliche Werth derselben ermittelt ist.

Die nach §. 61 Ziff. 6 des Bankgesetzes vorbehaltene Auseinandersetzung Preußens mit der Reichsbank wegen der gedachten Grundstücke ist damit vollzogen. Nachforderungen wegen etwaigen Mehr- oder Minderwerths sind ausgeschlossen.[10]

§ 9. Die Reichsbank übernimmt, so lange die Königlich preußische Staatsregierung es verlangt, die fernere Einziehung der in Nr. II der Königlich preußischen Kabinetsordre vom 18. Juli 1846 bezeichneten Aktiva für Rechnung des preußischen Staats in derselben Weise, wie solche bisher der Preußischen Bank obgelegen hat. Die darauf erfolgenden Eingänge sind an die preußische Staatskasse abzuführen.[11]

§ 10. Der auf Grund der in den §§. 7 und 8 gedachten Verhandlungen zu entwerfende Verwaltungsbericht nebst dem Jahresabschlusse für das Jahr 1875 wird von dem Königlich preußischen Minister für Handel, Gewerbe und öffentliche Arbeiten einer spätestens auf den 31. März 1876 durch ihn zu berufenden Versammlung der Meistbetheiligten vorgelegt, welcher das Reichsbank-Direktorium beiwohnt.

Dieselbe wird aus denjenigen 200 Personen

[10] Vgl. Reichsbank-Statut § 12 (oben II S. 149).
[11] Dies ist bisher wiederholt geschehen.

gebildet, welche nach den Stammbüchern der Preußischen Bank am 31. Dezember 1875 die größte Anzahl von Antheilen derselben besessen haben, gleichviel ob sie den Umtausch gegen Reichsbank-Antheilsscheine (§. 4) verlangt haben oder nicht. Im Uebrigen kommen die §§. 61 bis 65 und 97 der Bankordnung vom 5. Oktober 1846 mit den sich aus der Natur der Sache ergebenden Aenderungen auch auf diese letzte Generalversammlung zur Anwendung. Die Auszahlung der Restdividende gegen Einreichung der betreffenden Dividendenscheine an den von dem Königlich preußischen Minister für Handel, Gewerbe und öffentliche Arbeiten zu bestimmenden Orten übernimmt die Reichsbank.

§ **11.** Vorbehaltlich der in dem gegenwärtigen Vertrage enthaltenen Bestimmungen hören die durch die Bankordnung vom 5. Oktober 1846, das Gesetz vom 7. Mai 1856 (Preuß. Ges.Samml. S. 342) und den Vertrag vom 28./31. Januar 1856 begründeten Rechtsverhältnisse zwischen dem preußischen Staate und der Preußischen Bank mit dem 1. Januar 1876 auf.

§ **12.** Die in den §§. 21, 22, 23 und 25 der Bankordnung vom 5. Oktober 1846 (Preuß. Ges.Samml. S. 435) bestimmten Rechte und Verpflichtungen der Preußischen Bank, betreffend die Belegung von Geldern der gerichtlichen Depositorien, der Kirchen, Schulen, Hospitäler und anderen milden Stiftungen und öffentlichen Anstalten, sowie die auf Grund jener Bestimmungen hinterlegten Beträge werden mit der Preußischen Bank auf die Reichsbank übertragen.

Beide Theile behalten sich das Recht der Kündigung mit halbjähriger Frist unter nachstehenden Maßgaben vor:

1. Wenn und soweit die Kündigung erfolgt, hören die Eingangs erwähnten Rechte und Verpflichtungen mit dem Ablauf der Kündigungsfrist für die Zukunft auf und ist alsdann die Rückzahlung der hinterlegten Gelder zu bewirken.

2. Bezüglich der Gelder aus gerichtlichen Depositorien kann die Kündigung seitens der preußischen Staatsregierung frühestens am 1. Februar 1876, seitens des Reichs frühestens am 1. Februar 1877 erfolgen.[12] Die Rückzahlung der beim Ablauf der

[12] Die Kündigung ist bezüglich der Gelder aus gerichtlichen Depositorien seitens der preußischen Staatsregierung unterm 1. Februar 1876, bezüglich der Gelder der Kirchen, Schulen u. s. w. seitens der Reichsbank unterm 26. November 1878 erfolgt. Unterm 3. Dezember 1878 hat die Reichsbank endlich auch die von Vormündern, Pflegern und Privatpersonen zinsbar belegten Gelder gekündigt und von da ab solche nicht mehr angenommen. Vgl. noch Bankges. § 13 Anm. 54 (oben I S. 90) und Bek. des Reichsbank-Direktoriums v. 3. Februar 1878 (Reichs-Anzeiger Nr. 287, Börsenbeilage).

Kündigungsfrist hinterlegten Gelder dieser Art erfolgt, abgesehen von den im laufenden Geschäftsverkehr zu leistenden Rückzahlungen, in fünf gleichen Raten, welche in aufeinanderfolgenden Fristen von je drei Monaten fällig sind, und von denen die erste mit dem Ablauf der Kündigungsfrist zahlbar ist.

Werden die Vorschriften der preußischen Gesetzgebung über die Unterbringung und Ausleihung von Geldern aus gerichtlichen Depositorien aufgehoben, so hört vom Tage der Gesetzeskraft dieser Aufhebung die Verpflichtung zur Belegung solcher Gelder bei der Reichsbank für die Zukunft auf.[13]

§ 13. Die im §. 12 vereinbarten Bestimmungen treten nur in dem Falle in Wirksamkeit, wenn der Königlich preußischen Staatsregierung die gesetzliche Ermächtigung zum Abschluß eines Vertrages mit dem Reiche über die Belegung von Geldern der gerichtlichen Depositorien 2c. im Laufe des Jahres 1875 ertheilt wird.[14]

[13] Vgl. Preuß. Ges., betr. das Hinterlegungswesen, v. 19. Juli 1875 (Ges.Samml. S. 531), Hinterlegungsordnung v. 14. März 1879 (Ges.Samml. S. 249), Vormundschaftsordnung v. 5. Juli 1875 § 39 (Ges.Samml. S. 431).

[14] Die bezügliche Ermächtigung enthält das Preuß. Ges. v. 19. Juni 1875 (Ges.Samml. S. 368).

Zu Urkund dessen haben die Unterzeichneten den gegenwärtigen Vertrag in doppelter Ausfertigung vollzogen.

Friedrichsruh, den 18. Mai 1875. Berlin, den 17. Mai 1875.

	(L. S.)	(L. S.)
Der Reichskanzler.	Der Königlich preußische Finanzminister, Vize-Präsident des Staatsministeriums.	Der Königlich preußische Minister für Handel, Gewerbe und öffentliche Arbeiten.
v. Bismarck.	**Camphausen.**	**Achenbach.**

IV.

Bekanntmachung, betreffend die Vorschriften über die von den Notenbanken in der Jahresbilanz gesondert nachzuweisenden Aktiva und Passiva. Vom 15. Januar 1877.

(Centralbl. S. 24.)[1]

Der Bundesrath hat auf Grund des § 8 des Bankgesetzes vom 14. März 1875 (Reichs-Gesetzblatt S. 177) bestimmt,

daß in den von den notenausgebenden Banken zu veröffentlichenden Jahresbilanzen folgende Kategorien der Aktiva und Passiva gesondert nachzuweisen sind:

I. auf Seiten der Passiva:

1. das Grundkapital;
2. der Reservefonds, — und zwar, sofern derselbe

[1] Vgl. Bankges. § 8 Anm. 20 (oben I S. 78).

die vorgeschriebene Höhe noch nicht erreicht hat, unter Angabe:

a) des Bestandes am Schlusse des Vorjahres,

b) des für das Geschäftsjahr statutenmäßig überwiesenen Betrages und des aus a und b sich ergebenden Bestandes:

3. der etwa angelegte Reservefonds für zweifelhafte Forderungen (Delkredere-Konto);

4. der Gesammtbetrag der emittirten (in den Betrieb gegebenen) Banknoten, unter Angabe der Beträge, welche hiervon auf die einzelnen Notenabschnitte entfallen;

5. das Guthaben der Giro- und Kontokurrentgläubiger;

6. der Betrag der Depositen, und zwar:

a) der verzinslichen, unter Sonderung der Beträge nach Zinssatz und Kündigungsfrist;

b) der unverzinslichen;

7. der Betrag der schuldigen Depositenzinsen;

8. der Betrag der nach §§ 9, 10 des Bankgesetzes an die Reichskasse etwa abzuführenden Notensteuer;

9. der Betrag des aus dem gleichzeitig zu veröffentlichenden Jahresabschlusse des Gewinn- und Verlustkontos (§ 8 Absatz 1 Ziffer 2 des Bankgesetzes) sich ergebenden Reingewinnes;

II. auf Seiten der Aktiva:

1. der Bestand an Gold in Barren oder ausländischen Münzen, das Pfund fein zu 1392 Mark gerechnet;

2. der Kassenbestand, und zwar an:
   a) kursfähigem deutschen geprägten Gelde,[2]
   b) Reichskassenscheinen,
   c) eigenen Banknoten unter Angabe der Beträge, welche hiervon auf die einzelnen Notenabschnitte entfallen,
   d) Reichsbanknoten,
   e) Noten anderer Banken;
3. der Bestand an Silber in Barren und Sorten;[3]
4. die Wechselbestände ausschließlich der unter Ziffer 8 bezeichneten, und zwar:
   a) Platzwechsel,
   b) Remessenwechsel auf deutsche Plätze,
      (zu a und b unter gesonderter Angabe der innerhalb der nächsten fünfzehn Tage fälligen),
   c) Wechsel auf außerdeutsche Plätze nach den Valuten gesondert;
5. der Betrag der Lombardforderungen ausschließlich der unter Ziffer 8 bezeichneten, und zwar:
   a) auf Gold oder Silber,
   b) auf Effekten (einschließlich Wechsel) der in §. 13 Ziffer 3 Buchstaben b, c, d des Bankgesetzes bezeichneten Art,
   c) auf andere Effekten,
   d) auf Waaren;

[2] Wegen Sonderung der deutschen Münzen vgl. oben C. I Anm. 17, S. 77.

[3] Die Reichsbank besitzt solche nicht mehr.

6. der Bestand an Effekten, und zwar:
   a) an diskontirten Werthpapieren,
   b) an eigenen Effekten,
   c) an Effekten des Reservefonds,
      zu b und c unter Angabe der einzelnen Sorten und des Werthes, zu welchem sie in die Bilanz aufgenommen worden sind;
7. das Guthaben der Bank im Kontokurrentverkehr unter Sonderung der Beträge nach der Art der gewährten Deckung (Bürgschaft, Faustpfand in Effekten, Waaren, Hypotheken u. s. w.);
8. der Betrag der fälligen, aber unbezahlt gebliebenen Wechsel- und Lombardforderungen;
9. der Werth der der Bank gehörigen Grundstücke.

Außerdem sind in der Jahresbilanz, gemäß der Schlußbestimmung in § 8 des Bankgesetzes, die aus weiterbegebenen, im Inlande zahlbaren Wechseln entsprungenen eventuellen Verbindlichkeiten ersichtlich zu machen.

Berlin, den 15. Januar 1877.

Der Reichskanzler.
In Vertretung: Hofmann.

V.

Verordnung, betreffend die Anstellung der Beamten und die Zuständigkeit zur Ausführung des Gesetzes vom 31. März 1873 bei der Verwaltung der Reichsbank. Vom 19. Dezember 1875. (R.G.Bl. S. 378. Ausgegeben am 29. Dezember 1875.)[1]

Wir Wilhelm, von Gottes Gnaden Deutscher Kaiser, König von Preußen rc.

verordnen im Namen des Deutschen Reichs in Ergänzung der Verordnung, betreffend die Zuständigkeit der Reichsbehörden zur Ausführung des Gesetzes vom 31. März 1873 und die Anstellung der Reichsbeamten, vom 23. November 1874 (Reichs=Gesetzblatt S. 135), was folgt:

§ 1. Die Beamten der Reichsbank, soweit sie nicht in Gemäßheit der §§. 27 und 36 des Bankgesetzes vom 14. März d. J. (Reichs=Gesetzbl. S. 177) vom Kaiser zu ernennen sind,[2] werden von dem Reichskanzler oder auf Grund der von dem letzteren

[1] Vgl. Bankges. § 28 Anm. 84 (oben I S. 102).

[2] Nämlich Präsident, Vicepräsident und Mitglieder des Reichsbank=Direktoriums (vgl. Bankges. § 27), sowie die Bank=Kommissarien bei den Reichsbankhauptstellen (vgl. Bankges. § 36). Vgl. Verordn. v. 23. Novbr. 1874 § 4 (R.G.Bl. S. 135).

ertheilten Ermächtigung[3] von dem Präsidenten des Reichsbank-Direktoriums angestellt.

§ 2. Zur Ausübung derjenigen Funktionen, welche in dem Gesetze, betreffend die Rechtsverhältnisse der Reichsbeamten, vom 31. März 1873 (Reichs-Gesetzbl. S. 61) der obersten Reichsbehörde, den höheren Reichsbehörden, den vorgesetzten Dienstbehörden und den unmittelbar vorgesetzten Behörden beigelegt sind, sind im Bereiche der Reichsbankverwaltung zuständig:

A. in Bezug auf den Präsidenten und die Mitglieder des Reichsbank-Direktoriums:
der Reichskanzler;

B. in Bezug auf die übrigen Reichsbankbeamten:
I. als oberste Reichsbehörde:
das Reichsbank-Direktorium;
II. als höhere, der obersten Reichsbehörde unmittelbar untergeordnete Reichsbehörden:
die Reichsbankhauptstellen;
III. als vorgesetzte Dienstbehörde:
der Präsident des Reichsbank-Direktoriums;
IV. als unmittelbar vorgesetzte Behörden bezw. Beamte:

[3] Die ertheilte Ermächtigung erstreckt sich auf alle Beamten mit Ausnahme der ersten Vorstandsbeamten der Reichsbankhauptstellen.

1) der Vorsteher jeder Bankanstalt hinsichtlich der bei ihr angestellten Beamten;
2) jede Bankanstalt, welcher eine andere unmittelbar untergeben ist, hinsichtlich des Vorstehers oder, wo ein solcher fehlt, hinsichtlich der Beamten der untergebenen Behörde.

Urkundlich unter Unserer Höchsteigenhändigen Unterschrift und beigedrucktem Kaiserlichen Insiegel.

Gegeben Berlin, den 19. Dezember 1875.

(L. S.) **Wilhelm.**

Fürst v. Bismarck.

VI.

Verordnung, betreffend die Pensionen und Kautionen der Reichsbankbeamten. Vom 23. Dezember 1875. (R.G.Bl. S. 380. Ausgegeben am 29. Dezember 1875.)[1]

Wir Wilhelm, von Gottes Gnaden Deutscher Kaiser, König von Preußen rc.

verordnen auf Grund des §. 40 des Bankgesetzes

[1] Vgl. Bankges. § 28 Anm. 85 (oben I S. 103); § 40 Anm. 122 (das. S. 114).

vom 14. März 1875 (Reichs-Gesetzbl. S. 177)[2] zur Ergänzung des Statuts der Reichsbank vom 21. Mai 1875 (Reichs-Gesetzbl. S. 203),[3] nach Einvernehmen mit dem Bundesrath, im Namen des Deutschen Reichs, was folgt:

§ 1. Die zur Regelung der Pensions- und Kautionsverhältnisse der Reichsbeamten ergangenen gesetzlichen Bestimmungen, insbesondere die §§. 34 bis 71 des Reichsbeamten-Gesetzes vom 31. März 1873 (Reichs-Gesetzbl. S. 61), der §. 8 des Gesetzes über die Bewilligung von Wohnungsgeldzuschüssen vom 30. Juni 1873 (Reichs-Gesetzbl. S. 166) und das Gesetz, betreffend die Kautionen der Bundesbeamten, vom 2. Juni 1869 (Bundes-Gesetzbl. S. 161) finden auf die Reichsbankbeamten entsprechende Anwendung,[4] und zwar, was die Kautionsverhältnisse anlangt, mit den nachfolgenden Maßgaben.

§§ 2. 3. Dieselben sind ersetzt durch die Verordn. vom 31. März 1880 (unten VII).

§ 4. Den Bankagenten (Vorstehern der Reichsbanknebenstellen) kann von dem Präsidenten des

[2] S. Anm. 1.

[3] Oben II Anm. 1, S. 142.

[4] Die hier angeführten Bestimmungen beziehen sich an sich nur auf diejenigen Reichsbeamten, welche ihr Gehalt aus der Reichskasse empfangen, während die Reichsbankbeamten zwar die Rechte und Pflichten der Reichsbeamten haben, aber ihre Besoldungen u. s. w. aus der Kasse der Reichsbank erhalten (Bankges. § 28).

Reichsbank-Direktoriums die Kautionsbestellung in anderen als den im §. 5 des Gesetzes vom 2. Juni 1869 bezeichneten Papieren nach dem Kurswerthe mit angemessenem Abschlag oder in Hypotheken gestattet werden.

§ 5. Unterbeamten und kontraktlichen Dienern, welche die Kaution auf einmal zu beschaffen außer Stande sind, kann von dem Präsidenten des Reichsbank-Direktoriums ausnahmsweise gestattet werden, die Beschaffung der Kaution nachträglich durch Ansammlung von Gehaltsabzügen im Betrage von fünf bis zehn Mark monatlich zu bewirken.

§ 6. Die Aufbewahrung der Kautionen, sowie die Ansammlung der Gehaltsabzüge (§. 5) erfolgt bei dem Reichsbank-Komtor für Werthpapiere zu Berlin.

Urkundlich unter Unserer Höchsteigenhändigen Unterschrift und beigedrucktem Kaiserlichen Insiegel.

Gegeben Berlin, den 23. Dezember 1875.

(L. S.) Wilhelm.

Fürst v. Bismarck.

VII.

Verordnung wegen Ergänzung und Abänderung der Verordnung vom 23. Dezember 1875, betreffend die Pensionen und Kautionen der Reichsbankbeamten. Vom 31. März 1880.
(R.G.Bl. S. 97. Ausgegeben am 2. April 1880.)

Wir Wilhelm, von Gottes Gnaden Deutscher Kaiser, König von Preußen ꝛc.
verordnen auf Grund des §. 40 des Bankgesetzes vom 14. März 1875 (Reichs-Gesetzbl. S. 177) zur Ergänzung des Statuts der Reichsbank vom 21. Mai 1875 (Reichs-Gesetzbl. S. 203) nach Einvernehmen mit dem Bundesrath, im Namen des Reichs, was folgt:

An die Stelle der §§. 2, 3 der Verordnung vom 23. Dezember 1875 (Reichs-Gesetzbl. S. 380)[1] treten folgende Bestimmungen:

§ 2. Zur Kautionsleistung sind mit den daneben angegebenen Beträgen verpflichtet:

1. der Rendant der Reichsbank-Hauptkasse mit . . 18 000 Mark,
2. der Vorsteher des Lombard-Komtors bei der Reichshauptbank mit . . . . 9 000 Mark,

[1] Vgl. oben VI S. 181.

3. die Vorstandsbeamten der Reichsbank-Hauptstellen, Reichsbankstellen und Reichsbank-Kommanditen[2] mit 6000 Mark bis	18 000 Mark,
4. die Kassirer und die mit der Aufbewahrung oder Verwaltung von Werthschaften außerdem beauftragten Beamten bei der Hauptbank und den Zweiganstalten mit 3000 Mark bis	9 000 Mark,
5. der Kontrolör der Diskontokasse[3] mit	2 400 Mark,
6. die Geldzähler mit . .	750 Mark,
7. die Kassendiener, Hausdiener und Hülfskassendiener mit	600 Mark,
8. die Bankagenten (Vorsteher von Reichsbank-Nebenstellen)[4] mit 1000 Mark bis	150 000 Mark.

§ 3. Die Höhe der Kautionen bei den in §. 2 unter Ziffer 3, 4 und 8 bezeichneten Be=

[2] Von letzteren besteht nur noch die Bank-Kommandite zu Insterburg, welche der Reichsbankhauptstelle zu Königsberg untergeordnet ist (s. Bankges. § 37 Anm. 115, S. 112).

[3] Die Stelle ist später aufgehoben.

[4] Der jetzige Titel ist „Bankvorstand".

amten wird in jedem Falle von dem Präsidenten des Reichsbank-Direktoriums innerhalb der daselbst angegebenen Grenzen bei der Berufung des Beamten nach dem voraussichtlichen Geschäftsumfange festgesetzt.

Urkundlich unter Unserer Höchsteigenhändigen Unterschrift und beigedrucktem Kaiserlichen Insiegel.

Gegeben Berlin, den 31. März 1880.

(L. S.) **Wilhelm.**

Fürst v. Bismarck.

VIII.

Verordnung, betreffend die Fürsorge für die Wittwen und Waisen der Reichsbankbeamten. Vom 8. Juni 1881. (R.G.Bl. S. 117. Ausgegeben am 21. Juni 1881.)

Wir Wilhelm, von Gottes Gnaden Deutscher Kaiser, König von Preußen ꝛc.
verordnen auf Grund der §§. 28 und 40 des Bankgesetzes vom 14. März 1875 (Reichs-Gesetzbl. S. 177)[1] zur Ergänzung des Statuts der Reichs-

[1] Vgl. oben VI Anm. 4, S. 182.

bank vom 21. Mai 1875 (Reichs-Gesetzbl. S. 203)[2] nach Einvernehmen mit dem Bundesrath, im Namen des Reichs, was folgt:

Die Bestimmungen des Gesetzes, betreffend die Fürsorge für die Wittwen und Waisen der Reichsbeamten der Civilverwaltung vom 20. April d. J. (Reichs-Gesetzbl. S. 85), finden auf die Reichsbankbeamten mit folgenden Maßgaben entsprechende Anwendung:

I. An Stelle der Reichskasse tritt überall die Kasse der Reichsbank.

II. Die Wittwen= und Waisengeldbeiträge werden bei der Reichsbank zu einem besonderen Fonds angesammelt und verwaltet.[3] Insofern derselbe nicht zu den laufenden Zahlungen an Wittwen- und Waisengeld zu verwenden ist, erfolgt die zinsbare Anlegung in Schuldverschreibungen des Reichs oder deutscher Bundesstaaten nach Bestimmung des Reichsbank-Direktoriums.

III. Diese Verordnung tritt mit dem 1. Juli 1881 in Kraft.

[2] Oben II S. 142.

[3] Zu diesem inzwischen ausgeschütteten Fonds sind auch die zufolge Art. II § 2 des Ges. v. 5. März 1888 (R.G.Bl. S. 80) nachentrichteten Beiträge (s. Verordn. v. 18. März 1888 II — unten X S. 189) geflossen.

Urkundlich unter Unserer Höchsteigenhändigen Unterschrift und beigedrucktem Kaiserlichen Insiegel.

Gegeben Berlin, den 8. Juni 1881.

(L. S.) **Wilhelm.**

Fürst v. Bismarck.

IX.

Verordnung wegen Ergänzung der Verordnung vom 23. Dezember 1875, betreffend die Pensionen und Kautionen der Reichsbankbeamten,[1] und der Verordnung, betreffend die Fürsorge für die Wittwen und Waisen der Reichsbankbeamten, vom 8. Juni 1881.[2] Vom 20. Juni 1886. (R.G.Bl. S. 203. Ausgegeben den 25. Juni 1886.)

Wir Wilhelm, von Gottes Gnaden Deutscher Kaiser, König von Preußen ꝛc.

verordnen auf Grund der §§. 28 und 40 des Bankgesetzes vom 14. März 1875 (Reichs-Gesetzbl. S. 177) zur Ergänzung des Statuts der Reichsbank vom 21. Mai 1875 (Reichs-Gesetzbl. S. 203) nach Einvernehmen mit dem Bundesrath, im Namen des Reichs, was folgt:

[1] Oben VI S. 181.
[2] Oben VIII S. 186.

Die Bestimmungen des Gesetzes vom 21. April 1886 (Reichs-Gesetzbl. S. 80)[3] finden auf die Reichsbankbeamten entsprechende Anwendung.[4]

Urkundlich unter Unserer Höchsteigenhändigen Unterschrift und beigedrucktem Kaiserlichen Insiegel.

Gegeben Bad Ems, den 20. Juni 1886.

(L. S.) **Wilhelm.**

von Boetticher.

[3] Dasselbe enthält Ergänzungen und Abänderungen der §§ 34, 41, 48, 60 des Reichsbeamten Gesetzes vom 31. März 1873 (R.G.Bl. S. 61), insonderheit eine (auch auf die Höhe des Wittwen- und Waisengeldes gesetzlich ihren Einfluß äußernde) Erhöhung der Pensionen.

[4] Vgl. oben VI Anm. 4, S. 182.

X.

Verordnung, betreffend den Erlaß der Wittwen- und Waisengeldbeiträge der Reichsbankbeamten. Vom 18. März 1888. (R.G.Bl. S. 80. Ausgegeben den 23. März 1888.)[1]

Wir Friedrich, von Gottes Gnaden Deutscher Kaiser, König von Preußen rc.

verordnen auf Grund der §§. 28 und 40 des Bankgesetzes vom 14. März 1875 (Reichs-Gesetzbl. S. 177) zur Ergänzung des Statuts der Reichs-

[1] Vgl. oben VIII, IX S. 186, 188.

bank vom 21. Mai 1875 (Reichs-Gesetzbl. S. 203) nach Einvernehmen mit dem Bundesrath, im Namen des Reichs, was folgt:

Die Bestimmungen des Gesetzes, betreffend den Erlaß der Wittwen- und Waisengeldbeiträge von Angehörigen der Reichs-Civilverwaltung, des Reichsheeres und der Kaiserlichen Marine, vom 5. März d. J. (Reichs-Gesetzbl. S. 65)[2] finden auf die Reichsbankbeamten mit folgenden Maßgaben entsprechende Anwendung:

I. An Stelle der Reichskasse tritt die Kasse der Reichsbank.

II. Die zufolge Artikel II §. 2 des Gesetzes nachentrichteten Beträge treten dem nach der Verordnung vom 8. Juni 1881 (Reichs-Gesetzbl. S. 117) unter II gebildeten Fonds hinzu, welcher weiter zu den laufenden Zahlungen an Wittwen- und Waisengeld zu verwenden ist.[3]

Urkundlich unter Unserer Höchsteigenhändigen Unterschrift und beigedrucktem Kaiserlichen Insiegel.

Gegeben Charlottenburg, den 18. März 1888.

(L. S.) **Friedrich.**

von Boetticher.

[2] Das Gesetz hebt die Wittwen- und Waisengeld-Beiträge vom 1. April 1888 ab auf und läßt den Widerruf früherer Verzichte auf Wittwen- und Waisengeld gegen Nachentrichtung der Beiträge mit gewissen Erleichterungen zu.

[3] Vgl. oben VIII Anm. 3, S. 187.

XI.

Verordnung, betreffend die anderweite Bemessung der Wittwen- und Waisengelder für die Hinterbliebenen der Reichsbankbeamten. Vom 26. Juli 1897. (R.G.Bl. S. 613. Ausgegeben den 2. August 1897.)[1]

Wir Wilhelm, von Gottes Gnaden Deutscher Kaiser, König von Preußen 2c.

verordnen auf Grund der §§. 28 und 40 des Bankgesetzes vom 14. März 1875 (Reichs-Gesetzbl. S. 177) zur Ergänzung des Statuts der Reichsbank vom 21. Mai 1875 (Reichs-Gesetzbl. S. 203) nach Einvernehmen mit dem Bundesrath, im Namen des Reichs, was folgt:

Die Bestimmungen in Artikel I, IV und VI des Gesetzes wegen anderweiter Bemessung der Wittwen- und Waisengelder vom 17. Mai 1897 (Reichs-Gesetzbl. S. 455)[2] finden auf die Reichsbankbeamten entsprechende Anwendung.

[1] Vgl. oben VIII—X S. 186 ff.

[2] Das Gesetz erhöht das Wittwengeld und folgeweise das Waisengeld, indem Art. I an Stelle von § 8 des Ges. v. 20. April 1881 (R.G.Bl. S. 85) tritt und Art. IV dem § 12 dieses Ges., dem § 13 d. Ges. v. 17. Juni 1887 (R.G.Bl. S. 237) und dem § 4 des Ges. v. 13. Juni 1895 (R.G.Bl. S. 261) hinzutritt. Art. VI bestimmt: „Dieses Gesetz tritt mit dem 1. April 1897 in Kraft".

Urkundlich unter Unserer Höchsteigenhändigen Unterschrift und beigedrucktem Kaiserlichen Insiegel.

Gegeben Molde an Bord M. Y. „Hohenzollern", den 26. Juli 1897.

(L. S.) **Wilhelm.**

Graf von Posadowsky.

XII.

Bekanntmachung, betreffend die Reichs-Hauptkasse. Vom 29. Dezember 1875. (Centralbl. S. 821.)

In Gemäßheit der Bestimmungen im §. 22 des Bankgesetzes vom 14. März 1875 (Reichs-Gesetzblatt Seite 177)[1] und des §. 11 des Statuts der Reichsbank vom 21. Mai 1875 (Reichs-Gesetzblatt Seite 203)[2] ist die Wahrnehmung der Zentralkassengeschäfte des Deutschen Reichs vom 1. Januar 1876 ab auf die Reichsbank-Hauptkasse hierselbst übertragen, welche dieselben unter der Benennung „Reichs-Hauptkasse" führen wird.

Für die Buchführungsgeschäfte der Reichs-Hauptkasse ist bei der Reichsbank-Hauptkasse eine besondere Geschäftsabtheilung eingerichtet. Alle amtlichen Ausfertigungen der Reichs-Hauptkasse müssen die Unterschrift des Vorstehers dieser Geschäftsabtheilung oder seines geordneten Vertreters, und die Unterschrift eines derselben angehörigen Buchhalters tragen.

Hier am Orte sind Zahlungen an die Reichs-Hauptkasse für deren Rechnung an die Reichsbank-Hauptkasse zu leisten. Quittungen der Reichs-Hauptkasse über solche Zahlungen be-

[1] Vgl. oben I Anm. 74 S. 96.

[2] Oben II S. 149.

dürfen, neben den Unterschriften der vorgedachten beiden Beamten der Reichs-Hauptkasse, noch der Unterschrift des betreffenden Kassirers der Reichsbank-Hauptkasse.[3]

Berlin, den 29. Dezember 1875.

Der Reichskanzler.
v. Bismarck.

[3] Die Bestimmung in § 2 d. Verordn. v. 22. Jan. 1874 (R.G.Bl. S. 9), wonach die Beamten der Rendantur des Reichskriegsschatzes aus dem Personal der Reichshauptkasse zu entnehmen sind, ist aufgehoben durch Verord. v. 31. März 1897 (R.G.Bl. S. 169).

XIII.

Reichsbankhauptstellen und Reichsbankstellen.

1. Bekanntmachung vom 17. Dezember 1875. (Centralbl. S. 802.)[1]

Auf Grund des §. 36 des Bankgesetzes vom 14. März d. Js. (Reichs-Gesetzbl. S. 177) hat der Bundesrath beschlossen, daß die Zweiganstalten der Preußischen Bank in Königsberg, Stettin, Posen, Breslau, Magdeburg, Hannover, Dortmund, Cöln, Frankfurt a. M., Bremen, Leipzig, Mannheim und Straßburg im Elsaß vom 1. Januar 1876 ab in Reichsbankhauptstellen umzuwandeln, und daß außerdem in München, Stuttgart und Hamburg Reichsbankhauptstellen zu errichten sind.

[1] Vgl. oben I Anm. 108, S. 110, Anm. 114 S. 112 u. d. Verzeichniß im Anhange B, S. 264 ff.

Ferner habe ich auf Grund des §. 37 a. a. O. die Umwandlung der preußischen Bank-Komtoire in Münster und Danzig und der preußischen Bank-Kommanditen in Aachen, Bielefeld, Braunschweig, Bromberg, Carlsruhe, Cassel, Chemnitz, Coblenz, Crefeld, Dresden, Düsseldorf, Elberfeld, Elbing, Emden, Erfurt, Essen, Flensburg, Frankfurt a. O., Gleiwitz, Glogau, Görlitz, Graudenz, Halle, Kiel, Landsberg a. W., Liegnitz, Mainz, Memel, Metz, Minden, Mülhausen i. E., Nordhausen, Osnabrück, Siegen, Stralsund, Thorn und Tilsit in Reichsbankstellen, sowie die Errichtung neuer Reichsbankstellen in Augsburg, Nürnberg, Gera und Lübeck beschlossen.

Ueber die Einrichtung, den Geschäftsbezirk und die Eröffnung der neu zu errichtenden Reichsbankhauptstellen und Reichsbankstellen wird das Reichsbank-Direktorium das Nähere bekannt machen.[2]

Berlin, den 17. Dezember 1875.

Der Reichskanzler.
v. Bismarck.

2. Bekanntmachung vom 24. April 1879.

(Centralbl. S. 325.)[3]

Auf Grund des §. 36 des Bankgesetzes vom 14. März 1875 Reichs-Gesetzblatt S. 177) hat der Bundesrath beschlossen, daß in der Stadt Danzig eine Reichsbankhauptstelle zu errichten sei. Dieselbe tritt vom 1. Mai d. J. ab an die Stelle der bisherigen Reichsbankstelle daselbst mit den gleichen geschäftlichen Befugnissen

[2] Vgl. die an den in Anm. 1 angeführten Stellen zitirten Bekanntmachungen des Reichsbank-Direktoriums.

[3] Vgl. Anm. 1.

und dem gleichen Geschäftsbezirke und wird von deren bisherigem Vorstande geleitet.

Berlin, den 24. April 1879.

Der Reichskanzler.
v. Bismarck.

XIV.

Privat-Notenbanken.

1. Bekanntmachung, betreffend die Anwendung der §§. 42 und 43 des Bankgesetzes vom 14. März 1875. Vom 29. Dezember 1875. (R.G.Bl. S. 390. Ausgegeben am 31. Dezember 1875.)[1]

Nachdem die unten benannten Privat-Notenbanken die in §. 45 des Bankgesetzes vom 14. März 1875 (Reichs-Gesetzbl. S. 177) vorgesehenen Nachweise erbracht haben,[2] werden hierdurch die beschränkenden Bestimmungen der §§. 42 und 43 des Bankgesetzes zu Gunsten folgender Banken:

1. der Cölnischen Privatbank,[3]
2. der Danziger Privat-Aktienbank,[4]

[1] Vgl. oben I Anm. 137—140, 147, 161, S. 118, 122, 125.
[2] Oben I, S. 125.
[3] Hat zu existiren aufgehört — oben I Anm. 26, S. 80.
[4] Die Befugniß zur Ausgabe von Banknoten ist abgelaufen und nicht erneuert worden — oben a. a. O.

3. der Provinzial-Aktienbank des Großherzogthums Posen,[5]
4. der Kommerzbank in Lübeck,[6]
5. der Bremer Bank,[7]

und die beschränkenden Bestimmungen des §. 43 des Bankgesetzes zu Gunsten folgender Banken:

6. der Frankfurter Bank,
7. der Bayerischen Notenbank,
8. der Sächsischen Bank zu Dresden,
9. der Württembergischen Notenbank,
10. der Badischen Bank,
11. der Bank für Süddeutschland zu Darmstadt

als nicht anwendbar erklärt.

Die Noten der vorbezeichneten Banken werden an den aus der Anlage ersichtlichen Stellen eingelöst werden.

Die Prüfung der von einigen anderen Privat-Notenbanken zufolge des §. 45 a. a. O. vorgelegten Nachweise ist noch nicht abgeschlossen.

Berlin, den 29. Dezember 1875.

Der Reichskanzler.
v. Bismarck.

[5] Desgleichen — oben a. a. O.
[6] Hat auf ihr Notenrecht verzichtet — oben a. a. O.
[7] Desgleichen — oben a. a. O.

Anlage.

Es werden eingelöst

Die Noten (1, 2, 4, 5 sind erloschen)	in Berlin:
3. der Sächsischen Bank zu Dresden	bei dem Bankhause F. Mart. Magnus,[8]
die Noten	in Frankfurt a. M.:
6. (erloschen)	
7. der Frankfurter Bank . .	bei der „Frankfurter Bank",
8. der Bayerischen Notenbank	bei der „Frankfurter Bank",
9. der Württembergischen Notenbank	bei der „Frankfurter Bank",
10. der Badischen Bank . .	bei der „Frankfurter Bank",
11. der Bank für Süddeutschland	bei der Filiale der Darmstädter „Bank für Handel und Industrie".

2. Zweite Bekanntmachung, betreffend die Anwendung der §§. 42 und 43 des Bankgesetzes vom 14. März 1875. Vom 7. Januar 1876. (R.G.Bl. S. 2. Ausgegeben am 10. Januar 1876.)[9]

Nachdem die unten benannten Privat-Notenbanken die in §. 45 des Bankgesetzes vom 14. März 1875 (Reichs-Gesetzbl. S. 177) vorgesehenen Nachweise erbracht haben, werden hier-

[8] Jetzt bei S. Bleichröder — vgl. die Bekanntm. unter 3, S. 198.

[9] Vgl. Anm. 1, 2.

durch die beschränkenden Bestimmungen der §§. 42 und 43 des Bankgesetzes zu Gunsten folgender Banken:

(12 bis 16 — sämmtlich erloschen)

als nicht anwendbar erklärt.

Die Noten der vorbezeichneten Banken werden bei den aus der Anlage [10] ersichtlichen Stellen eingelöst werden.

Andere, als die vorbezeichneten und die in der Bekanntmachung vom 29. vorigen Monats und Jahres (Reichs-Gesetzblatt S. 390) [11] genannten Banken haben die in §. 45 des Bankgesetzes vorgesehenen Nachweise nicht erbracht.

Berlin, den 7. Januar 1876.

Der Reichskanzler.
v. Bismarck.

---

3. Bekanntmachung, betreffend die Einlösung der Banknoten der Sächsischen Bank. Vom 3. September 1879.

(R.G.Bl. S. 286. Ausgegeben am 4. September 1879.)

Die Banknoten der Sächsischen Bank zu Dresden werden in Berlin vom 1. September d. J. ab bei dem Bankhause S. Bleichröder eingelöst.

Dies wird unter Bezugnahme auf die Bekanntmachung vom

[10] Die Anlage ist als entbehrlich nicht abgedruckt.
[11] Oben unter I, S. 195.

29. Dezember 1875 (Reichs-Gesetzbl. S. 390)[12] hiermit zur öffentlichen Kenntniß gebracht.

Berlin, den 3. September 1879.

Der Stellvertreter des Reichskanzlers.
Otto Graf zu Stolberg.

[12] Oben unter 1, S. 195.

Anhang.

A. Auszug aus den „Allgemeinen Bestimmungen über den Geschäftsverkehr mit der Reichsbank".

I. Allgemeine Grundsätze.

1. Jeder ordentliche Geschäftsmann kann nach Maßgabe der nachfolgenden Bestimmungen mit der Reichsbank in Geschäftsverkehr treten. Er hat zuvor der Bankanstalt, in deren Bezirk er seinen Wohnsitz hat, die erforderlichen Mittheilungen über seine Verhältnisse zu machen, und wenn seine Firma in das Handelsregister eingetragen ist, einen beglaubigten Auszug aus demselben zu überreichen.
2. Soll der Geschäftsverkehr durch Prokuristen

oder Bevollmächtigte vermittelt werden, so ist eine nur für den Verkehr mit der Reichsbank gültige Vollmacht nach dem von ihr bestimmten Muster auszustellen und bei ihr niederzulegen. Sollen an solche Personen Zahlungen geleistet werden, so muß noch eine persönliche Vorstellung der letzteren durch den Auftraggeber hinzutreten.

II. Diskontirungs-Geschäft.[1]

A. Wechsel auf das Inland.

1. (Erfordernisse der Wechsel.) Die Wechsel müssen der Wechsel-Ordnung beziehungsweise den an dem ausländischen Ausstellungs-Orte geltenden wechselrechtlichen Bestimmungen entsprechen, eine Laufzeit von höchstens drei Monaten haben und die Unterschriften von in der Regel drei, mindestens aber zwei als zahlungsfähig bekannten Personen oder Firmen tragen; sie sind an die Bankanstalt des Zahlungsorts zu giriren.

Platzwechsel und domizilirte Versandtwechsel[2] müssen vor dem Ankaufe mit Annahmevermerk versehen sein.

[1] Vgl. Bankgesetz § 13 Nr. 2, oben I, S. 86.

[2] „Platzwechsel", „Versandtwechsel" — vgl. unter 2, S. 201.

Wechsel, welche die Einschränkung „oder Werth" enthalten, oder auf einen andern Tag als den im Wechsel angegebenen Verfalltag acceptirt sind, oder Rasuren oder Korrekturen enthalten, werden von der Reichsbank nicht angekauft.

Bei Wechseln mit offnem (Blanco-) Giro muß jedenfalls das Indossament an den Verkäufer und dasjenige des Letzteren an die Bank ausgefüllt sein. Allongen müssen stets eine vollständige Bezeichnung des betreffenden Wechsels enthalten.

Die Wechsel sind mit den Fälligkeitstagen zu überschreiben, mit einer Rechnung (2) einzureichen und übereinstimmend mit derselben zu ordnen.

2. (Erfordernisse der Rechnung). Besondere Rechnungen müssen ausgestellt werden:
   a) für Platzwechsel (zahlbar am Sitze der ankaufenden oder einer ihr untergeordneten Bankanstalt) in Beträgen von 100 Mark und weniger, auf welche ein Zinsbetrag von 30 Pfennig berechnet wird;
   b) für alle übrigen Platzwechsel;
   c) für Versandtwechsel (zahlbar an andern deutschen Bankplätzen)[3] in Beträgen von

[3] Dies sind neben Berlin diejenigen Sitze von Zweiganstalten der Reichsbank, auf welche sie Wechsel ankauft (siehe das Verzeichniß unter B, S. 264 ff.).

100 Mark und weniger, auf welche ein Zinsbetrag von 30 Pfennig berechnet wird;

d) für alle übrigen Versandtwechsel.

Außerdem sind bei Diskontirungen in der Zeit vom 1. Oktober bis 31. Dezember jeden Jahres die Wechsel, welche noch im alten Jahre verfallen, und diejenigen, welche im neuen Jahre fällig werden, von einander zu trennen und auf besonderen Noten einzureichen.

Auf der Rechnung sind die Wechsel nach den Bankanstalten geordnet, nach Betrag, Verfalltag, Bezogenem und Zahlungsort einzeln zu verzeichnen und die in Abzug kommenden Zinsen auszurechnen; bei Domizilwechseln ist der Name und Wohnort des Acceptanten und des Domiziliaten anzuführen.

Bei der Zinsberechnung wird jeder Monat zu 30 Tagen angenommen; indessen wird der Monat Februar bei solchen Wechseln, welche am letzten Februar fällig sind, nur zu 28 bezw. 29 Tagen gerechnet. Der Tag des Ankaufs wird nicht mitgezählt.

Mithin sind zu berechnen bei Wechseln

am	15.	Febr.	angekauft	per	5. März	20 Tage
„	15.	„	„	„	28. Febr.	13 „
„	15.	„	„	„	29. „	14 „
„	28.	„	„	„	5. März	7 „

An Zinsen sind **mindestens** zu berechnen:

a) 4 Tage auf Wechsel, welche am Ankaufsorte zahlbar sind;

b) 5 Tage auf solche nicht am Ankaufsorte zahlbaren Wechsel, welche in **Stücken** von 10000 Mark und mehr, oder bei **Posten** von mindestens 20000 Mark in Stücken von nicht unter 5000 Mark eingereicht werden;

c) 10 Tage für alle übrigen Wechsel.

Für jeden einzelnen Wechsel im Betrage von 100 Mark und weniger werden jedoch mindestens 30 Pfennig, für jeden Wechsel über mehr als 100 Mark mindestens 50 Pfennig erhoben.

Falls in der Rechnung **Zinszahlen** anstatt der Zinsbeträge jedes einzelnen Wechsels angegeben sind, so sind mindestens anzusetzen:

			für **30** Pf.		für **50** Pf.	
bei	3	%	36,00	No.,	60,00	No.
„	3½	„	30,85	„	51,43	„
„	4	„	27,00	„	45,00	„
„	4½	„	24,00	„	40,00	„
„	5	„	21,60	„	36,00	„
„	5½	„	19,64	„	32,73	„
„	6	„	18,00	„	30,00	„
„	6½	„	16,62	„	27,70	„

Die Wechselrechnungen sind vom Verkäufer bezw. dessen Prokuristen oder Bevollmächtigten eigenhändig zu quittiren.

B. Wechsel auf das Ausland.

Die Reichsbank kauft Wechsel bezw. Checks auf bestimmte Plätze des Auslandes unter Zugrundelegung des jedesmaligen letzten, amtlich notirten Kurses der Berliner, bei Wechseln auf die Schweiz der Frankfurter Börse[4] abzüglich 1 vom Tausend (mindestens 50 Pfennig für jeden Wechsel) Gebühr vom Rechnungsbetrage an. Bei einer Laufzeit bis zu 14 Tagen wird der kurze Kurs, bei längerer Laufzeit der lange Kurs in Ansatz gebracht. Die Berechnung der Zinsen für die überschießende Laufzeit erfolgt zum Zinsfuße des ausländischen Platzes. Hat die Reichsbank Zinsen zu vergüten, so geschieht dies — mit Ausnahme der Wechsel auf die Schweiz — bei 4 vom Hundert und weniger mit $^1/_2$ vom Hundert Abschlag (bei $3^1/_2$ vom Hundert also mit 3 u. s. w.), bei mehr als 4 bis 7 vom Hundert mit 1 vom Hundert Abschlag (bei 6 vom Hundert also mit 5 vom Hundert), bei

[4] Bei den süddeutschen Bankanstalten erfolgt der Ankauf von Wechseln auf Schweizer Plätze zum amtlichen Kurse der Frankfurter Börse.

mehr als 7 vom Hundert $1^1/_2$ vom Hundert Abschlag (bei 8 vom Hundert also mit $6^1/_2$ vom Hundert) vom Bankzinsfuße des betreffenden Landes. Für Wechsel auf England, welche eine Laufzeit von mehr als 14 Tagen und weniger als $2^1/_2$ Monaten haben (sog. Mittelsichten), werden Zinsen zu demjenigen Zinsfuße vergütet, welcher sich ergiebt, wenn der Pfennigbetrag der Differenz zwischen dem langen und kurzen Kurse mit 0,2 multiplizirt wird. Der zu berechnende Zinsfuß muß jedoch mindestens je um die oben festgesetzten Unterschiede niedriger sein, als der Zinsfuß der Bank von England. Die Wechsel müssen in der Geldsorte des Landes, in dem sie zahlbar sind, ausgestellt sein,[5] den gesetzmäßigen Anforderungen bezüglich der Stempelung und der Form vollkommen entsprechen und die Unterschriften von drei, mindestens aber zwei als zahlungsfähig bekannten Personen oder Firmen tragen. Sie sind von den Verkäufern unmittelbar an die Ordre des Reichsbank-Direktoriums in Berlin zu giriren, mit Ausnahme der Wechsel auf die Schweiz, welche mit Giro an die Reichsbankhauptstelle in Frankfurt a. M. zu versehen sind. Werden die Wechsel oder Checks in mehreren Exemplaren (Original und Copie bezw. Prima und Sekunda oder

[5] Wechsel auf Belgien dürfen jedoch in Holländischen Gulden lauten (189 Gulden = 400 Franks).

Copie) eingereicht, so ist stets nur eins derselben vom Verkäufer an die Reichsbank zu giriren. Bei Wechseln auf gewisse bedeutendere Plätze, welche eine mehr als 20 tägige Laufzeit haben und über größere Beträge lauten, pflegt die Reichsbank die Annahme einzuholen, ohne daß eine Verpflichtung dieserhalb übernommen wird.

C. Werthpapiere.

Schuldverschreibungen des Reichs, eines deutschen Staats oder inländischer kommunaler Korporationen, welche nach spätestens drei Monaten mit ihrem Nennwerthe fällig sind, werden diskontirt. Die Diskontirung derartiger Werthpapiere unterliegt der Stempelabgabe nach Tarif Pos. 4 zum Reichsstempelgesetz vom 27. April 1894.

Die Stempelabgabe sowie das Porto, welches durch die unter voller Werthangabe erfolgende Einsendung diskontirter Werthpapiere an eine andere Bankanstalt entsteht, sind von dem Verkäufer zu tragen. Nur bei Steuervergütungs-Anerkenntnissen und Ausfuhrzuschußscheinen trägt die Reichsbank die Kosten der Versendung.

Für Steuervergütungs-Anerkenntnisse sind an Zinsen mindestens 5 Tage zu berechnen, jedoch nur dann, wenn die Frist, welche für die Anmeldung der Präsentation zur Zahlung bezw. Gutschrift festgesetzt ist, nicht mehr als 3 Tage beträgt. Anderenfalls sind die Zinsen mindestens für einen, jene Anmeldefrist um 2 Tage übersteigenden Zeitraum zu berechnen.

Der Minimal-Diskontosatz beträgt, wie bei Wechselankäufen 30 bezw. 50 Pfennig für das Stück.

III. Verkauf von Wechseln auf das Ausland.

Wechsel auf das Ausland werden aus dem Portefeuille der Reichsbank in kurzer, längstens 14 tägiger Sicht abgegeben und, soweit solche in demselben nicht vorhanden oder verfügbar sind, kommissionsweise an der Börse beschafft.

Anträge sind an diejenige Bankanstalt zu richten, zu deren Bezirk der Antragsteller seinem Wohnsitze nach gehört.

Der Auftrag kann durch die betheiligte Bankanstalt auch auf telegraphischem Wege nach Berlin bezw. Frankfurt a. Main übermittelt werden, wenn der Auftraggeber die Kosten des Telegramms trägt.

Wechsel auf England, Belgien, Holland, Frankreich, Italien und die skandinavischen Plätze werden zum letzten Berliner kurzen Kurse mit $^1/_2$ vom Tausend Gebühr vom Rechnungsbetrage, mindestens aber 50 Pfennig für jeden Posten von Wechseln auf dasselbe Land, aus dem Portefeuille abgegeben. Werden für den

Geldbetrag vom Käufer entweder Wechseldiskont- oder Lombardgeschäfte mit mindestens 10 tägigem Zinsgewinn gemacht, so wird Courtage nicht berechnet.

Anträge auf Ueberlassung oder Beschaffung von Wechseln auf London, Paris, Amsterdam und Antwerpen, Brüssel werden in geeigneten Fällen ganz oder theilweise durch Checks, welche die Reichsbank auf ihre Korrespondenten ausschreibt, erfüllt werden. Sofern diese Checks über £ 100, Frs. 1000 oder Hfl. 600 und mehr lauten, sind dafür zu Lasten des Käufers außer der Gebühr von $^1/_2$ ‰ Zinsen mit 1 % unter dem Bankdiskont des betreffenden Platzes und zwar bei Checks auf Paris, Amsterdam und Antwerpen für 6 Tage, auf London für 9 Tage zu berechnen. Wenn aber auf Verlangen Checks an der Börse angekauft worden sind und dabei Zinsen zum vollen Banksatz bezahlt werden mußten, sind diese auch ebenso dem Auftraggeber in Rechnung zu stellen. Auf Auslandswechsel, welche vom Tage der Abnahme an noch eine längere als die usancemäßige Laufzeit haben, sind dem Käufer für die überschießenden Tage Zinsen zu dem betreffenden Banksatz zu vergüten.

Wechsel auf schweizer Plätze werden zum Frankfurter Tageskurse abgegeben. Im Uebrigen finden die in Abs. 1 enthaltenen Bestimmungen Anwendung.

Für den **kommissionsweisen Ankauf** von kurzsichtigen Wechseln auf ausländische Hauptplätze an der Börse wird 1 vom Tausend Gebühr einschl. Courtage, mindestens aber 50 Pfennig für jeden Posten von Wechseln auf dasselbe Land berechnet. Werden für den Geldbetrag vom Käufer Wechseldiskont- oder Lombard-Geschäfte mit mindestens zehntägigem Zinsgewinn gemacht, so wird nur $1/_2$ vom Tausend Courtage, mindestens 50 Pfennig für jeden Posten von Wechseln abgezogen. Werden genaue Beträge verlangt, so haben die Auftraggeber zu erklären, daß sie die Mehrkosten der zur Herstellung dieser Beträge etwa auszustellenden Wechsel oder Checks übernehmen wollen.

Die Beschaffung von Wechseln auf Nebenplätze kann nicht mit Bestimmtheit in Aussicht gestellt werden.

IV. Einziehungs-Geschäft.[6]

Wechsel, Anweisungen, Checks auf inländische Bankhäuser, welche einer Abrechnungstelle[7] nicht angehören (Seite 235), und Papiere aller Art,

[6] Vgl. Bankges. §. 13 Nr. 5, oben I, S. 89. Die Reichsbank ist hier Inkasso-Kommissionär.

[7] Vgl. Bankges. §. 12 Anm. 35, oben I, S. 85. S. auch unten Anh. VI 8 S. 234. Für Checks auf Abrechnungshäuser am Platze wird nichts erhoben; für solche auf auswärtige Abrechnungshäuser eine geringere Gebühr (s. Abs. 2).

welche in Mark und an einem Bankplatze zahlbar sind, nimmt die Reichsbank zur Einziehung an und berechnet dafür eine Gebühr von 1 vom Tausend, mindestens 50 Pfennig für das Stück, sodann bei Werthpapieren noch das Porto, sofern der Auftraggeber sich an die Bankanstalt wendet, zu deren Geschäftsbezirk er gehört. (Vgl. jedoch Absatz 5.) Gehen einer Bankanstalt derartige Aufträge von Personen oder Häusern außerhalb ihres Geschäftsbezirks unmittelbar zu, so beträgt die Gebühr 2 vom Tausend, mindestens aber 50 Pfennig für jedes Stück, und zwar auch in dem Falle, daß die Auftragspapiere nicht bezahlt werden.

Für die Einlösung weißer Checks auf die Reichsbank, welche einer Bankanstalt von außerhalb zugehen, oder welche bei einer anderen Bankanstalt, als derjenigen, welche das betreffende Konto führt, zur Zahlung vorgelegt werden,[8] sowie für die Einziehung von Checks auf Mitglieder auswärtiger Abrechnungsstellen, wird eine Gebühr von $^1/_5$ vom Tausend, mindestens 30 Pfennig für das Stück, erhoben. Für weiße Checks, welche vom **Auslande** zur Einlösung eingesandt werden, wird eine Gebühr von $^1/_2$ vom Tausend, mindestens 50 Pfennig für jedes Stück, berechnet.

Für die Einziehung von Zinsscheinen ist eine

[8] S. unten Anh. VI 4, 6, Anm. 17 S. 232.

Gebühr von $^1/_4$ vom Hundert, mindestens aber 50 Pfennig für jede Gattung, zu entrichten.

Die Einlösung der Zinsscheine, für welche die Reichsbankanstalten Zahlstellen sind, erfolgt nur in deren Geschäftslokalen kostenfrei. Gehen derartige Zinsscheine durch die Post ein und wird eine Versendung des entsprechenden Geldbetrages erforderlich, so wird eine Gebühr von $^1/_5$ vom Tausend, mindestens aber 50 Pfennig für jede Sendung erhoben.

Auf die bei der Bankanstalt, zu deren Geschäftsbezirk der Auftraggeber gehört, zur Einziehung eingelieferten, Mangels Zahlung zurückkommenden Papiere wird außer den verauslagten Protest- und Portokosten eine Gebühr von 50 Pfennig für das Stück berechnet, ohne Rücksicht auf die Höhe des Wechselbetrages.

Die zur Einziehung übergebenen Wechsel 2c. dürfen keine längere als eine 14tägige Laufzeit haben. Sie sind mit Giro an die Bankanstalt des Zahlungsortes, und dem Zusatz „zum Incasso" und wenn sie weniger als 5 Tage zu laufen haben, mit der Erklärung „ohne Verbindlichkeit zur rechtzeitigen Präsentation bezw. Protesterhebung" zu versehen, da die Reichsbank nicht jeden Wechsel besonders versenden, also auch für die rechtzeitige Präsentation bezw. Protesterhebung verspätet eingereichter Wechsel nicht aufkommen kann.

V. Lombard-Verkehr.[9]

Die Reichsbank ertheilt in Berlin und bei den Zweiganstalten Lombarddarlehne zu einem öffentlich bekannt gemachten Zinssatze gegen Verpfändung von edlen Metallen, im Inlande lagernden Kaufmannswaaren, Wechseln und den in dem nachstehenden Verzeichniß aufgeführten Werthpapieren. Sind die letzteren bei dem Komtor der Reichshauptbank für Werthpapiere niedergelegt, so genügt die Uebergabe des Depotscheins.[10]

1. Verzeichniß der bei der Reichsbank beleihbaren Werthpapiere.

Klasse I.

zu beleihen mit $^3/_4$ des Kurswerthes.

1. Die vom Reiche oder einem Deutschen Staate ausgegebenen Anleihen und Schatzanweisungen, sowie die von Deutschen Staaten ausgegebenen zinstragenden Prämien-Anleihen, letztere jedoch nicht höher als fünfzehn Mark unter dem niedrigsten Prämiensatze der jedesmaligen nächsten Ziehung,

[9] Vgl. Bankges. §. 13 Nr. 3 oben I S. 86.
[10] S. unten Anh. X, S. 247 ff.

von Steuer-Behörden Deutscher Staaten ausgestellte Anerkenntnisse über Steuervergütung für ausgeführten bezw. auszuführenden Branntwein und Ausfuhr-Zuschußscheine für Zucker. (Der Verfalltag dieser Papiere ist zu beachten),

die von dem vormaligen Königreich Hannover ausgegebenen Staatsanleihen,

Kur- und Neumärkische Schuldverschreibungen,

Preußische und Lauenburgische Rentenbriefe und Paderborner Tilgungs-Kassen-Obligationen,

Königlich Bayerische 4 prozentige Grundrenten-Ablösungs-Schuldbriefe,

Anhaltische Landrentenbriefe,

Königlich Sächsische Landrentenbriefe,

Königlich Sächsische Landeskultur-Rentenscheine,

Mecklenburgische Eisenbahn-Schuldverschreibungen.

2. Berliner Pfandbriefe,

Braunschweig-Lüneburg. Landes-Schuldverschreibungen (eingezahlt von der Herzoglichen Leihhaus-Kasse),

Landschaftliche Central-Pfandbriefe (Preußen),

Mecklenburgische Ritterschaftliche Pfandbriefe,

Obligationen der Hannoverschen Landes-Kredit-Kasse oder -Anstalt,

Obligationen der Herzoglichen Landesbank in Altenburg zu $3^1/_2$ vom Hundert,
Obligationen der Kreis-Anleihe von Ober-Bayern zu 4 vom Hundert,
Obligationen der Königlichen Bank zu Nürnberg zu 4 und $4^1/_2$ vom Hundert,
Pfandbriefe der Provinzial-Landschaften (Preußen),
Pfandbriefe des Landschaftlichen Kreditverbandes für die Provinz Schleswig-Holstein,
Pfandbriefe des Pommerschen Land-Kredit-Verbandes zu $3^1/_2$ und $4^1/_2$ vom Hundert,
Pfandbriefe des Landwirthschaftlichen Kredit-Vereins im Königreich Sachsen zu Dresden,
Pfandbriefe des Erbländischen Ritterschaftlichen Kredit-Vereins im Königreich Sachsen zu $3^1/_3$, $3^1/_2$, $3^2/_3$ und 4 vom Hundert,
Pfandbriefe der Landständischen Hypotheken-Bank des Königlich Sächsischen Markgrafenthums Oberlausitz zu 3 und $3^1/_2$ vom Hundert,

Pfandbriefe der Hypothekenbanken auf Aktien:

a) Preußische Boden-Kredit-Aktien-Bank in Berlin,
b) Bayerische Hypotheken- und Wechselbank in München,
c) Süddeutsche Boden-Kredit-Bank in München,

d) Württembergische Hypotheken-Bank in Stuttgart,
e) Frankfurter Hypothekenbank in Frankfurt a. M.,
f) Rheinische Hypothekenbank in Mannheim,
g) Schlesische Bodenkredit-Aktienbank in Breslau,
h) Preußische Central-Bodenkredit-Aktien-Gesellschaft in Berlin,
i) Deutsche Hypothekenbank Aktien-Gesellschaft in Berlin,
k) Deutsche Hypothekenbank in Meiningen, jedoch ausschließlich der Prämien-Pfandbriefe,
l) Braunschweig-Hannoversche Hypothekenbank in Braunschweig,
m) Aktien-Gesellschaft für Boden- und Kommunalkredit in Elsaß-Lothringen,
n) Hypothekenbank in Hamburg,
o) Preußische Hypotheken-Aktien-Bank in Berlin,
p) Pfälzische Hypothekenbank in Ludwigshafen am Rhein,
q) Pommersche Hypotheken-Aktien-Bank in Berlin,
r) Deutsche Grundkredit-Bank in Gotha,
s) Pfandbriefe der Mecklenburgischen Hypotheken- und Wechselbank in Schwerin,

t) $3^1/_2$ % Pfandbriefe der Preußischen Pfandbriefbank in Berlin Em. XVII.

u) 4 % und $3^1/_2$ % Pfandbriefe der Rheinisch-Westfälischen Boden-Kredit-Bank,

v) Pfandbriefe der Westdeutschen Boden-Kredit-Anstalt,

w) $3^1/_2$ % Pfandbriefe der Sächsischen Bodenkreditanstalt in Dresden.

Anmerkung. Die von einzelnen dieser Institute ausgegebenen sogenannten Kommunal-Pfandbriefe bezw. Kommunal-Obligationen sind nicht beleihbar.

Schuldbriefe der Herzoglich Sächsischen Landrenten-Bank in Coburg auf den Inhaber ausgestellt,

Schuldurkunden des Württembergischen Kredit-Vereins in Stuttgart,

Schuldverschreibungen der Landes-Kredit-Kasse zu Kassel,

Obligationen der Landes-Kredit-Anstalt zu Meiningen,

Schuldverschreibungen der Landessparkassen des Fürstenthums Reuß jüngerer Linie zu 4 vom Hundert,

Provinzial-, Kreis-, Stadt-, Deichbau- und andere Obligationen, zu deren Verzinsung und Tilgung die Beiträge im Verwaltungswege gleich den öffentlichen Abgaben erhoben werden, innerhalb der vom Reichsbank-Direktorium dieserhalb festgestellten Grenzen.

3. Dortmund-Gronau-Enscheder	Eisenbahn-Stamm-Aktien,
Halberstadt-Blankenburger	"
Kiel-Eckernförde-Flensburger	"
Löbau-Zittauer, Litr. A. (seit 1871 Sächsische verloosbare Staatsschuldverschreibungen) zu 3 1/2 vom Hundert	"
Lübeck-Büchener	"
Magdeburg-Wittenberger	"
Mainz-Ludwigshafen (Hess. Ludwigsbahn)	"
Niederschlesisch-Märkische	"
Pfälzische Ludwigsbahn (Ludwigshafen-Berbach)	"
Pfälzische Maxbahn	"
Pfälzische Nordbahn	"
Sächsisch-Schlesische	"
Stargard-Posener	"
4. Dortmund-Gronau-Enscheder	Stamm-Prior.-Aktien,
Löbau-Zittauer, Litr. B. (seit 1871 Sächsische verloosbare Staatsschuldverschreibungen) zu 4 vom Hundert	"

	Marienburg-Mlawkaer Ostpreußische Südbahn	Stamm-Prior.-Aktien,
5.	Altenburg-Zeitzer	Eisenbahn-Prior.-Oblig.,
	Bergisch-Märkische 3. Serie A., B., C.	"
	Berlin-Potsdam-Magdeburger Litr. A.	"
	Braunschweigische zu $4^1/_2$ vom Hundert	"
	Eutin-Lübecker zu 4 vom Hundert, garantirt vom Großherzogthum Oldenburg und vom Freistaate Lübeck	"
	Halberstadt-Blankenburger von 1884, 1888, 1890 und 1895 zu $3^1/_2$ und 4 vom Hundert	"
	Leipzig-Dresdener zu $3^1/_2$ und 4 vom Hundert	"
	Lübeck-Büchener zu 4 vom Hundert, garantirt vom Freistaate Lübeck	"
	Mainz-Ludwigshafener (Hess. Ludwigsbahn) zu $3^1/_2$ und 4 vom Hundert	"
	Mecklenburger Friedrich Franz zu $3^1/_2$ vom Hundert	"

Ostpreußische Südbahn zu 4 vom Hundert	Eisenbahn-Prior.-Oblig.,
Pfälzische Eisenbahnen zu $3^1/_2$ vom Hundert	"

Klasse II.

zu beleihen mit 50 vom Hundert des Kurswerthes.

1. Bonds der Vereinigten Staaten von Amerika,
Italienische Rente,
Obligationen der Schweizerischen Eidgenossenschaft von 1887 und 1889 zu $3^1/_2$ vom Hundert,
Oesterreichische in Gold verzinsliche Staatsrenten-Anleihe zu 4 vom Hundert,
5 % Russisch-Englische Anleihe von 1822,
3 % Russisch-Englische Anleihe von 1859,
4 % Russische Anleihe von 1880,
5 % Russische Goldrente von 1884,
4 % Russische Goldanleihen, I. Emission von 1889, II., III. und IV. Emission von 1890 und VI. Emission von 1894,
4 % Russische konsolidirte Eisenbahn-Anleihen von 1889, Serie I. und II. und von 1891, Serie III.;
die vom Russischen Staate übernommenen nachfolgenden Eisenbahn-Obligationen:
3 % der großen Russischen Eisenbahn, III. Emission von 1881,

3 % Transkaukasische,
4 % Mosco-Kursk,
4 % Orel-Griasi von 1887 und auf Reichsmarkwährung lautende 4 % desgleichen von 1889,

Staatsschuldverschreibungen
der Norwegischen 4prozentigen Anleihe von 1880,
der Norwegischen 3prozentigen Anleihe von 1888,
der Schwedischen 389prozentigen Anleihe von 1886 und 1 0,
der Schwedischen 3prozentigen Anleihe von 1888,
Ungarische Goldrente zu 4 vom Hundert,
Ungarische Goldanleihe von 1895 zu 3 vom Hundert.

2. Die 3prozentigen vom Staate garantirten Prioritäts-Obligationen der Italienischen Eisenbahn-Gesellschaften (Mittelmeer-Eisenbahn-Gesellschaft, Meridional-Eisenbahn-Gesellschaft, Sizilianische Eisenbahn-Gesellschaft), deren Zinsen in deutscher Währung zu festem Kurse zahlbar sind.

Die vom Norwegischen Staate garantirte 4prozentige Eisenbahn-Anleihe von 1883.

Die vom Russischen Staate direkt garantirten Obligationen folgender Eisenbahnen und Emissionen:

4 % Mosco=Rjäsan von 1885,
5 % Mosco=Smolensk,
4 % Rjäsan=Kozlow von 1886,
4 % der Russischen Südwestbahnen von 1885,
4 % Wladikawkas von 1885 und von 1895,
$4\frac{1}{2}$ % Iwangorod=Dombrowa I. Emission,
4 % Kozlow=Woronesch=Rostow von 1887 und 1889,
4 % Kursk=Kiew,
4 % Rjäsan=Uralsk von 1894,
4 % Mosco=Kiew=Woronesch von 1895,
4 % Rybinsk=Bologoie von 1895.

2. Bedingungen des Lombardgeschäfts der Reichsbank.

A. Allgemeine.

§. 1. Darlehne in Beträgen von weniger als 500 Mark werden in der Regel nicht ertheilt. Nach §. 13 Nr. 3 des Bankgesetzes vom 14. März 1875 darf das Darlehn nicht auf länger als drei Monate ertheilt werden.

§. 2. Das Darlehn kann täglich zurückgezahlt und täglich ohne Kündigungsfrist zurückgefordert werden. Zum Nachweise der Rückforderung genügt die Absendung eines eingeschriebenen Briefes an die Adresse des Darlehnsnehmers.

§. 3. Geräth der Schuldner mit der Rückzahlung in Verzug

(§. 2) oder bleiben die Zinsen rückständig (§. 5), so ist die Reichsbank berechtigt, das Pfand unter Beobachtung des §. 20 des Bankgesetzes vom 14. März 1875 verkaufen zu lassen und sich aus dem Erlöse wegen Kapitals Zinsen und Kosten bezahlt zu machen.

§. 4. Die Reichsbank ist berechtigt, wenn sie es zu ihrer Sicherheit, zum Zwecke des Verkaufs oder aus sonstigen Gründen für angemessen erachtet, das Unterpfand auf Gefahr und Kosten des Verpfänders nach anderen Lagerstellen, sei es am Orte selbst oder außerhalb, bringen und dort aufbewahren oder verkaufen zu lassen.

§. 5. **Die Zinsen sind alle drei Monate und möglichst vor dem Schlusse der Kalender-Quartale zu entrichten.** Wird das Kapital jedoch schon früher vollständig zurückgezahlt, so sind die Zinsen gleichzeitig zu entrichten.

Die Zinsen werden bei Darlehnen gegen Verpfändung von Werthpapieren, wenn sie an den letzten vier Werktagen oder an dem ersten Werktage eines **Monats** entnommen sind, mindestens für **sieben** Tage, wenn sie an den letzten vier Werktagen oder an dem ersten Werktage eines **Vierteljahrs** entnommen sind, mindestens für **vierzehn** Tage, bei allen übrigen Darlehnen nur bis zum Zahlungstage berechnet. Auf jeden Pfandschein ist mindestens 1 Mark Zinsen zu zahlen. Wird der Zinsfuß der Reichsbank allgemein erhöht oder ermäßigt, so tritt bei allen Darlehnen der neue Zinssatz sofort vom Tage der Einführung an in Kraft.

§. 6. Theilzahlungen sind nur in Beträgen von mindestens

10 vom Hundert der schuldigen Summe, in der Regel jedoch nicht unter fünfhundert Mark, gestattet.

§. 7. Die Reichsbank behält sich zwar das Recht vor, übernimmt aber keine Verpflichtung, die Legitimation des Inhabers des Pfandscheins oder dessen, der über den Rückempfang des Pfandes quittirt, sowie die Echtheit der Quittung zu prüfen, sondern darf Jeden, welcher den Pfandschein vorlegt, für den rechtmäßigen Eigenthümer halten. Der Verpfänder hat daher den Pfandschein gehörig aufzubewahren, damit das Unterpfand nicht an einen unrechtmäßigen Inhaber ausgeantwortet werde oder ein solcher neue Darlehne darauf aufnehme.

Nach vollständiger Rückzahlung des Darlehns nebst Zinsen wird das Unterpfand, oder im Falle des Verkaufs der dem Verpfänder etwa verbliebene, bei der Reichsbank zinslos aufzubewahrende Ueberschuß nur gegen Rückgabe des quittirten Pfandscheins oder nach gerichtlicher Kraftloserklärung desselben herausgegeben. Die Quittung muß **(ohne weiteren Zusatz)** lauten:

„Das Unterpfand habe … $\frac{\text{ich}}{\text{wir}}$ zurückerhalten."

(Ort, Datum, Unterschrift.)

§. 8. Alle Zahlungen des Schuldners an Kapital, Zinsen und Kosten werden von der Reichsbank vorschriftsmäßig gebucht, außerdem aber ohne weitere Quittungsertheilung auf dem Pfandschein sowie auf dessen Abschrift (§. 12) eingetragen. Rückzahlungen, welche an eine **Reichsbanknebenstelle**[11] geleistet werden, haben der Reichs-

[11] Vgl. Bankges. § 36 Anm. 115, 117, oben I, S. 112, 113.

bank gegenüber nur dann Gültigkeit, wenn der Zahlende gleichzeitig derjenigen Reichsbankhauptstelle oder Reichsbankstelle, welche den Pfandschein ausgestellt hat, unmittelbar davon Anzeige macht.

§. 9. Reicht das Unterpfand zur vollständigen Befriedigung der Reichsbank nicht aus, so bleibt der persönliche Anspruch wegen des Fehlenden an den Verpfänder vorbehalten, selbst wenn er seine Rechte und Verbindlichkeiten aus dem Pfandschein einem Anderen übertragen sollte.

§. 10. Die auf dem Pfandscheine von der Reichsbank[12] nachgetragenen Veränderungen mit dem Kapital oder dem Unterpfande haben für beide Theile volle Beweiskraft und Verbindlichkeit.

[12] Die Vermerke über Rückzahlungen werden bei den Reichsbankhauptstellen, Reichsbankstellen, der Reichsbank-Kommandite in Insterburg und den Reichsbanknebenstellen in Barmen und Heilbronn mit einem Stempelabdruck, welcher den Reichsadler und als Umschrift des letzteren das Wort Reichsbank und den Sitz der Bankanstalt enthält, bei den übrigen Reichsbanknebenstellen mit der vollen Namensunterschrift des Bankvorstandes versehen.

Die Vermerke über Zugang von Unterpfändern tragen den vorbezeichneten Stempelabdruck und außerdem die Namenschiffern der beiden Vorstandsbeamten oder eines derselben und eines zweiten Beamten derjenigen Bankanstalt, welche den Pfandschein ausgestellt hat. Etwa bemerkte Abweichungen hiervon sind dieser letzteren bekannt zu geben. Die Portokosten für Hin- und Rücksendung von Effekten-Unterpfändern zwischen den Reichsbanknebenstellen und deren vorgesetzten Bankanstalten trägt der Verpfänder, wenn das Darlehn vor Ablauf von 14 Tagen zurückgezahlt wird.

§. 11. Alle Bestimmungen des Pfandscheins gelten für die etwa zugeschriebenen neuen Unterpfänder und Darlehne ebenfalls. Die sämmtlichen Unterpfänder haften für die ganze Forderung der Reichsbank, gleichviel zu welcher Zeit die Zuschreibung neuer Unterpfänder oder Darlehne erfolgt ist, und können nach der Wahl der Reichsbank zusammen oder einzeln zur Berichtigung der Forderung an Kapital, Zinsen und Kosten nach §. 3 veräußert werden.

§. 12. Der Verpfänder hat über den Empfang des Pfandscheins auf einer Abschrift davon, welche bei der Reichsbank bleibt, quittirt. Wenn dieser Pfandschein abhanden kommt, so soll gedachte Abschrift mit den darauf von der Reichsbank nachgetragenen Veränderungen für beide Theile volle Beweiskraft und Verbindlichkeit haben.

§. 13. Jede Gefahr der Unterpfänder, insbesondere auch die Kriegsgefahr, trägt allein der Verpfänder.

B. Besondere.

I. Bei Verpfändungen von Staats-, Kommunal-Papieren, Pfandbriefen, Aktien und anderen dergleichen Werthpapieren, sowie auch von Wechseln.

§. 14. Die Reichsbank überwacht nicht, ob die ihr verpfändeten Werthpapiere zur Auszahlung aufgerufen, ausgeloost oder gekündigt werden, oder ob sonst eine Veränderung betreffs derselben eintritt. Hierauf zu achten und das Geeignete zu veranlassen, ist lediglich Sache des Verpfänders, den auch allein die nachtheiligen Folgen treffen, wenn die nöthigen Maßnahmen unterbleiben.

§. 15. Sinkt während der Dauer des Darlehns der Kurs des Unterpfandes um 5 vom Hundert, so ist der Verpfänder verpflichtet, binnen drei Tagen die ursprüngliche Sicherheit dadurch wiederherzustellen, daß er nach Wahl der Reichsbank entweder eine verhältnißmäßige Abschlagszahlung macht, oder das Unterpfand auf das ursprüngliche Verhältniß erhöht, widrigenfalls die Reichsbank, wenn sie nicht die Wiederherstellung der Sicherheit im Rechtswege verfolgen will, jederzeit berechtigt, aber nicht verpflichtet ist, sich aus dem Unterpfande nach §. 3 bezahlt zu machen und den etwaigen Ausfall nach §. 9 von dem Verpfänder einzuziehen.

§. 16. Wechsel und andere nicht auf jeden Inhaber lautende Papiere müssen mit dem Blanco-Giro des Verpfänders versehen sein, und ist die Reichsbank behufs ihrer Befriedigung berechtigt, solche entweder nach §. 3 verkaufen zu lassen, oder auf Gefahr des Verpfänders von den Schuldnern einzuziehen und in jedem Falle das Blanco-Giro auf sich selbst oder einen Dritten auszufüllen. Die Reichsbank behält sich, ohne jedoch irgend eine Verpflichtung oder Gewährleistung deshalb zu übernehmen, das Recht vor, die ihr verpfändeten Papiere, wenn solche auf jeden Inhaber lauten, für die Dauer der Verpfändung außer Kurs zu setzen.

II. Bei Waaren-Verpfändungen.

§. 17. Der Lagerort der Waaren, deren Besitz an die Reichsbank übertragen ist,[13] und das Datum der Abschätzung sind im Pfandschein zu bemerken. Der Lagerort darf ohne Genehmigung der Reichsbank nicht geändert werden. Eine Umlagerung des Pfandes berührt den Pfandbesitz der Reichsbank nicht, welcher auch an dem neuen Lagerorte unverändert und ohne eine neue Uebergabe fortgesetzt wird.

§. 18. Lagern die Waaren auf Packhöfen, in Magazinen oder Niederlagen unter der Aufsicht öffentlicher Beamten, oder in einem mehreren Privatpersonen gemeinschaftlich gehörigen Speicher oder Lagerhause, oder sonst außerhalb der Reichsbank, so ist die Uebergabe des Pfandes an die Reichsbank in der nach Verschiedenheit jedes dieser Fälle gesetzlich erforderlichen Form zu bewirken.

§. 19. Die Waaren müssen, so lange sie der Reichsbank als Pfand dienen, gegen Feuersgefahr zur vollständigen Deckung der Reichsbank versichert werden. Der Versicherungsschein wird der Reichsbank ausgehändigt und dadurch mit der Befugniß verpfändet, sich daraus bei entstehendem Feuerschaden bezahlt zu machen. Die Reichsbank ist berechtigt, aber nicht verpflichtet, die Versicherung auf Gefahr und Kosten des Verpfänders zu bewirken und zu erneuern, und sind ihr alsdann die darüber erhaltenen Versicherungs- und Erneuerungs-Scheine, es mögen diese auf ihren oder des Verpfänders Namen lauten, mit derselben Befugniß verpfändet. Bei

[18] Der Besitz des Lagerscheins (Warrants) genügt auch in den Gebieten nicht, in welchen ein (partikuläres) Warrantgesetz gilt (Bremen, Elsaß-Lothringen).

entstehendem Feuerschaden liegt dem Verpfänder allein ob, die Verpflichtungen des Versicherten aus dem Versicherungsschein zu erfüllen, die Reichsbank übernimmt deshalb keine Verantwortlichkeit, es möge die Versicherung von ihr selbst oder von dem Verpfänder bewirkt sein. Verpfänder ist aber verpflichtet, bei den Verhandlungen, welche über Feststellung eines Brandschadens an den verpfändeten Gegenständen (Waaren) mit den Versicherungs-Gesellschaften gepflogen werden, die Reichsbank zuzuziehen und darf ohne ihre Zustimmung keinen Vergleich schließen, bei dem die Lombardschuld nebst Zinsen und Kosten nicht gedeckt ist.

§. 20. Die Reichsbank haftet für keinerlei Schaden, welcher ohne ihr grobes Versehen während des Lagerns an den Waaren entsteht, sei es durch Verderben, Lecke an den Gebinden, Eintrocknen, Wurmfraß oder sonst, es mögen die Waaren in den Gebäuden der Reichsbank oder anderswo lagern. Es ist Sache des Verpfänders, öfters nach den Waaren zu sehen und zur Erhaltung derselben selbst das Erforderliche vorzukehren, woran er von der Reichsbank nicht verhindert werden wird.

§. 21. Entstehen der Reichsbank durch die Versendung, die Abschätzung, Lagerung, Beaufsichtigung, Umpackung oder Sonderung der Waaren, oder durch sonstige von der Reichsbank für nöthig erachtete Maßregeln, Kosten, so trägt diese der Verpfänder. Für die Lagerung der Waaren in den Gebäuden der Reichsbank sind die von dieser bestimmten Kosten zu entrichten. Für alle Kosten einschließlich der etwaigen Auslagen für die Versicherung gegen Feuersgefahr (§. 19) dienen der Reichsbank die Waaren und der Versicherungsschein nebst den etwaigen Erneuerungs-Scheinen gleichfalls zum Unterpfande.

§. 22. Wenn die verpfändeten Waaren um den sechsten Theil ihres Schätzungs- oder marktgängigen Werthes im Preise sinken oder ebenso viel während des Lagerns durch Veränderung ihrer Beschaffenheit oder Menge nach einer von der Reichsbank allein durch einen ihrer Beamten, ihren Schätzer oder einen anderen Sachverständigen zu veranlassenden Abschätzung am Werthe verlieren, so ist der Schuldner verbunden, das Unterpfand sogleich verhältnißmäßig zu verstärken oder einen entsprechenden Theil des Darlehns zurückzuzahlen. Geschieht binnen drei Tagen keines von beiden, so ist die Reichsbank, wenn sie nicht die Wiederherstellung der Sicherheit im Rechtswege verfolgen will, jederzeit berechtigt, aber nicht verpflichtet, sich aus dem Unterpfande nach §. 3 bezahlt zu machen und den etwaigen Ausfall nach §. 9 von dem Verpfänder einzuziehen.

VI. Giro-Verkehr.

Bestimmungen für den Giro-Verkehr der Reichsbank.[14]

1. Die Anträge auf Eröffnung eines Kontos sind an diejenige Reichsbankhauptstelle oder

[14] Vgl. Bankges. §. 12 Anm. 35, §. 13 Nr. 7, oben I, S. 90.

Reichsbankstelle zu richten, zu deren Bezirk der Antragsteller seinem Wohnsitze nach gehört. (In Berlin an das Reichsbankdirektorium.)

2. Wird der Antrag genehmigt, so erhält der Antragsteller außer den nöthigen Formularen ein Konto-Gegenbuch, in welches alle von ihm oder für ihn baar oder durch Verrechnung eingehenden Gelder eingetragen werden. Weitere Bescheinigungen werden von der Reichsbank nicht ertheilt.

3. Baare Einschüsse, bei der Reichsbank zahlbare Checks und Wechsel, desgleichen angekaufte Wechsel und ertheilte Lombard-Darlehne werden dem Giro-Konto sofort gutgeschrieben.

4. Die der Reichsbank zur Einziehung übergebenen Wechsel, Anweisungen, Rechnungen und sonstigen Papiere müssen quittirt sein und mit einem besonderen Verzeichnisse eingereicht werden, zu welchem die Bank die Formulare liefert. Auf den letzteren ist die Zeit, bis wann die Ablieferung der Papiere an die Bank erfolgen muß, für jede Reichsbankanstalt genau angegeben.

Der Gesammtbetrag der in dem Verzeichnisse angegebenen Einzugs-Papiere wird in dem Konto-Gegenbuch vor der Linie sofort eingetragen. Die endgültige Gutschrift erfolgt erst nach Eingang, in der Regel aber noch an dem zur Einziehung bestimmten Tage.

Unbezahlt gebliebene Papiere erhält der Konto-Inhaber gegen seine Quittung spätestens am Vormittage des auf den Einziehungstag folgenden Werktages zurück.[15] Auf die Protestirung der Wechsel läßt sich die Bank nicht ein.

5) Die Einziehung von Werthpapieren u. s. w übernimmt die Reichsbank nur an den besonders bekannt zu machenden Orten, an welchen sich ein Bedürfniß dafür geltend macht.

Die Werthpapiere u. s. w. sind der Bank mit besonderem Verzeichnisse zu übergeben. Jedes Packet muß versiegelt und mit dem Namen des Einlieferers, dem Namen des Empfängers und mit dem nach dem Verzeichnisse dafür zu erhebenden Geldbetrage versehen sein.

Die Verrechnung der Beträge erfolgt nach den Bestimmungen in Absatz 2 der Nr. 4.

6. Ueber sein Guthaben kann der Konto-Inhaber in beliebigen Theilbeträgen jederzeit verfügen, aber, abgesehen von den Bestimmungen unter

[15] Auf Einzugs-Papiere, welche unbezahlt bleiben, ist von dem Einlieferer eine Gebühr von 20 Pfennig für das Stück zu entrichten.

Nr. 8, nur durch Checks auf Formularen, welche ihm die Bank geliefert hat.[16] Verfügungen anderer Art werden nicht beachtet.

Baare Abhebungen erfolgen durch weiße Checks, welche auf eine bestimmte Person oder Firma mit dem Zusatze „oder Ueberbringer" lauten. Die Bank zahlt den Betrag an den Ueberbringer ohne Legitimationsprüfung, auch wenn der Check an eine bestimmte Person girirt ist.[17]

Soll der Check nur zur Verrechnung mit der Reichsbank oder einem Konto-Inhaber benutzt werden, so muß er gekreuzt, d. h. auf der Vorderseite mit dem quer über den Text geschriebenen oder gedruckten Vermerke versehen werden: „Nur zur Verrechnung". In diesem Falle darf die Bank den Betrag nicht baar auszahlen.

Zu Uebertragungen auf Konten an demselben oder an einem anderen Bankplatze sind die rothen Check-Formulare bestimmt. Sie müssen auf den Namen ausgestellt werden und sind nicht übertragbar.[18]

[16] Es wird empfohlen, die Checks vor der Ausgabe mit dem Firmastempel zu versehen.

[17] Wegen der Einlösung weißer Checks bei einer anderen Stelle als derjenigen, welche das betreffende Konto führt, vgl. oben Anh. IV Absatz 2 S. 210.

[18] Da die Bank sich auf eine Prüfung, ob die bezeichneten Empfänger ein Giro-Konto bei der Reichsbank besitzen, nicht

7. Die Check-Formulare werden jedem Konto-Inhaber nach Bedarf in Heften von mindestens 50 Stück gegen Quittung von der Bank geliefert.[19] Er ist verpflichtet, die Formulare sorgfältig aufzubewahren, und trägt alle Folgen und Nachtheile, welche aus dem Verluste oder sonstigen Abhandenkommen dieser Formulare entstehen möchten, wenn er nicht die sein Konto führende Bankanstalt

einläßt, wird behufs genauer Angabe der Namen 2c. die Benutzung des „Verzeichnisses der Inhaber von Giro-Konten bei der Reichsbank" empfohlen. Dasselbe ist in Berlin bei A. Bath, Mohren-Straße 19, erschienen und bei Nachlieferung sämmtlicher Nachträge zum Preise von $2^1/_2$ Mark im Buchhandel käuflich zu haben.

Werden solche für einen anderen Bankplatz bestimmte Checks nach 4 bis $4^1/_2$ Uhr Nachmittags eingeliefert, so ist für jede Ueberweisung eine Gebühr von 0,50 Mark, nach $4^1/_2$ bis 5 Uhr von 1 Mark zu entrichten.

Auf jede Ueberweisung nach außerhalb, welche auf den Wunsch des Einlieferers des rothen Checks behufs Beschleunigung sofort mittelst besonderer schriftlicher Anmeldung erfolgen soll, ist außer der Porto-Vergütung eine Gebühr von 1 Mark zu zahlen, wenn nicht in Höhe der zu übertragenden Summe gleichzeitig langsichtige Wechsel diskontirt werden.

Für jede zurückgezogene Ueberweisung wird eine Gebühr von 1 Mark erhoben.

[19] Kann sich der Konto-Inhaber oder dessen Vertreter nicht selbst im Banklokal zur Empfangnahme einfinden, so werden die Checkbücher gegen Quittung des Konto-Inhabers auch an eine andere Person ausgehändigt, sofern diese hierzu ausdrücklich bevollmächtigt und vorgestellt ist.

rechtzeitig von dem Abhandenkommen schriftlich benachrichtigt hat, um die Zahlung an einen Unberechtigten zu verhindern.

Ebenso ist der Konto-Inhaber der Bank dafür verantwortlich, wenn er die in den Check-Formularen offen gelassenen Stellen nicht so ausfüllt, daß eine Fälschung unmöglich ist, oder wenn er von der auf der rechten Seite der weißen Checks befindlichen Zahlenreihe nicht diejenigen Zahlen vor der Ausgabe abtrennt, welche den Betrag des Checks übersteigen. Checks, welche geschriebene Zusätze zwischen den vorgedruckten Zeilen enthalten, werden zurückgewiesen.

Makulirte Check-Formulare sind, mit dem Firmastempel oder mit dem Namen des Konto-Inhabers versehen, an die Bank zurückzuliefern.

8. Wechsel, aus welchen ein Konto-Inhaber zu einer Zahlung verpflichtet,[20] sind bei der Reichsbank oder einem anderen Bankhause, welches mit der Reichsbank in täglicher Ab-

[20] Auch die bei einem Konto-Inhaber domizilirten Wechsel können zur Zahlung bei der Bankanstalt, welche sein Giro-Konto führt, angewiesen werden. Zu diesem Behufe ist der Domizilvermerk wie folgt zu fassen: „Zahlbar bei der Reichsbank .... in .... zu Lasten des Giro-Kontos von ....“.

rechnung steht,[21] zahlbar zu machen und rechtzeitig zu avisiren. Ein Verzeichniß dieser Bankhäuser ist in dem Giro-Komtor aufgelegt.[22] Im Besitze der Reichsbank befindliche Wechsel, welche weder bei ihr noch einem der in diesem Verzeichnisse genannten Bankhäuser zahlbar gemacht oder nicht rechtzeitig avisirt sind, müssen baar bezahlt werden.

Eingelöste Papiere werden dem Konto-Inhaber gegen Empfangsbescheinigung ausgeliefert.

9. Verfügt der Konto-Inhaber über mehr, als sein Guthaben beträgt, so lehnt die Bank nicht blos die Zahlung ab, sondern behält sich auch vor, den Verkehr mit ihm sofort gänzlich abzubrechen. Verfügt er über sein ganzes Guthaben, so drückt er damit die Absicht aus, sein Konto zu schließen.[23]

10. Die Giro-Gelder werden von der Bank kostenfrei verwaltet, aber nicht verzinst.

[21] Diese Vorschrift steht mit der Einrichtung von Abrechnungsstellen (und Checkvereinen) an den bedeutendsten Bankplätzen in Verbindung (s. oben Bankges. §. 12 Anm. 35 S. 85 u. Anh. IV Anm. 7, S. 209).

[22] Die betreffenden Firmen sind auch in dem gedruckten Verzeichniß der Inhaber von Giro-Konten mit einem Stern bezeichnet.

[23] Beim Schließen des Kontos sind mit der letzten Abhebung sämmtliche unbenutzt gebliebenen Check-Formulare an die Bank zurückzuliefern.

11. Die Konto-Gegenbücher sind möglichst oft, mindestens aber monatlich einmal, zur Eintragung der Posten vorzulegen.[24]

Jährlich am 7. Juli und 31. Dezember werden sämmtliche Konten abgeschlossen und der Bestand auf's Neue vorgetragen.[25]

12. die Reichsbank erwartet, daß die Konto-Inhaber von den ihnen vorstehend unter Nr. 4 und 8 eingeräumten Befugnissen regelmäßig Gebrauch machen, die Giro-Einrichtung aber nur für sich selbst oder für andere Konto-Inhaber, nicht für dritte Personen benutzen und ein der Mühewaltung entsprechendes baares Guthaben halten werden. Sie behält sich das Recht vor, den Vertrag ohne Weiteres durch schriftliche Benachrichtigung aufzuheben, wenn dieser Erwartung nicht entsprochen wird, oder wenn sie aus anderen Gründen die Aufhebung für angemessen erachtet.

Außerdem können die vorstehenden Be-

[24] Die Konto-Gegenbücher sind bei baaren Einzahlungen möglichst jedesmal vorzulegen. Die Eintragungen der Kredit-Posten erfolgen durch die Beamten der Reichsbank. Die Führung der Debet-Seite kann dem Konto-Inhaber selbst übertragen werden; derselbe hat alsdann die Aufrechnung zu bewirken.

[25] Behufs beschleunigter Aufklärung von Differenzen ist es erwünscht, wenn der Konto-Inhaber beim Abschlusse jeder Seite oder, soweit dies wegen der großen Zahl der eingetragenen Posten unthunlich erscheint, wöchentlich einmal den Saldo im Gegenbuche zieht und denselben auf neue Rechnung vorträgt.

stimmungen nach 14 Tage vorhergegangener öffentlicher Ankündigung in den nach §. 30 des Reichsbankstatuts bestimmten Blättern jederzeit abgeändert werden.

13. Vor Eröffnung des Kontos hat sich der Konto=Inhaber mit diesen Bestimmungen durch Vollziehung eines Abdruckes derselben einverstanden zu erklären. Die Unterschriften der übrigen Personen, welche als Geschäftstheilhaber oder sonst zur Zeichnung des Namens oder der Firma des Konto=Inhabers berechtigt sind, müssen bei der Bank niedergelegt werden. Für Prokuristen oder Bevollmächtigte sind außerdem besondere Vollmachten nach den bei der Reichsbank eingeführten Formularen niederzulegen. Alle der Reichsbank mitgetheilten Unterschriften und Vollmachten bleiben so lange giltig, bis der das Konto führenden Bankanstalt schriftlich von dem Erlöschen Anzeige gemacht worden ist.

Die vorstehenden Bestimmungen für den Giro=Verkehr der Reichsbank sind zunächst für das Giro=Komtor der Reichshauptbank und die dem Reichsbank=Direktorium unmittelbar untergeordneten Reichsbankhauptstellen und Reichsbankstellen erlassen,[26] demnächst auf die Reichsbank=Kommandite in Insterburg und die von zwei Vor-

[26] Vgl. Bankges. §§. 36, 37 Anm. 114, oben I, S. 112.

standsbeamten verwalteten Reichsbanknebenstellen in Barmen, M.-Gladbach und Heilbronn bezw. die von einem Vorstande und einem Assistenten verwalteten Reichsbanknebenstellen Beuthen, Colmar, Forst, Gelsenkirchen, Halberstadt, Hanau, Harburg, Herford, Hildesheim, Mülheim (Ruhr), Neustadt a. H., Rheydt, Saarbrücken, Ulm, Worms und Würzburg ausgedehnt und finden auch auf die nur von einem Beamten verwalteten Reichsbanknebenstellen an Bankplätzen [27] mit folgenden Beschränkungen Anwendung:

1. Anträge auf Eröffnung eines Kontos sind an die Reichsbanknebenstelle zu richten, welche dasselbe führen soll.
2. Uebersteigt eine bei der Reichsbanknebenstelle zum Zwecke der Gutschrift geleistete Einzahlung den Betrag von 5 000 Mark, so ist sie der Reichsbank gegenüber nur dann gültig, wenn der Konto-Inhaber am Tage der Einzahlung der der Nebenstelle vorgesetzten Bankanstalt davon schriftliche Mittheilung macht.
3. Mit dem Inkasso von Wechseln oder anderen Papieren für die Konto-Inhaber befassen sich die Reichsbanknebenstellen nicht.
4. Baare Abhebungen erfolgen durch weiße

[27] Vgl. ebendas. Anm. 115 und Anhang II Anm. 3, S. 201.

Checks, welche auf eine bestimmte Person oder Firma mit dem Zusatze „oder Ueberbringer" lauten und zwar sowohl bei der Nebenstelle, soweit deren Bestände dies gestatten, als auch bei der derselben vorgesetzten Bankanstalt. Die Bank zahlt den Betrag an den Ueberbringer ohne Legitimationsprüfung, auch wenn der Check an eine bestimmte Person girirt ist.

5. Wünscht der Konto=Inhaber die Einlösung eines weißen Checks bei der vorgesetzten Bankanstalt, so hat er denselben der Nebenstelle zuvor behufs der nöthigen Buchung zum Abstempeln vorzulegen.

Giro=Uebertragungen auf Grund rother Checks in Beträgen von 3 000 bis 150 000 Mark werden der Bestimmungsanstalt unmittelbar — ohne Vermittelung der vorgesetzten Bankanstalt — von der Nebenstelle überwiesen, Summen von mehr als 50 000 Mark jedoch nur, wenn gegen die Ueberweisung Wechsel- oder Lombardgeschäfte gemacht werden, aus welchen der Reichsbank ein mindestens zehntägiger Zinnsgewinn erwächst. Unter derselben Bedingung werden auch Giro=Uebertragungen auf Grund von Einzahlungen eines Nicht=Girokonto=Inhabers in Beträgen von 3 000 bis 150 000 Mark der Bestimmungsanstalt unmittelbar überwiesen.

6. Wechsel, aus welchen ein Konto-Inhaber zu einer Zahlung verpflichtet ist, sind bei der Reichsbanknebenstelle, oder der derselben vorgesetzten Bankanstalt, oder bei einem mit dieser Letzteren in täglicher Abrechnung stehenden Bankhause zahlbar zu machen und rechtzeitig zu avisiren. Ein Verzeichniß dieser Bankhäuser ist bei der Reichsbanknebenstelle aufgelegt.[28] Im Besitze der Reichsbanknebenstelle befindliche Wechsel, welche nicht bei ihr zahlbar gemacht oder nicht rechtzeitig avisirt sind, müssen baar bezahlt werden.

7. Halbjährlich einmal sind die Konto-Gegenbücher der Nebenstelle zur Uebersendung an die derselben vorgesetzte Bankanstalt behufs Prüfung der Eintragungen einzureichen.

8. Vor Eröffnung des Kontos hat sich der Konto-Inhaber mit den Bestimmungen durch Vollziehung des unter denselben vorgedruckten Vermerks einverstanden zu erklären. Die Unterschriften der übrigen Personen, welche als Geschäftstheilhaber oder sonst zur Zeichnung des Namens oder der Firma des Konto-Inhabers berechtigt sind, müssen bei der Reichsbanknebenstelle und der derselben

[28] Vgl. Anh. VI Anm. 22, oben S. 235.

vorgesetzten Bankanstalt niedergelegt werden. Für Prokuristen oder Bevollmächtigte sind außerdem besondere Vollmachten nach den bei der Reichsbank eingeführten Formularen bei der Reichsbanknebenstelle niederzulegen. Alle der Reichsbank mitgetheilten Unterschriften und Vollmachten bleiben so lange giltig, bis der Reichsbanknebenstelle, sowie der derselben vorgesetzten Bankanstalt schriftlich von dem Erlöschen Anzeige gemacht worden ist.

VII. Einlösung von Wechseln mittels Checks.

Von den Kassendienern der Reichshauptbank werden bei der Wechseleinziehung in Berlin auch Checks auf die Reichshauptbank in Zahlung angenommen. Die Checks müssen nach Ziffer 6 Absatz 3 der Bestimmungen für den Giro-Verkehr gekreuzt und es muß den Worten: „Nur zur Verrechnung" noch die Bemerkung hinzugefügt sein: „auf Wechsel über Mark (Summe) per (Fälligkeit)". Indessen dürfen auch Checks, bei denen die Kreuzung nur lautet: „Nur zur Verrechnung auf Wechsel" nicht zurückgewiesen werden; die Gefahr, daß der Check zur Einlösung eines andern von ihm zu zahlenden Wechsels verwandt wird, trägt alsdann der Checkgeber.

Wird in der vorstehenden Art ein Check in

Zahlung gegeben, so haben die Kassendiener den bezw. die Wechsel, zu deren Einlösung der Erstere bestimmt ist, nicht an den Zahlungspflichtigen auszuhändigen und zwar auch dann, wenn nur ein Theil der zu zahlenden Summe durch Check, der andere Theil baar bezahlt wird. Dem aus dem Wechsel zur Zahlung Verpflichteten ist vielmehr über den übergebenen Check von dem Kassendiener eine Empfangsbescheinigung zu ertheilen.

Die eingelösten Papiere können von $4^1/_2$ Uhr Nachmittags des Einlösungstages ab im Giro-Komtor der Reichshauptbank gegen Rückgabe der vom Kassendiener ertheilten Empfangsbescheinigung in Empfang genommen werden; die Legitimation des Ueberbringers der Bescheinigung wird von der Reichsbank nicht geprüft.

Die Abholung muß spätestens 5 Tage nach der Einlösung erfolgen.

VIII. Ein- und Auszahlungs-Verkehr.[29]

1. Gelder, welche zum Ankauf von Werthpapieren, durch das Komtor der Reichshauptbank für Werthpapiere bestimmt sind, sowie die Beträge von Wechsel- und Lombardgeschäften aus welchen der Reichsbank ein mindestens dreißigtägiger Zinsgewinn erwächst, werden zur Uebertragung auf Giro-Konto oder zur

[29] Vgl. Bankges. § 13 Nr. 5, oben I, S. 89.

Auszahlung bei einer der unter Nr. 3 genannten Bankanstalten gebührenfrei überwiesen.

2. An allen Bankplätzen können baare Einzahlungen in Beträgen von mindestens 100 Mark von Personen, welche kein Giro-Konto besitzen, zur Gutschrift auf das Konto eines auswärtigen Giro-Kunden geleistet werden. Die Gebühr beträgt 10 Pfennig für jede 1000 Mark oder einen überschießenden Theil derselben, mindestens aber 30 Pfennig für jede Einzahlung. Erfolgt eine derartige Einzahlung während der Geschäftszeit von 12½ bis 1 Uhr Vormittags bezw. 3½ bis 4 Uhr Nachmittags, so ist für jede einzelne Einzahlung noch eine besondere Gebühr von 50 Pfennig, nach 4 bis 5 Uhr von 1 Mark zu entrichten. Wird eine Einzahlung von Nichtkonten-Inhabern mit der Post eingesandt, so wird dafür, gleichviel ob dieselbe für ein Konto am Empfangsorte oder für ein auswärtiges Konto bestimmt ist, eine Gebühr von 1 vom Tausend, mindestens aber 50 Pfennig für jeden gutzuschreibenden oder zu überweisenden Einzelbetrag erhoben.

Einzahlungen zur Gutschrift auf das Giro-Konto auswärtiger Militärbehörden, Civilbehörden oder Truppentheile, sowie von

16*

Berufsgenossenschaften werden auch in Summen unter 100 Mark angenommen.

Uebersteigt eine bei einer Reichsbanknebenstelle zum Zwecke der Gutschrift oder bei einer der unter Nr. 3 genannten Bankanstalten zur Auszahlung an Dritte geleistete Einzahlung den Betrag von 5 000 Mark, so ist die über die Einzahlung ausgestellte Quittung für die Reichsbank nur dann verpflichtend, wenn der Einzahler von der erfolgten Einzahlung noch an demselben Tage der der Nebenstelle vorgesetzten Bankanstalt schriftliche Mittheilung macht.

Die bei den Reichsbanknebenstellen in Barmen und Heilbronn geleisteten Einzahlungen unterliegen dieser Bestimmung nicht.

3. Bei allen Reichsbankhauptstellen und Reichsbankstellen, bei der Reichsbankkommandite in Insterburg, sowie bei den Reichsbanknebenstellen in Barmen und Heilbronn[30] werden Summen jeden Betrages zur Auszahlung an Dritte bei einer der vorstehenden Bankanstalten gegen Empfangsbescheinigung angenommen.

Auf besonderen Antrag ertheilen die Reichsbankhauptstellen, die Reichsbankstellen

[30] Dies sind die von zwei Beamten verwalteten Nebenstellen (vgl. Bankges. § 37 Anm. 115, oben I, S. 112.

und die Reichsbankkommandite in Insterburg Geld-Anweisungen auf einander, deren Stempel jedoch der Antragsteller zu tragen hat.

Geschäfte der vorstehenden Art werden auch von den zum Ankauf von Wechseln berechtigten Reichsbanknebenstellen[31] vermittelt.

An Gebühren wird berechnet: für jede Einzahlung oder Anweisung von Summen bis zu 2 500 Mark 50 Pfennig, bei höheren Beträgen 1 Pfennig mehr für jede angefangenen oder vollen 50 Mark.

Für solche Einzahlungen, welche von $12^1/_2$ bis 1 Uhr Vormittags, oder von $3^1/_2$ bis 4 Uhr bezw. 4 bis 5 Uhr Nachmittags, erfolgen, wird außerdem noch die unter Ziffer 2 angegebene besondere Gebühr erhoben.

IX. An- und Verkauf von Werthpapieren.[32]

Anträge zum An- und Verkauf von Werthpapieren werden von der Börsenabtheilung des Komtors der Reichshauptbank für Werthpapiere in Berlin, sowie von allen auswärtigen Bankanstalten entgegengenommen. Ankaufsaufträge werden erst dann ausgeführt, wenn der dazu erforderliche

[31] Vgl. unten Anh. B, Anm. 43, S. 264.
[32] Vgl. Bankges. § 13 Nr. 6, oben I, S. 89.

Geldbetrag bei dem Komtor der Reichshauptbank für Werthpapiere oder der betreffenden Bankanstalt baar eingezahlt oder bankmäßig sicher gestellt ist; Verkaufsaufträge erst dann, wenn die zu verkaufenden Papiere eingeliefert und in Ordnung befunden sind.[33] Die Versendung der angekauften bezw. der zu verkaufenden Papiere erfolgt unter voller Werthangabe, wenn der Auftraggeber nicht eine andere Werthangabe ausdrücklich vorgeschrieben hat. Das entstehende Porto fällt dem Auftraggeber zur Last. An Gebühren berechnet die Reichsbank für den Ankauf und Verkauf von Werthpapieren vom Nennwerthe derselben $^1/_8$ vom Hundert (jedoch wenigstens 50 Pfennig) — bei gleichzeitiger Ausführung von An- und Verkäufen für denselben Auftraggeber aber nur von der größeren Seite, sofern dessen Aufträge an demselben Tage eingegangen sind — und die nach Börsenbrauch verauslagten Mäkler- und Stempelgebühren.

Wollen Personen, welche ihre Papiere dem Komtor der Reichshauptbank für Werthpapiere in Verwahrung und Verwaltung gegeben haben, dieselben verkaufen, so haben sie dem betreffenden schriftlichen Auftrage den Depotschein beizufügen.

[33] Vgl. ebenda und Reichsbank-Statut § 10, oben II, S. 148.

X. Offene Depots von Werthpapieren.[34]

Das Komtor der Reichshauptbank für Werthpapiere in Berlin, Hausvoigteiplatz 14, nimmt Werthpapiere und Dokumente **jeder Art** in Verwahrung. Die Uebergabe kann auch durch einen Beauftragten oder durch die Post erfolgen. Das Komtor selbst ist werktäglich von 9 bis 12½ Uhr geöffnet. — Die Beamten des Komtors sind verpflichtet, über alle zu ihrer Kenntnis gelangenden Vermögens-Angelegenheiten der Niederleger gegen Jedermann das unverbrüchlichste Stillschweigen zu beobachten. — Wollen Behörden, Körperschaften, Stiftungen, Anstalten, Gesellschaften oder Handelsfirmen von der Einrichtung Gebrauch machen, so bedarf es dieserhalb erst einer besonderen Verständigung. — Mehrere einzelne Personen, höchstens aber drei, können gemeinschaftlich Papiere niederlegen, wenn sie den Niederlegungs-Antrag (Deklaration) mit folgendem Zusatz einreichen: „Ueber die hinterlegten Werthpapiere, sowie die eingehenden Gelder, kann jeder Einzelne von uns verfügen und quittiren". Ueber jede Gattung von Papieren wird ein besonderer Depotschein ertheilt; für eine jede ist daher ein besonderer Niederlegungs-Antrag einzureichen. Die Depotscheine werden Namens des Komtors ausgestellt

[34] Vgl. Bankges. § 13 Nr. 8, oben I, S. 90.

und von drei Vorstandsbeamten unterschrieben. Die Nummern der Papiere werden auf den Depotscheinen nicht verzeichnet. — Nur bei verloosbaren Papieren kann der Niederleger eine Abschrift des Nummern-Verzeichnisses dem Niederlegungs-Antrage beifügen, welche er im Falle der Annahme des Depots mit dem Depotschein abgestempelt zurückerhält. — Den Niederlegern ist gestattet, ein beliebig zu wählendes Paßwort verschlossen einzureichen, ohne dessen Angabe die Auslieferung des Depots versagt werden kann (vgl. Bed. Nr. 10). Da das Paßwort nur beachtet werden kann, sofern der Depotschein mit einem darauf bezüglichen Vermerke seitens des Komtors versehen ist, so empfiehlt sich, dasselbe sogleich bei der Niederlegung der Papiere einzureichen. Depotzinsen sind nur von 9 bis 12 Uhr Vormittags zu erheben. — Die Aufbewahrung der Papiere erfolgt unter nachstehenden

Bedingungen.

1. Die Reichsbank übernimmt für die sichere und getreue Aufbewahrung der ihr übergebenen Papiere die gesetzliche Gewähr und außerdem die Verpflichtung:
   a) die zu den Papieren gehörigen Zins- und Gewinnantheilscheine, wenn sie in Berlin oder am Sitze einer Zweiganstalt

der Reichsbank zu einem festen Kurse in Reichswährung eingelöst werden, an den Fälligkeitstagen einzuziehen, anderen Falles dieselben an der Berliner Börse verkaufen zu lassen;

b) die in der Allgemeinen Verloosungstabelle des Deutschen Reichs- und Königlich Preußischen Staatsanzeigers während der Dauer der Aufbewahrung erscheinenden Ziehungs- bezw. Verloosungslisten und Bekanntmachungen über Kündigung oder Konvertirung von Papieren nachsehen zu lassen und die danach zur Rückzahlung gelangenden Stücke an den festgesetzten Zeitpunkten zur Einlösung vorzulegen bezw. die beantragte Konvertirung zu besorgen, auch die Stücke, wenn sie in Berlin oder am Sitze einer Zweiganstalt der Reichsbank zu einem festen Kurse in Reichswährung nicht eingelöst werden, an der Börse verkaufen zu lassen.

Die Benachrichtigung der Niederleger über Kündigungen und Konvertirungen erfolgt durch gewöhnliche Briefe oder, wenn es sich um ganze Gattungen oder Serien von Werthpapieren handelt, durch den Deutschen Reichs- und Königlich Preußischen Staats-Anzeiger, sowie andere geeignete öffentliche Blätter nach Wahl der Reichsbank. In jedem Falle ist die Reichsbank ermächtigt, in Ermangelung besonderer Anträge oder Erklärungen der Niederleger, das Interesse der Letzteren nach bestem Ermessen wahrzunehmen, insbesondere angebotene Konvertirungen für deren Rechnung zu besorgen;

c) die nach a. und b. eingehenden Beträge in Berlin bei dem Komtor für Werthpapiere spätestens am dritten Werktage, bei den Reichsbankanstalten spätestens am achten Werktage nach Fälligkeit zur Verfügung des Niederlegers zu stellen;

d) die neuen Zins- und Gewinnantheilscheine rechtzeitig abheben zu lassen, wenn die betreffende Anweisung (Talon) mit den Papieren niedergelegt ist oder die Abhebung gegen Vorzeigung der Papiere selbst erfolgen kann;

e) vollgezahlte Interimsscheine in endgültige Stücke umzutauschen;

f) das mit den niedergelegten Papieren jetzt oder später etwa verbundene Bezugsrecht auf neue Papiere geltend zu machen, und die weiteren Einzahlungen auf nicht vollgezahlte Papiere für den Niederleger zu leisten, wenn derselbe solches spätestens

8 Tage vor Ablauf der dazu festgesetzten Zeitpunkte schriftlich beantragt und den erforderlichen Geldbetrag mit den Gebühren (vgl. Nr. 2) gleichzeitig einzahlt.

Der Verkauf an der Börse (a. und b.) erfolgt 8 Tage vor Fälligkeit der in Europa zahlbaren und 14 Tage vor Fälligkeit der an außereuropäischen Plätzen zahlbaren Zinsscheine bezw. Papiere.

2. Für die mit diesen Leistungen verbundene Mühwaltung und Gefahr ist für das Jahr eine Gebühr von $^1/_2$ vom Tausend, bei im Auslande ausgestellten Papieren von $^3/_4$ vom Tausend — also 50 beziehungsweise 75 Pfennig für je angefangene 1 000 Mark des Nennwerthes der Papiere — mindestens aber 2 Mark, bei Loospapieren und Inhaberpapieren mit Prämien, sowie bei im Auslande ausgestellten Papieren mindestens 3 Mark für jeden Depotschein zu entrichten. Läßt sich der Werth eines Dokuments in einer bestimmten Geldsumme nicht abschätzen, so beträgt die Gebühr 15 Mark für das Jahr. Das Jahr wird von dem **Ersten des Monats, in welchem die Niederlegung stattfindet, bis zum Ersten des entsprechenden Monats im nächsten Jahr** gerechnet — Papiere in ausländischer Währung

werden behufs Ermittelung der Gebühren nach untenstehenden festen Sätzen, im Uebrigen nach dem Berliner Börsengebrauch in Reichswährung umgerechnet.[35] — Für die Erhebung und Auszahlung von baaren Geldern bei verloosten, gekündigten oder konvertirten Papieren (1. b.), ferner für die Geltendmachung des Bezugsrechts und für Einzahlungen (1. f.) berechnet die Reichsbank außer den Auslagen an Porto, Mäklergebühr ꝛc. $^1/_8$ vom Hundert (mindestens aber 50 Pfennig) der zu leistenden bezw. zu erhebenden Zahlungen. Für die Abhebung neuer Zins- und Gewinnantheilscheine, sowie für den Umtausch der Interimsscheine (1. d. e.) werden nur die baaren Auslagen berechnet.

3. Die Gebühren sind ohne Rücksicht auf die Dauer der Aufbewahrung für je ein volles Jahr im Voraus zu entrichten. Sie werden aus dem Guthaben entnommen und in dessen Ermangelung durch Postvorschuß eingezogen. Ist auch hierdurch die Zahlung nicht zu erreichen, so wird die Rücknahme des Depots

[35] Umrechnung nach Nr. 2 der Bed.: 1 Doll. = 4,25 Mk. 1 Frc., Lira, Peseta, rumän. Leu, Drachme = 0,80 Mk. 1 Guld. österr. Währ. = 2 Mk. 1 Krone österr. Währ. = 0,85 Mk. 1 Guld. südd. oder holl. Währ. = 1,70 Mk. 1 Rubel = 3,20 Mk. 1 Pfund Sterling = 20 Mk. 1 Krone schwed. Währ. = 1,125 Mk. 1 Peso = 4 Mk. ꝛc.

verlangt (vgl. Nr. 15). Wegen der rückständigen Gebühren darf sich die Reichsbank aus dem Depot ohne gerichtliches Verfahren, nöthigenfalls mittels Verkaufs nach §. 20 des Bankgesetzes bezahlt machen.

4. Die gezahlten Gebühren werden in keinem Falle zurückerstattet.

5. Nachtheile, welche durch unrichtige Bezeichnung der Papiere oder unrichtige Eintragung der Nummern in die Niederlegungsanträge entstehen, sind von der Reichsbank nicht zu vertreten. Insbesondere erfolgt das Nachsehen der Verloosungen ꝛc. (1. b.) lediglich nach Maßgabe der Eintragungen in den Anträgen.

6. Irrthümer, welche bei der Ausstellung der Depotscheine vorgekommen sind, müssen sofort bei Empfang derselben gerügt werden.

7. Die Depotscheine lauten auf den Namen und sind nicht übertragbar. Werden sie trotzdem übertragen oder verpfändet, oder werden die Depots gerichtlich gepfändet, so ist die Bank berechtigt, die Papiere auf Gefahr und Kosten des Niederlegers bei der öffentlichen Hinterlegungsstelle zu hinterlegen.

8. Die Zinsen von Hypothekenbriefen können bei der Kasse des Komtors für Werthpapiere oder bei einer Reichsbankanstalt auf Giro-Konto des Komtors für Werthpapiere für

Rechnung des Niederlegers unter Angabe der Nummer des Depotscheins eingezahlt werden. Es ist Sache des Niederlegers, die Schuldner zur Zahlung an die Reichsbank anzuweisen.

9. Die Niederleger müssen in dem Niederlegungsantrage angeben, ob die eingehenden Zinsen bei einer Zweiganstalt der Reichsbank, durch Uebertragung auf ein Giro-Konto oder durch Baarzahlung[36] an der Kasse des Komtors erhoben werden sollen. — Abänderungen in dieser Beziehung, sowie ein Wechsel hinsichtlich der ursprünglich gewählten Bankanstalt oder des bezeichneten Giro-Kontos sind spätestens 4 Wochen vor Fälligkeit derjenigen Zinsscheine, bei welchen die neue Art der Abhebung in Kraft treten soll, mittels besonderen Schreibens anzuzeigen, widrigenfalls die Auszahlung in der früher beantragten Weise erfolgt. Die Erhebung an mehreren Orten ist nicht zulässig. Die Erhebung kann auch durch einen Bevollmächtigten oder durch die Post erfolgen. Im letzteren Falle hat der Niederleger seinem

[36] Baarzahlungen finden statt:
bei den Zweiganstalten werktäglich von 9 bis 12 Uhr Vormittags;
an der Kasse des Komtors werktäglich zwischen 9 und $12\frac{1}{2}$ Uhr.

Antrage die Quittung über den Betrag, den er abheben will, beizufügen. Die Absendung des Geldes geschieht an die von dem Niederleger angegebene Adresse. Beträgt das Guthaben mehr als 300 Mark, so kann dasselbe in Theilen abgehoben werden, aber nicht unter 150 Mark. Die Abhebung der Zinsscheine in natura ist nur bei im Auslande ausgestellten Papieren zulässig, wenn dies **bei der Niederlegung derselben** ausdrücklich gewünscht wird.

10. Jedes einzelne Depot kann nur im Ganzen zurückgenommen werden. Die Herausgabe erfolgt nur gegen Rückgabe des auf der Vorderseite mit Quittung: „Das vorstehende Depot habe ich zurückerhalten. Ort, Datum, Unterschrift.“ versehenen Depotscheins oder, wenn er verloren ist, nach gerichtlicher Kraftloserklärung desselben. Soll die Auslieferung nicht an den Niederleger, sondern an eine bestimmte andere Person oder Firma erfolgen, so ist dem Komtor vorher schriftlich Nachricht zu geben. Die Legitimation des Inhabers des Depotscheins, sowie die Gültigkeit und Echtheit der Quittung zu prüfen, ist die Bank zwar berechtigt und wird von dieser Befugniß jedenfalls dann Gebrauch machen, wenn der Ueberbringer des Depotscheins das etwa

eingereichte Paßwort nicht anzugeben vermag; eine Verpflichtung zu einer solchen Prüfung übernimmt sie aber nicht, sie behält sich vielmehr das Recht vor, das Depot an Jeden herauszugeben, der ihr den Depotschein überbringt. — Bei Ausloosungen wird über den Ueberrest nach Rückempfang des quittirten Depotscheins ein neuer Schein, und zwar für den bereits bezahlten Zeitraum kostenfrei, ertheilt.

11. Die Versendung der hinterlegten Papiere, sowie der Anweisungen (Talons), Zins- und Gewinnantheilscheine (1. d. und e.), ebenso die Versendung von Depotscheinen, Dokumenten, Wechseln, Checks und Anweisungen durch die Post geschieht auf Gefahr und Kosten des Niederlegers, bei Depotscheinen, Talons, Wechseln, Checks, Anweisungen und Hypotheken-Dokumenten ꝛc. mittels „eingeschriebenen" Briefes, bei den übrigen Werthschaften unter voller Werthangabe, wenn der Niederleger nicht etwas Anderes ausdrücklich beantragt hat. Baare Geldsendungen werden stets voll deklarirt.

12. Es ist gestattet, in dem Niederlegungsantrage zu erklären, daß der Niederleger als Vormund, Pfleger oder Vater von nach Namen, sowie nach Alter oder sonstigen Gründen der Geschäftsunfähigkeit genau zu bezeich-

nenden Personen handle, wobei die ertheilte Bestallung vorzulegen ist. In diesem Falle zahlt die Bank an ihn zwar die eingehenden Zinsen und Gewinnantheile ohne Berechtigungsprüfung, will er dagegen die Papiere selbst oder die dafür nach 1. b. eingehenden Beträge erheben, so muß er seine Bestallung abermals vorlegen und sich, falls er dem Komtor nicht bekannt ist, durch eine demselben bekannte zuverlässige Person vorstellen lassen. Ist dies nicht möglich und besteht er dennoch auf der Ausantwortung, so erfolgt diese durch Versendung an ihn mit der Post. (Nr. 11.) — Ist die Niederlegung nach dem darüber in den Depotschein aufgenommenen Vermerke auf Anordnung des Vormundschaftsgerichts erfolgt, so ist, so lange die Aufhebung der Vormundschaft bezw. Pflegschaft nicht nachgewiesen ist, zur Ausantwortung auch noch die seitens des Gerichts auf dem Depotscheine erklärte Genehmigung der Aushändigung an den namentlich zu bezeichnenden Empfänger erforderlich. — Zur Prüfung der Echtheit und Gültigkeit der Quittung, der Bestallung oder der Genehmigung des Vormundschaftsgerichts ist die Reichsbank nicht verpflichtet. — Die Aufhebung der Vormundschaft, Pflegschaft oder väterlichen Gewalt bezüglich einzelner von mehreren Miteigenthümern eines Depots hat auf das vorliegende Verhältniß keinen Einfluß.

13. Soll zur Erhebung der Zinsen und Gewinnantheile eine dritte Person berechtigt sein, so ist dies in einer von jener Person mitvollzogenen, bei dem Komtor niederzulegenden Erklärung auszusprechen. — Desgleichen bedarf es der Niederlegung einer besonderen Vollmacht nach bestimmtem Muster, sofern eine dritte Person befugt sein soll, für den Niederleger Erklärungen rechtsgültig abzugeben und über die Depots und Zinsen 2c. verfügen und quittiren zu können.

14. A. Soll eine dritte Person vertragsmäßig oder auf Grund einer letztwilligen Verfügung lebenslänglich die Zinsen oder Gewinnantheile der hinterlegten Papiere beziehen, — oder

B. sind die Werthpapiere zur Sicherung des einem Offizier bei seiner Verheirathung zugesicherten Zuschusses niedergelegt,

so ist eine entsprechende Erklärung nach bestimmtem Muster dem Komtor bei der Niederlegung zu behändigen und der Niederlegungs-Antrag mit dem Zusatze (am Schlusse über der Unterschrift) zu versehen: „Gesperrt nach Nr. 14 A — bezw. B — der Bedingungen". — Der Depotschein wird in diesem Falle mit dem gleichen Vermerke bedruckt, und die Zahlung der Zinsen und Gewinnantheile, sowie die Rückgabe des Depots an den Niederleger oder dessen Rechtsnachfolger erfolgen: zu A, ohne Zustimmung jener dritten Person nur bei Vorlegung einer standesamtlichen Bescheinigung über deren Tod; zu B, nur unter schriftlicher Zustimmung der zuständigen Militärbehörde.

15. Der Reichsbank steht jederzeit frei, die Rücknahme des Depots zu verlangen, ohne Gründe dafür anzugeben, und wenn die Rücknahme binnen 14 Tagen nach Absendung schriftlicher Aufforderung nicht erfolgt, die Papiere auf Gefahr und Kosten des Niederlegers bei der öffentlichen Hinterlegungsstelle zu hinterlegen.

16. Die Reichsbank behält sich vor, die Niederlegungsbedingungen zu verändern. Die Veränderung ist in den zu öffentlichen Bekanntmachungen des Reichsbank-Direktoriums bestimmten Blättern und durch Aushang im Komtor für Werthpapiere vor dem 15. November bekannt zu machen, wenn die neuen Bestimmungen schon für das nächste Kalender-

jahr hinsichtlich der vorhandenen Depots Geltung haben sollen.

Zur Beachtung. Sofern die in Verwahrung gegebenen Papiere nach den Bestimmungen über den Lombard-Verkehr dazu geeignet und nicht nach Nr. 14 der Bedingungen gesperrt sind, kann der Niederleger bei der Reichs-Hauptbank, sowie bei den Zweiganstalten der Reichsbank gegen Verpfändung der Papiere unter gleichzeitiger Niederlegung des Depotscheins Lombard-Darlehne erhalten. Er muß jedoch die Lombardmäßigkeit der Papiere durch eine Bescheinigung des Komtors für Werthpapiere nachweisen, welche auf Verlangen jederzeit ertheilt wird.[37]

XI. Verschlossene Depositen.[38]

Bedingungen,

unter welchen die Reichsbank verschlossene Depositen in Verwahrung nimmt, soweit der vorhandene Raum es gestattet.

1. Die Reichsbank nimmt von dem Inhalt der Depositen keine Kenntniß.
2. Die Depositen müssen mit dem

[37] Vgl. oben Anhang V, S. 221, und Anhang IX Abs. 2 S. 246.

[38] Vgl. Bankges. § 13 Nr. 8, oben I, S. 90.

Vor- und Zunamen beziehungsweise der Firma des Niederlegers deutlich bezeichnet und dergestalt verschlossen sein, daß ohne Verletzung eines Siegels nichts herausgenommen werden kann.

3. Die Reichsbank haftet für das Depositum höchstens bis zum Werthsbetrage von Fünftausend Mark, außer wenn dasselbe zu einem höheren Werthe angegeben und die hierfür bestimmte Versicherungsgebühr neben dem Lagergelde entrichtet ist. Für höhere Gewalt oder inneren Verderb ist die Reichsbank in keinem Falle verantwortlich.

4. Das Lagergeld beträgt bei Depositen
bis zu 30 cm Breite und Höhe, 40 cm Länge und 10 kg Gewicht .... Mark 10,
darüber hinaus:
bis zu 60 cm Breite und Höhe, 70 cm Länge und 25 kg Gewicht .... Mark 20,
bei noch größeren:
bis zu 100 cm Länge, Breite und Höhe oder einem Gewicht von mehr als 25 kg Mark 30
für das Jahr. Depositen von mehr als 100 oder weniger als 15 cm Länge, Breite und Höhe werden nicht angenommen.

Die Versicherungsgebühr beträgt für jedes angefangene Tausend des über Fünftausend Mark hinaus angegebenen Mehrwerths (Nr. 3) 25 Pfennig für das Jahr.

In beiden Fällen läuft das Jahr vom Tage der Niederlegung ab, diesen eingerechnet.

5. Lagergeld und Versicherungsgebühr sind bei der Niederlegung und sodann alljährlich im Voraus zu entrichten. Bei nachträglicher Versicherung im Laufe des Depositionsjahres ist für das letztere die volle Versicherungsgebühr zu zahlen. Geht das Lagergeld nicht pünktlich ein, so darf die Reichsbank, anstatt zu klagen, das Depositum auf Gefahr und Kosten des Niederlegers bei der öffentlichen Hinterlegungsstelle hinterlegen. Solange die Versicherungsgebühr rückständig ist, haftet die Reichsbank nicht für den angegebenen Mehrwerth (Nr. 3, 4). Die Verpflichtung des Niederlegers zur Zahlung der Versicherungsgebühr wird dadurch nicht aufgehoben.

6. Die Annahme und die Herausgabe von verschlossenen Depositen findet nur während der Vormittags-Geschäftsstunden statt.[39] Das Depositum kann aber nur gegen Rückgabe des quittirten Depositalscheins oder nach gerichtlicher Kraftloserklärung desselben zu-

[39] Die Herausnahme verschlossener Depositen bei der Reichs-Hauptbank ist in der Regel mindestens einen Werktag zuvor mündlich oder schriftlich im Komtor für verschlossene Depositen zu beantragen. Zu dem schriftlichen Antrage können Postkarten verwendet werden, welche das Komtor unentgeltlich austheilt.

rückgenommen werden. Liefert der Niederleger das Depositum binnen fünf Werktagen wieder ein, so ist nur eine Zuschlagsgebühr von einer Mark zu entrichten.[40] Auch die letztere fällt weg, wenn die Zurücknahme an einem der letzten fünf Werktage des Depositionsjahres (Ziffer 4) erfolgt ist.

7. Soll eine andere Person statt des Niederlegers oder neben demselben, oder soll bei mehreren Niederlegern jeder derselben zur Zurücknahme des Depositums befugt sein, so ist dies bei der Einlieferung zu beantragen.

Uebrigens behält sich die Reichsbank in allen Fällen das Recht vor, das Depositum an jeden Vorzeiger des Depositalscheins ohne weitere Prüfung seiner Legitimation oder der Echtheit und Gültigkeit der Quittung auszuliefern.

8. Die verhältnißmäßige Erstattung des Lagergeldes oder der Versicherungsgebühr findet nicht statt.

[40] Bei der Reichs-Hauptbank sind für das Publikum neben dem Komtor besondere Räume eingerichtet, um die Depositen ungestört öffnen und sich mit deren Inhalt beschäftigen zu können. Für die Benutzung eines derselben sind im Voraus Mark 0,50 zu entrichten.

Verzeichniß der Zweiganstalten der Reichsbank.[41]

			abhängig von:
1	**Aachen**[42]	Reichsbankstelle	
2	Alfeld (Leine)	Reichsb.=Nebenstelle	Hannover.
*3	Allenburg[43]	Reichsb.=Nebenstelle	Königsberg.
4	Allenstein	Reichsb.=Nebenstelle	Königsberg.
5	Altenburg (Sachsen=A.)	Reichsb.=Nebenstelle	Gera.
6	Altona (Elbe)	Reichsb.=Nebenstelle	Hamburg.
*7	Anclam	Reichsb.=Nebenstelle	Stettin.
8	Apolda	Reichsb.=Nebenstelle	Erfurt.
9	Aschaffenburg	Reichsb.=Nebenstelle	Frankfurt a. M.
10	Aschersleben	Reichsb.=Nebenstelle	Magdeburg.
11	**Augsburg**	Reichsbankstelle	
12	Bamberg	Reichsb.=Nebenstelle	Nürnberg.
13	**Barmen** (Wupper)	Reichsb.=Nebenstelle	Elberfeld.
*14	Bartenstein (Ostpr.)	Reichsb.=Nebenstelle	Königsberg.
15	Barth	Reichsb.=Nebenstelle	Stralsund.
16	Bautzen	Reichsb.=Nebenstelle	Dresden.
17	Bayreuth	Reichsb.=Nebenstelle	Nürnberg.
18	Belgard (Persante)	Reichsb.=Nebenstelle	Cöslin.

[41] Vgl. Bankges. §§. 36, 37 Anm. 108, 114, 115, oben I, S. 110, 112.

[42] An den durch fette Schrift bezeichneten Orten werden die Noten der nach §. 45 des Bankgesetzes bekannt gemachten Banken von der Reichsbank in Zahlung genommen. Vgl. Bankges. §. 19, S. 94.

[43] Auf die mit einem Stern bezeichneten Orte kauft die Reichsbank keine Wechsel (diese Orte sind nicht „Bankplätze"); es werden daselbst aber nicht nur Lombardgeschäfte gemacht, sondern auch Wechsel auf Bankplätze gekauft.

			abhängig von:
19	Bernburg	Reichsb.-Nebenstelle	Magdeburg.
20	Beuthen (Ober-Schles.)	Reichsb.-Nebenstelle	Gleiwitz.
21	Bielefeld	Reichsbankstelle	
22	Bingen	Reichsb.-Nebenstelle	Mainz.
*23	Bischofsburg	Reichsb. - Waaren-depot	Königsberg.
24	Bocholt	Reichsb.-Nebenstelle	Münster i. W.
25	Bochum	Reichsbankstelle	
26	Bonn	Reichsb.-Nebenstelle	Cöln.
27	Brandenburg (Hav.)	Reichsb.-Nebenstelle	Berlin.
*28	Braunsberg (Ostpr.)	Reichsb.-Nebenstelle	Königsberg.
29	**Braunschweig**	Reichsbankstelle	
30	**Bremen**	Reichsb.-Hauptstelle	
31	**Breslau**	Reichsb.-Hauptstelle	
32	Brieg (Bez. Breslau)	Reichsb.-Nebenstelle	Breslau.
33	Bromberg	Reichsbankstelle	
34	Bruchsal	Reichsb.-Nebenstelle	Karlsruhe.
*35	Bütow (Bez. Cöslin)	Reichsb.-Nebenstelle	Stolp.
36	Bunzlau	Reichsb.-Nebenstelle	Görlitz.
*37	Cammin (Pommern)	Reichsb. - Waaren-depot	Stettin.
38	**Cassel**	Reichsbankstelle	
39	Celle	Reichsb.-Nebenstelle	Hannover.
40	**Chemnitz** (Sachsen)	Reichsbankstelle	
41	Coblenz	Reichsbankstelle	
42	**Cöln** (Rhein)	Reichsb.-Hauptstelle	
*43	Cörlin (Persante)	Reichsb. - Waaren-depot	Cöslin.
44	Cöslin	Reichsbankstelle	
45	Colberg	Reichsb.-Nebenstelle	Cöslin.
46	Colmar (Elsaß)	Reichsb.-Nebenstelle	Mülhausen i. E.
47	Cottbus	Reichsbankstelle	

			abhängig von:
48	**Crefeld**	Reichsbankstelle	
49	Crimmitschau	Reichsb.-Nebenstelle	Chemnitz.
50	Culm	Reichsb.-Nebenstelle	Danzig.
51	Cüstrin	Reichsb.-Nebenstelle	Landsberg a. W.
52	**Danzig**	Reichsb.-Hauptstelle	
53	Darmstadt	Reichsbankstelle	
54	Demmin	Reichsb.-Nebenstelle	Stralsund.
55	Dessau	Reichsb.-Nebenstelle	Magdeburg.
56	Deutsch-Krone	Reichsb.-Nebenstelle	Posen.
57	Dillenburg	Reichsb.-Nebenstelle	Siegen.
58	**Dortmund**	Reichsb.-Hauptstelle	
59	**Dresden**	Reichsbankstelle	
60	Düren (Rheinland)	Reichsb.-Nebenstelle	Cöln.
61	**Düsseldorf**	Reichsbankstelle	
62	Duisburg	Reichsbankstelle	
63	Eisenach	Reichsb.-Nebenstelle	Erfurt.
64	**Elberfeld**	Reichsbankstelle	
65	Elbing	Reichsbankstelle	
66	Emden	Reichsbankstelle	
67	Erfurt	Reichsbankstelle	
68	Eschwege	Reichsb.-Nebenstelle	Cassel.
69	**Essen** (Ruhr)	Reichsbankstelle	
70	Eupen	Reichsb.-Nebenstelle	Aachen.
71	Finsterwalde (N.-L.)	Reichsb.-Nebenstelle	Cottbus.
*72	Fischhausen	Reichsb. = Waaren-depot	Königsberg.
*73	Flatow (Westpr.)	Reichsb. = Waaren-depot	Bromberg.
74	Flensburg	Reichsbankstelle	
75	Forst (Lausitz)	Reichsb.-Nebenstelle	Cottbus.
76	Frankenthal	Reichsb.-Nebenstelle	Mannheim.
77	**Frankfurt** (M.)	Reichsb.-Hauptstelle	

			abhängig von:
78	Frankfurt (Oder)	Reichsbankstelle	
79	Freiburg (Breisgau)	Reichsb.-Nebenstelle	Karlsruhe.
80	Fürstenwalde (Spree)	Reichsb.-Nebenstelle	Frankfurt a. O.
81	Fürth (Bayern)	Reichsb.-Nebenstelle	Nürnberg.
82	Fulda	Reichsb.-Nebenstelle	Cassel.
83	Geestemünde	Reichsb.-Nebenstelle	Bremen.
84	Gelsenkirchen	Reichsb.-Nebenstelle	Essen.
85	Gera (Reuß j. L.)	Reichsbankstelle	
*86	Gerdauen	Reichsb.-Waaren-depot	Königsberg i. P.
87	Gießen	Reichsb.-Nebenstelle	Frankfurt a. M.
88	M.-Gladbach	Reichsb.-Nebenstelle	Crefeld.
89	Glauchau	Reichsb.-Nebenstelle	Chemnitz.
90	Gleiwitz	Reichsbankstelle	
91	Glogau	Reichsbankstelle	
92	Schwäb. Gmünd	Reichsb.-Nebenstelle	Stuttgart.
93	Gnesen	Reichsb.-Nebenstelle	Posen.
94	Goch	Reichsb.-Nebenstelle	Crefeld.
95	Göppingen	Reichsb.-Nebenstelle	Stuttgart.
96	Görlitz	Reichsbankstelle	
97	Göttingen	Reichsb.-Nebenstelle	Cassel.
*98	Goldap	Reichsb.-Nebenstelle	Königsberg.
99	Gotha	Reichsb.-Nebenstelle	Erfurt.
100	Graudenz	Reichsbankstelle	
101	Greifswald	Reichsb.-Nebenstelle	Stralsund.
102	Greiz	Reichsb.-Nebenstelle	Gera.
103	Grünberg (Schlesien)	Reichsb.-Nebenstelle	Glogau.
104	Guben	Reichsb.-Nebenstelle	Cottbus.
105	Gütersloh	Reichsb.-Nebenstelle	Bielefeld.
106	Gumbinnen	Reichsb.-Nebenstelle	Königsberg.
107	Gummersbach	Reichsb.-Nebenstelle	Cöln.

			abhängig von:
108	Hadersleben (Schlesw.)	Reichsb.=Nebenstelle	Flensburg.
109	Hagen	Reichsb.=Nebenstelle	Dortmund.
110	Halberstadt	Reichsb.=Nebenstelle	Magdeburg.
111	**Halle** (Saale)	Reichsbankstelle	
112	**Hamburg**	Reichsb.=Hauptstelle	
113	Hameln	Reichsb.=Nebenstelle	Hannover.
114	Hamm (Westfalen)	Reichsb.=Nebenstelle	Münster i. W.
115	Hanau	Reichsb.=Nebenstelle	Frankfurt a. M.
116	**Hannover**	Reichsb.=Hauptstelle	
117	Harburg (Elbe)	Reichsb.=Nebenstelle	Hamburg.
118	Heide	Reichsb.=Nebenstelle	Kiel.
119	Heidelberg	Reichsb.=Nebenstelle	Mannheim.
120	Heilbronn	Reichsb.=Nebenstelle	Stuttgart.
121	Herford	Reichsb.=Nebenstelle	Bielefeld.
122	Hilden (Bez. Düsseldorf)	Reichsb.=Nebenstelle	Düsseldorf.
123	Hildesheim	Reichsb.=Nebenstelle	Hannover.
124	Hirschberg (Schlesien)	Reichsb.=Nebenstelle	Liegnitz.
125	Hof (Bayern)	Reichsb.=Nebenstelle	Plauen.
126	Husum	Reichsb.=Nebenstelle	Flensburg.
*127	Jarmen	Reichsb.=Waaren=depot	Stettin.
128	Inowrazlaw	Reichsb.=Nebenstelle	Bromberg.
129	Insterburg	Reichsb.=Kommand.	Königsberg.
130	Iserlohn	Reichsb.=Nebenstelle	Dortmund.
131	Kaiserslautern	Reichsb.=Nebenstelle	Mannheim.
132	**Karlsruhe**	Reichsbankstelle	
133	Kattowitz (Ober=Schlesien)	Reichsb.=Nebenstelle	Gleiwitz.
134	Kaufbeuren	Reichsb.=Nebenstelle	Augsburg.
135	Kempten (Bayern)	Reichsb.=Nebenstelle	Augsburg.

			abhängig von:
136	**Kiel**	Reichsbankstelle	
137	Kitzingen	Reichsb.-Nebenstelle	Nürnberg.
138	**Königsberg** (Preuß.)	Reichsb.-Hauptstelle	
*139	Königsberg (Neumark)	Reichsb. = Waaren-depot	Stettin.
140	Konitz (Westpr.)	Reichsb.-Nebenstelle	Bromberg.
141	Konstanz	Reichsb.-Nebenstelle	Karlsruhe.
142	Kreuznach	Reichsb.-Nebenstelle	Coblenz.
143	Krotoschin	Reichsb.-Nebenstelle	Posen.
144	Kulmbach	Reichsb.-Nebenstelle	Nürnberg.
*145	Labiau	Reichsb.-Nebenstelle	Königsberg.
146	Lahr	Reichsb.-Nebenstelle	Karlsruhe.
147	Landau (Pfalz)	Reichsb.-Nebenstelle	Mannheim.
148	Landeshut (Schles.)	Reichsb.-Nebenstelle	Liegnitz.
149	Landsberg (Warthe)	Reichsbankstelle	
150	Langenberg (Rheinl.)	Reichsb.-Nebenstelle	Elberfeld.
151	Lauenburg (Pomm.)	Reichsb.-Nebenstelle	Stolp.
152	**Leipzig**	Reichsb.-Hauptstelle	
153	Lennep	Reichsb.-Nebenstelle	Elberfeld.
154	Liegnitz	Reichsbankstelle	
155	Limburg (Lahn)	Reichsb.-Nebenstelle	Coblenz.
156	Lindau (Bayern)	Reichsb.-Nebenstelle	Augsburg.
157	Lippstadt	Reichsb.-Nebenstelle	Münster i. W.
158	Lissa (Bez. Posen)	Reichsb.-Nebenstelle	Posen.
159	Lörrach	Reichsb.-Nebenstelle	Karlsruhe.
160	Ludwigshafen (Rhein)	Reichsb.-Nebenstelle	Mannheim.
161	Lübeck	Reichsbankstelle	
162	Lüdenscheid	Reichsb.-Nebenstelle	Dortmund.
163	Lüneburg	Reichsb.-Nebenstelle	Hamburg.
164	Lyck	Reichsb.-Nebenstelle	Königsberg.
165	**Magdeburg**	Reichsb.-Hauptstelle	

			abhängig von:
166	Mainz	Reichsbankstelle	
167	**Mannheim**	Reichsb.-Hauptstelle	
168	Marienburg (Westpr.)	Reichsb.-Nebenstelle	Elbing.
169	Marienwerder (Westpr.)	Reichsb.-Nebenstelle	Danzig.
170	Meerane (Sachsen)	Reichsb.-Nebenstelle	Chemnitz.
171	Memel	Reichsbankstelle	
172	Memmingen	Reichsb.-Nebenstelle	Augsburg.
173	Meseritz	Reichsb.-Nebenstelle	Posen.
174	Metz	Reichsbankstelle	
175	Minden (Westfalen)	Reichsbankstelle	
176	Mühlhausen (Thüringen)	Reichsb.-Nebenstelle	Erfurt.
177	**Mülhausen** (Elsaß)	Reichsbankstelle	
178	Mülheim (Rhein)	Reichsb.-Nebenstelle	Cöln.
179	Mülheim (Ruhr)	Reichsb.-Nebenstelle	Essen.
180	**München**	Reichsb.-Hauptstelle	
181	Münster (Westfalen)	Reichsbankstelle	
182	Naumburg (Saale)	Reichsb.-Nebenstelle	Halle a. S.
183	Neisse	Reichsb.-Nebenstelle	Breslau.
184	Neubrandenburg	Reichsb.-Nebenstelle	Lübeck.
185	Neumünster (Holstein)	Reichsb.-Nebenstelle	Kiel.
186	Neuß (Bz. Düsseldf.)	Reichsb.-Nebenstelle	Cöln.
187	Neustadt (Haardt)	Reichsb.-Nebenstelle	Mannheim.
188	Neu-Stettin	Reichsb.-Nebenstelle	Cöslin.
189	Neuwied	Reichsb.-Nebenstelle	Coblenz.
190	Nördlingen	Reichsb.-Nebenstelle	Augsburg.
191	Nordhausen	Reichsbankstelle	
192	**Nürnberg**	Reichsbankstelle	
193	Oberhausen (Rheinl.)	Reichsb.-Nebenstelle	Duisburg.

			abhängig von:
194	Offenbach (Main)	Reichsb.-Nebenstelle	Frankfurt a. M.
195	Offenburg (Baden)	Reichsb.-Nebenstelle	Karlsruhe.
196	Osnabrück	Reichsbankstelle	
197	Osterode (Ostpr.)	Reichsb.-Nebenstelle	Elbing.
198	Ostrowo (Bz. Posen)	Reichsb.-Nebenstelle	Posen.
199	Paderborn	Reichsb.-Nebenstelle	Münster i. W.
*200	Pasewalk	Reichsb. = Waaren-depot	Stettin.
201	Passau	Reichsb.-Nebenstelle	München.
202	Pforzheim	Reichsb.-Nebenstelle	Karlsruhe.
203	Pillkallen	Reichsb.-Nebenstelle	Tilsit.
204	Pirmasens	Reichsb.-Nebenstelle	Mannheim.
205	Plauen (Voigtl.)	Reichsbankstelle	
206	Pleschen	Reichsb.-Nebenstelle	Posen.
207	Pössneck	Reichsb.-Nebenstelle	Gera.
208	Posen	Reichsb.-Hauptstelle	
209	Prenzlau	Reichsb.-Nebenstelle	Stettin.
*210	Pyritz	Reichsb. = Waaren-depot	Stettin.
211	Quedlinburg	Reichsb.-Nebenstelle	Magdeburg.
212	Rastenburg (Ostpr.)	Reichsb.-Nebenstelle	Königsberg.
213	Ratibor	Reichsb.-Nebenstelle	Gleiwitz.
214	Ravensburg	Reichsb.-Nebenstelle	Stuttgart.
215	Rawitsch	Reichsb.-Nebenstelle	Posen.
216	Recklinghausen	Reichsb.-Nebenstelle	Essen.
217	Regensburg	Reichsb.-Nebenstelle	München.
218	Reichenbach (Schles.)	Reichsb.-Nebenstelle	Breslau.
219	Reichenbach (Voigtl.)	Reichsb.-Nebenstelle	Plauen.
220	Remscheid	Reichsb.-Nebenstelle	Elberfeld.
221	Rendsburg	Reichsb.-Nebenstelle	Kiel.
222	Reutlingen	Reichsb.-Nebenstelle	Stuttgart.
223	Rheydt	Reichsb.-Nebenstelle	Crefeld.

			abhängig von:
224	Rostock (Mecklenburg)	Reichsb.=Nebenstelle	Lübeck.
225	Rottweil	Reichsb.=Nebenstelle	Stuttgart.
*226	Rügenwalde	Reichsb.=Nebenstelle	Stolp.
227	Ruhrort	Reichsb.=Nebenstelle	Duisburg.
*228	Ruß (Ostpr.)	Reichsb.=Nebenstelle	Memel.
*229	Saalfeld (Ostpr.)	Reichsb. = Waaren=depot	Elbing.
230	Saarbrücken [St. Johann (Saar)]	Reichsb.=Nebenstelle	Metz.
231	Sagan	Reichsb.=Nebenstelle	Glogau.
*232	Schippenbeil	Reichsb. = Waaren=depot	Königsberg.
*233	Schirwindt	Reichsb.=Nebenstelle	Tilsit.
*234	Schlawe (Pommern)	Reichsb. = Waaren=depot	Stolp.
235	Schleswig	Reichsb.=Nebenstelle	Flensburg.
236	Schneidemühl	Reichsb.=Nebenstelle	Posen.
237	Schwedt (Oder)	Reichsb.=Nebenstelle	Stettin.
238	Schweidnitz	Reichsb.=Nebenstelle	Breslau.
239	Schwelm	Reichsb.=Nebenstelle	Elberfeld.
240	Schwiebus	Reichsb.=Nebenstelle	Frankfurt a. O.
241	Siegen	Reichsbankstelle	
242	Soest	Reichsb.=Nebenstelle	Münster i. W.
243	Solingen	Reichsb.=Nebenstelle	Cöln.
244	Sommerfeld (Bz. Frankf. a. O.)	Reichsb.=Nebenstelle	Glogau.
245	Sonderburg	Reichsb.=Nebenstelle	Flensburg.
246	Sorau	Reichsb.=Nebenstelle	Görlitz.
247	Speyer	Reichsb.=Nebenstelle	Mannheim.
248	Spremberg (Lausitz)	Reichsb.=Nebenstelle	Cottbus.
*249	Stallupönen	Reichsb. = Waaren=depot	Königsberg.

			abhängig von:
250	Stargard (Pommern)	Reichsb.-Nebenstelle	Stettin.
251	Pr.-Stargard	Reichsb.-Nebenstelle	Danzig.
252	**Stettin**	Reichsb.-Hauptstelle	
253	Stolp (Pommern)	Reichsbankstelle	
254	Stralsund	Reichsbankstelle	
255	**Straßburg** (Elsaß)	Reichsb.-Hauptstelle	
256	**Stuttgart**	Reichsb.-Hauptstelle	
257	Suhl	Reichsb.-Nebenstelle	Erfurt.
*258	Tapiau	Reichsb. - Waaren-depot	Königsberg.
259	Thorn	Reichsbankstelle	
260	Tilsit	Reichsbankstelle	
261	Tondern	Reichsb.-Nebenstelle	Flensburg.
262	Traben	Reichsb.-Nebenstelle	Coblenz.
263	Trier	Reichsb.-Nebenstelle	Metz.
264	Ulm (Neu-Ulm) (Württemberg)	Reichsb.-Nebenstelle	Stuttgart.
265	Viersen	Reichsb.-Nebenstelle	Crefeld.
266	Waldenburg i. Schlesien	Reichsb.-Nebenstelle	Breslau.
*267	Waren (Mecklenbg.)	Reichsb. - Waaren-depot	Lübeck.
*268	Wehlau	Reichsb.-Nebenstelle	Königsberg.
269	Weimar	Reichsb.-Nebenstelle	Erfurt.
270	Weißenfels (Saale)	Reichsb.-Nebenstelle	Halle a. S.
271	Werdau (Kgr. Sachsen)	Reichsb.-Nebenstelle	Chemnitz.
272	Werden (Ruhr)	Reichsb.-Nebenstelle	Essen.

			abhängig von:
273	Wesel	Reichsb.=Nebenstelle	Duisburg.
274	Wetzlar	Reichsb.=Nebenstelle	Coblenz.
275	Wiesbaden	Reichsbankstelle	
276	Witten (Ruhr)	Reichsb.=Nebenstelle	Dortmund.
*277	Wolgast	Reichsb.=Nebenstelle	Stralsund.
*278	Wormditt	Reichsb.=Waaren=depot	Königsberg.
279	Worms	Reichsb.=Nebenstelle	Mainz.
*280	Wronke	Reichsb.=Waaren=depot	Posen.
281	Würzburg	Reichsb.=Nebenstelle	Nürnberg.
282	Zeitz	Reichsb.=Nebenstelle	Gera.
283	Zittau	Reichsb.=Nebenstelle	Dresden.
284	Zweibrücken	Reichsb.=Nebenstelle	Mannheim.
285	Zwickau (Sachsen)	Reichsb.=Nebenstelle	Chemnitz.

D. Prämien-Papiere.

Gesetz, betreffend die Inhaberpapiere mit Prämien. Vom 8. Juni 1871. (R.G.Bl. S. 210. Ausgegeben am 14. Juni 1871.)[1]

Wir Wilhelm, von Gottes Gnaden Deutscher Kaiser, König von Preußen ꝛc. verordnen im Namen des Deutschen Reichs, nach erfolgter Zustimmung des Bundesrathes und des Reichstages, was folgt:

§ 1. Auf den Inhaber lautende Schuldverschreibungen, in welchen allen Gläubigern oder einem Theile derselben außer der Zahlung der verschriebenen Geldsumme eine Prämie dergestalt

[1] Die Kompetenz zum Erlaß des Gesetzes beruht auf Art. 4 Nr. 13 der Reichsverfassung in der Fassung des Ges. v. 20. Dezember 1873 (R.G.Bl. S. 379). Die Wirksamkeit desselben ist durch das Ges. v. 27. Januar 1872 auf Elsaß-Lothringen (Gesetzbl. für Elsaß-Lothringen S. 111) ausgedehnt. — Das Gesetz enthält Emissions- (§. 1) und Verkehrsbeschränkungen (§§ 2—5) hinsichtlich der im §. 1 bezeichneten Papiere. Zuwiderhandlungen sind nach §. 6 strafbar.

zugesichert wird, daß durch Ausloosung oder durch eine andere auf den Zufall gestellte Art der Ermittelung die zu prämiirenden Schuldverschreibungen und die Höhe der ihnen zufallenden Prämie bestimmt werden sollen (Inhaberpapiere mit Prämien), dürfen innerhalb des Deutschen Reichs nur auf Grund eines Reichsgesetzes[2] und nur zum Zwecke der Anleihe eines Bundesstaats oder des Reichs ausgegeben werden.

§ 2. Inhaberpapiere mit Prämien, welche nach Verkündigung des gegenwärtigen[3] Gesetzes, der Bestimmung im §. 1 zuwider, im Inlande ausgegeben sein möchten, imgleichen Inhaberpapiere mit Prämien, welche nach dem 30. April 1871 im Auslande ausgegeben sind, dürfen weder weiter begeben, noch an den Börsen, noch an anderen zum Verkehr mit Werthpapieren bestimmten Versammlungsorten zum Gegenstande eines Geschäfts oder einer Geschäftsvermittelung gemacht werden.

§ 3. Dasselbe gilt vom 15. Juli 1871[4] ab von ausländischen Inhaberpapieren mit Prämien, deren Ausgabe vor dem 1. Mai 1871[5] erfolgt ist, sofern dieselben nicht abgestempelt sind (§§. 4. 5.).

[2] Ein solches Gesetz ist bisher nicht erlassen.

[3] D. i. nach dem 14. Juni 1871 (vgl. Ueberschrift).

[4] Für Elsaß-Lothringen ist dieser Termin erst mit dem 15. März 1872 eingetreten (Ges. v. 27. Januar 1872 — Gesetzbl. für Elsaß-Lothringen S. 111).

§ 4. Die Schuldverschreibungen, deren Abstempelung erfolgen soll, müssen spätestens am 15. Juli 1871[4] zu diesem Zwecke eingereicht werden.

Für die Abstempelung ist eine Gebühr zu entrichten, welche für eine Schuldverschreibung, deren Nominalbetrag den Werth von Einhundert Thalern nicht übersteigt 5 Sgr. oder 17 $1/2$ Kr. S.W., für eine Schuldverschreibung, deren Nominalbetrag den Werth von Einhundert Thalern übersteigt . . . . 10 Sgr. oder 35 Kr. S.W., beträgt.[6]

Der Ertrag dieser Abstempelungsgebühr fließt zur Reichskasse.

§ 5. Der Bundesrath wird die zur Ausführung dieses Gesetzes erforderliche Instruktion[7]

[5] Ein Verzeichniß der hierher gehörigen Papiere enthält die (nicht wieder aufgenommene) Anlage B der Bekanntm. v. 19. Juni 1871 (s. Anm. 7).

[6] Die auf Grund dieser Bestimmung abgestempelten ausländischen Inhaberpapiere mit Prämien sind von der Verpflichtung zur Entrichtung der unter Tarifnummer 2 b des Ges., betreffend die Erhebung von Reichsstempelabgaben (R.G.Bl. 1885 S. 179) bezeichneten Stempelabgabe befreit (vgl. Tarif Nr. I 2 b, dd, R.G.Bl. S. 192).

[7] Dieselbe ist enthalten in der Bekanntmachung des Reichskanzlers, betreffend die Vorschriften zur Ausführung des Reichsgesetzes vom 8. Juni 1871

erlassen und in derselben festsetzen, unter welchen Umständen ein gutgläubiger Inhaber, der aus entschuldbaren Gründen die Einreichungsfrist versäumt hat, noch nachträglich Abstempelung seiner Schuldverschreibungen erlangen kann.[8] Der Bundesrath wird ferner zur Berechnung der Stempel-Abgabe den Thalerwerth der fremden Valuten feststellen,[9] auch die Behörden bestimmen, bei

über die Inhaberpapiere mit Prämien, vom 19. Juni 1871. (R.G.Bl. S. 255.) Mit der gleichen Ueberschrift ist für Elsaß-Lothringen eine denselben Gegenstand betreffende Bekanntmachung vom Reichskanzler unter dem 20. Januar 1872 (Gesetzbl. für Elsaß-Lothringen S. 113) erlassen, welche nur in wenigen Bestimmungen von der erstgenannten Bekanntmachung abweicht. Die Vorschriften der Bekanntm. v. 19. Juni 1871 sind ergänzt durch die Bekanntm. v. 1. Juli 1871 (R.G.Bl. S. 304) und v. 10. Juli 1871 (R.G.Bl. S. 314); die Bekanntm. v. 1. Juli 1871 ist abgeändert durch die Bekanntm. v. 4. Dezember 1871 (R.G.Bl. S. 408).

Bezüglich der ausländischen Inhaberpapiere mit Prämien, deren Abstempelung den darüber erlassenen Vorschriften nicht entspricht, vgl. das Cirkular des Preuß. Ministers für Handel und Gewerbe v. 18. November 1879 (Preuß. Ministerialbl. für die ges. innere Verw. 1880 S. 21).

[8] Vgl. §. 9 der Bekanntm. v. 19. Juni 1871 (s. Anm. 7). Dieselbe bestimmte als letzte Frist den 31. Dezember 1871, binnen deren der betreffende Antrag bei der Landesfinanzverwaltung eingereicht werden mußte.

[9] Ist in §. 5 der Bekanntm. v. 19. Juni 1871 für 5 fremde Währungen geschehen.

welchen die Einreichung zur Abstempelung (§. 4.) zu erfolgen hat.[10]

§ 6.[11] Wer den Bestimmungen der §§. 1. 2. oder 3. zuwiderhandelt, verfällt in eine Geldstrafe, welche dem fünften Theile des Nennwerthes der den Gegenstand der Zuwiderhandlung bildenden Papiere gleichkommt, mindestens aber Einhundert Thaler betragen soll.

Mit Geldstrafe bis zu Einhundert Thalern oder Gefängniß bis zu drei Monaten wird bestraft,[12] wer ein im §. 2. oder §. 3. bezeichnetes Inhaberpapier mit Prämie öffentlich ankündigt, ausbietet oder empfiehlt, oder zur Feststellung eines Kurswerthes notirt.[13]

[10] Diese Bestimmung enthält die (wegen mangelnden Interesses hier nicht mehr aufgenommene) Anlage A zu §. 1 der Bekanntm. v. 19. Juni 1871. Die nachträgliche Abstempelung definitiver Stücke nach vorausgegangener Abstempelung der Interimsscheine war bis 31. Dezember 1871 bzw. 31. März 1872 bei der Hauptkasse der Seehandlung, später dem Hauptsteueramt für inländische Gegenstände in Berlin gestattet [vgl. Nr. 4, 5 der Bekanntm. v. 1. Juli 1871 und Nr. 1 der Bekanntm. v. 4. Dezember 1871 (s. Anm. 7)].

[11] Für die Zuwiderhandlungen gegen die Bestimmungen der §§ 1, 2, 3 sind die Strafkammern der Landgerichte als erkennende Gerichte ausschließlich zuständig (Gerichtsverfassungsges. v. 27. Januar 1877 §. 74 Nr. 3 — R.G.Bl. S. 41).

[12] Hier tritt die Regel des §. 27 des Strafgesetzbuchs ein, wonach der Mindestbetrag der Geldstrafe bei Vergehen drei Mark ist.

[13] Ueber die civilrechtlichen Folgen der Zuwiderhandlungen vgl. Entscheidungen des Reichsoberhandelsgerichts Bd. 20 S. 418;

Urkundlich unter Unserer Höchsteigenhändigen Unterschrift und beigedrucktem Kaiserlichen Insiegel.

Gegeben Berlin, den 8. Juni 1871.

(L. S.) **Wilhelm.**

Fürst v. Bismarck.

Mandry, der civilrechtliche Inhalt der Reichsgesetze, 3. Aufl. S. 175; Brunner in Endemann's Handbuch des Deutschen Handels-, See- und Wechselrechts Bd. 2 S. 199, 210.

E. Bundes- bezw. Reichsanleihe-Gesetze.

I.

Gesetz, betreffend den außerordentlichen Geldbedarf des Norddeutschen Bundes zum Zwecke der Erweiterung der Bundes-Kriegsmarine und der Herstellung der Küstenvertheidigung. Vom 9. November 1867. (B.G.Bl. S. 157. Ausgegeben am 19. November 1867.)[1]

Wir Wilhelm, von Gottes Gnaden König von Preußen ꝛc. verordnen im Namen des Nord-

[1] Die Aufnahme von Reichsanleihen beruht auf Art. 73 der Reichsverfassung; sie kann, ebenso wie die Uebernahme einer Garantie zu Lasten des Reichs (vgl. z. B. Ges. v. 14. November 1886, betr. die Bürgschaft des Reichs für die Zinsen ꝛc. einer egyptischen Staatsanleihe — R.G.Bl. S. 301) nur im Wege der Reichsgesetzgebung in Fällen eines außerordentlichen Bedürfnisses erfolgen. Das erste Gesetz dieser Art ist das vorliegende v. 9. November 1867, welches durch die Gesetze v. 20. Mai 1869 (unten III, S. 295) und 6. April 1870

deutschen Bundes, nach erfolgter Zustimmung des Bundesrathes und des Reichstages, was folgt:

(unten IV, S. 296) ergänzt und abgeändert ist. Die folgenden Gesetze nehmen alsdann stets auf die Gesetze v. 9. November 1867 und 6. April 1870, später auf das Gesetz v. 27. Januar 1875 (unten VI, S. 302), welches jene ebenfalls anführt, Bezug.

Der Norddeutsche Bund hat fernerhin Anleihen aufgenommen auf Grund der Gesetze v. 21. Juli 1870, betr. den außerordentlichen Geldbedarf der Militär- und Marineverwaltung (B.G.Bl. S. 491), v. 29. November 1870, betr. den ferneren Geldbedarf für die Kriegführung (B.G.Bl. S. 619) v. 26. April 1871, betr. die Beschaffung weiterer Geldmittel zur Bestreitung der durch den Krieg veranlaßten außerordentlichen Ausgaben (B.G.Bl. S. 91). Wegen der Tilgung s. Ges. v. 28. Oktober 1871, betr. die Zurückzahlung der auf Grund des Ges. v. 21. Juli 1870 aufgenommenen fünfprozentigen Anleihe (R.G.Bl. S. 343). Auf Grund der beiden anderen Kriegsanleihe-Gesetze sind nur Schatzanweisungen ausgegeben, welche sämmtlich eingelöst sind.

Reichsanleihen: Ges. v. 27. Januar 1875, betr. die Aufnahme einer Anleihe für die Zwecke der Marine- und Telegraphenverwaltung (R.G.Bl. S. 18), v. 3. Januar 1876, betr. d. A. e. A. für Zwecke der Telegraphenverwaltung (R.G.Bl. S. 1), v. 3. Januar 1877, betr. d. A. e. A. für Zwecke der Post- und Telegraphenverwaltung (R.G.Bl. S. 1), v. 10. Mai 1877, betr. d. A. e. A. für Zwecke der Verwaltungen der Post und Telegraphie, der Marine und des Reichsheeres (R.G.Bl. S. 494), v. 21. Mai 1877, betr. d. Bau einer Eisenbahn von Teterchen bis zur Saarbahn bei Bous und bei Völklingen (R.G.Bl. S. 513), v. 23. Mai 1877, betr. die Erwerbung von zwei in Berlin gelegenen Grundstücken für das Reich (R.G.Bl. S. 500). [Auf alle diese Gesetze bezieht sich der Allerh. Erlaß v. 14. Juni 1877, betr. die Aufnahme einer Anleihe (R.G.Bl.

§ 1. Zur Bestreitung der außerordentlichen Ausgaben für die Bundesmarine, soweit dieselben

S. 531).] Ferner: v. 29. April 1878, betr. d. A. e. A. für Zwecke der Verwaltungen der Post und Telegraphie, der Marine und des Reichsheeres und zur Durchführung der Münzreform (R.G.Bl. S. 87), Ges. v. 8. Mai 1878, betr. d. Bau von Eisenbahnen in Elsaß-Lothringen (R.G.Bl. S. 93), v. 12. Juni 1878, betr. d. A. e. A. für Zwecke der Verwaltung des Reichsheeres (R.G.Bl. S. 105) [dazu Allerh Erlaß v. 14. Juni 1878 (R.G.Bl. S. Seite 125)]; ferner Ges. v. 30. März 1879, betr. d. A. e. A. für Zwecke der Verwaltungen der Post und Telegraphie, der Marine, des Reichsheeres und zur Durchführung der Münzreform (R.G.Bl. S. 121) [dazu Allerh. Erlaß v. 13. Juni 1879 (R.G.Bl. S. 152)], Ges. v. 15. Mai 1879, betr. den Ankauf der preuß. Staatsdruckerei durch das Reich (R.G.Bl. S. 132) [dazu derselbe Erlaß], Ges. v. 9. Juli 1879, betr. den Bau von Eisenbahnen ꝛc. (R.G.Bl. S. 159). Ferner Ges. v. 26. März 1880, betr. d. A. e. A. für Zwecke der Verwaltungen der Post und Telegraphie, der Marine und des Reichsheeres (R.G.Bl. S. 95) [dazu Allerh. Erlaß vom 13. Oktober 1880 (R.G.Bl. S. 187)]. Ferner: Ges. v. 28. März 1881, betr. d. A. e. A. für Zwecke der Verwaltungen der Post und Telegraphie, der Marine und des Reichsheeres (R.G.Bl. S. 68) [dazu Allerh. Erlaß v. 25. April 1881 (R.G.Bl. S. 92) und 12. Dezember 1881 (R.G.Bl. S. 273)]; Ges. v. 24. Mai 1881, betr. d. A. e. A. für Zwecke der Reichseisenbahnen in Elsaß-Lothringen (R.G.Bl. S. 93) [dazu Allerh. Erlaß v. 12. Dezember 1881 (R.G.Bl. S. 273)], Ges. v. 15. Februar 1882, betr. d. A. e. A. für Zwecke der Verwaltungen des Reichsheeres, der Marine und der Reichseisenbahnen, sowie zur Erhöhung des Betriebsfonds der Reichskasse (R.G.Bl. S. 38) [dazu Allerh. Erlaß v. 20. Juni 1882 (R.G.Bl. S. 68)], Ges. v. 16. Februar 1882, betr. die Ausführung des Anschlusses der freien Hansastadt Hamburg an das deutsche Zollgebiet während der nächsten Jahre nach Maßgabe der Bestimmungen des Artikels 70 der Verfassung

(R.G.Bl. S. 39) [dazu Allerh. Erlaß v. 26. November 1883 (R.G.Bl. S. 337), v. 29. September 1884 (R.G.Bl. S. 213), v. 30. März 1885 (R.G.Bl. S. 87), v. 4. Juni 1886 (R.G.Bl. S. 287), v. 18. Dezember 1886 (R.G.Bl. S. 309), v. 16. Juni 1887 (R.G.Bl. S. 250), v. 17. Dezember 1888 (R.G.Bl. S. 298) und v. 7. September 1889 (R.G.Bl. S. 287), vom 17. März 1890 (R.G.Bl. S. 59), v. 22. Januar 1892 (R.G.Bl. S. 305), v. 20. April 1892 (R.G.Bl. S. 501)], Ges. v. 2. März 1883, betr. d. A. v. A. f. Zwecke der Verwaltungen des Reichsheeres, der Marine und der Reichseisenbahnen (R.G.Bl. S. 29) [dazu Allerh. Erlaß v. 26. November 1883 (R.G.Bl. S. 337)], Ges. v. 2. Juli 1883, betr. d. A. v. A. für Zwecke der Verwaltungen des Reichsheeres, der Marine und der Reichseisenbahnen (R.G.Bl. S. 148) [dazu Allerh. Erlaß v. 29. September 1884 (R.G.Bl. S. 213)], Ges. v. 12. April 1884, betr. die Feststellung eines Nachtrags zum Reichshaushaltsetat für das Etatsjahr 1884/85 (R.G.Bl. S. 21) [dazu Allerh. Erlaß v. 29. September 1884 (R.G.Bl. S. 213)], Ges. v. 16. März 1885, betr. d. A. v. A. für Zwecke der Verwaltung des Reichsheeres, der Marine und der Reichseisenbahnen (R.G.Bl. S. 74) [dazu Allerh. Erlaß v. 30. März 1885 (R.G.Bl. S. 87) u. 4. Juni 1886 (R.G.Bl. S. 287)], Ges. v. 31. März 1885, betr. den Beitrag des Reichs zu den Kosten des Anschlusses der freien Hansastadt Bremen an das deutsche Zollgebiet, §§. 2, 3 (R.G.Bl. S. 79) [dazu Allerh. Erlaß v. 18. Dezember 1886 (R.G.Bl. S. 309), v. 16. Juni 1887 (R.G.Bl. S. 250), v. 17. Dezember 1888 (R.G.Bl. S. 298), v. 17. September 1889 (R.G.Bl. S. 193)], Ges. v. 6. März 1886, betr. d. A. v. A. für Zwecke der Verwaltung des Reichsheeres, der Marine und der Reichseisenbahnen (R.G.Bl. S. 52) [dazu Allerh. Erlaß v. 18. Dezember 1886 (R.G.Bl. S. 309)], Ges. v. 16. März 1886, betr. d. Herstellung des Nord-Ostsee-Kanals, § 2 (R.G.Bl. S. 58) [dazu

des Norddeutschen Bundes ihre Deckung nicht finden, sowie zu den Kosten der Küstenverthei-

Allerh. Erl. v. 17. Dezember 1888 (R.G.Bl. S. 298), v. 7. September 1889 (R.G.Bl. S. 193), v. 17. März 1890 (R.G.Bl. S. 59), v. 22. Januar 1892 (R.G.Bl. S. 305), v. 20. April 1892 (R.G.Bl. S. 501), v. 1. April 1893 (R.G.Bl. S. 141), v. 15. April 1894 (R.G.Bl. S. 341), v. 5. September 1896 (R.G.Bl. S. 701)], Ges. v. 30. März 1887, betr. d. A. v. A. für Zwecke der Verwaltungen des Reichsheeres, der Marine und der Reichseisenbahnen [dazu Allerh. Erlaß v. 16. Juni 1887 (R.G.Bl. S. 250).] Ges. v. 1. Juni 1887, betr. d. A. e. A. für Zwecke der Verwaltung des Reichsheeres und für die Vervollständigung des Eisenbahnnetzes im Interesse der Landesvertheidigung (R.G.Bl. S. 204) [dazu Allerh. Erl. v. 16. Juni 1887 (R.G.Bl. S. 350)], Ges. v. 20 Februar 1888, betr. d. A. e. A. für Zwecke der Verwaltung des Reichsheeres (R.G.Bl. S. 55) [dazu Allerh. Erlaß v. 5. März 1888 (R.G.Bl. S. 67), v. 17. Dezember 1888 (R.G.Bl. S. 298)], Ges. v. 4. März 1889, betr. d. A. e. A. für Zwecke der Verwaltungen des Reichsheeres, der Marine und der Reichseisenbahnen (R.G.Bl. S. 37) [dazu Allerh. Erlaß v. 7. September 1889 (R.G.Bl. S. 195)], Ges. v. 27. März 1889, betr. d. A. e. A. für Zwecke der Verwaltung des Reichsheeres (R.G.Bl. S. 45) [dazu Allerh. Erlaß v. 7. September 1889 (R.G.Bl. S. 193)], Ges. v. 1. Februar 1890 betr. d. A. e. A. f. Zwecke der Verwaltungen der Reichseisenbahnen und der Post und Telegraphen (R.G.Bl. S. 49) [dazu Allerh. Erlaß v. 17. März 1890 (R.G.Bl. S. 59)], Gesetz v. 5. Juli 1890, betr. d. A. e. A. f. Zwecke der Verwaltungen des Reichsheeres und der Post und Telegraphen (R.G.Bl. S. 130) [dazu Allerh. Erl. v. 22. Januar 1891 (R.G.Bl. S. 18)], Ges. v. 22. März 1891, betr. d. A. e. A. für Zwecke der Verwaltungen des Reichsheeres, der Marine, der Reichseisenbahnen und der Post und Telgraphen (R.G.Bl. S. 50) [dazu Allerh. Erl. v. 22. Januar 1892 (R.G.Bl. S. 305)], Ges. v. 1. Juni 1891,

digung sind die erforderlichen Geldmittel bis auf Höhe von zehn Millionen Thaler durch eine verzinsliche Anleihe zu beschaffen,[2] welche nach Maaß-

betr. d. A. e. A. f. Zwecke der Verwaltungen des Reichsheeres und der Post und Telegraphen (R.G.Bl. S. 336) [dazu Allerh. Erl. v. 22. Januar 1892 (R.G.Bl. S. 305)], Ges. v. 22. Februar 1892, betr. die Feststellung eines zweiten Nachtrages zum Reichshaushaltsetat für das Etatsjahr 1891/92 und d. A. e. A. f. Zwecke der Verwaltung der Marine (R.G.Bl. S. 309) [dazu Allerh. Erlaß v. 20. April 1892 (R.G.Bl. S. 501)], Ges. v. 30. März 1892, betr. d. A. e. A. f. Zwecke der Verwaltungen des Reichsheeres, der Marine und der Reichseisenbahnen (R.G.Bl. S. 368) [dazu Allerh. Erlaß v. 20. April 1892 (R.G.Bl. S. 501)], Ges. v. 10. April 1892, betr. die Feststellung eines Nachtrags zum Reichshaushaltsetats für das Etatsjahr 1892/93 (R.G.Bl. S. 471) [dazu Allerh. Erl. v. 20. April 1892 (R.G.Bl. S. 501)], Gesetz v. 26. März 1893 betr. d. A. e. A. für Zwecke der Verwaltungen des Reichsheeres, der Marine und der Reichseisenbahnen, sowie zur Erhöhung der Betriebsfonds der Reichskasse (R.G.Bl. S. 122) [dazu Allerh. Erl. v. 1. April 1893 (R.G.Bl. S. 141)], Ges. v. 23. Juli 1893, betr. d. A. e. A. f. Zwecke der Verwaltung des Reichsheeres (R.G.Bl. S. 226) [dazu Allerh. Erl. v. 15. April 1894 (R.G.Bl. S. 341)], Ges. v. 18. März 1894, betr. d. A. e. A. f. Zwecke der Verwaltungen des Reichsheeres, der Marine und der Reichseisenbahnen (R.G.Bl. S. 305) [dazu Allerh. Erl. v. 15. April 1894 (R.G.Bl. S. 341)], Ges. v. 29. März 1895, betr. d. A. e. A. f. Zwecke der Verwaltungen des Reichsheeres, der Marine und der Reichseisenbahnen (R.G.Bl. S. 207) [dazu Allerh. Erlaß v. 5. September 1896 (R.G.Bl. S. 701)], Ges. v. 29. März 1896, betr. d. A. e. A. für Zwecke der Verwaltungen des Reichsheeres, der Marine und der Reichseisenbahnen (R.G.Bl. S. 86) [dazu Allerh. Erl. v. 5. September 1896 (R.G.Bl. S. 701)], Gesetz v. 22. Juli 1896, betr. d. A. e. A. f. Zwecke der Verwaltungen des Reichsheeres

gabe des Bedarfs allmälig zu realisiren und der Marine-, resp. Militärverwaltung zu überweisen ist.

§ 2. Die Zinsen dieser Anleihe und die Termine, in welchen dieselben zu zahlen sind, werden von dem Bundespräsidium festgesetzt. Nach dessen besonderer Anordnung werden über die Anleihe Schuldverschreibungen, versehen mit Coupons über die Zinsen für vier Jahre und Talons zur Erhebung neuer Zinscoupons, von der Bundes-Schuldenverwaltung ausgefertigt. Die folgenden Serien der Zinscoupons werden den Inhabern der mit der vorhergehenden Serie ausgegebenen Talons gegen deren Rückgabe verabfolgt; wird hiergegen vor der Ausreichung der neuen Coupons Widerspruch erhoben, so erfolgt dieselbe an die

und des Auswärtigen Amts sowie der Reichs-Post- und Telegraphenverwaltung (R.G.Bl. S. 668).

Die Verwaltung der nach Maßgabe des Ges. v. 9. November 1867 aufzunehmenden Bundesanleihe ist durch Ges. v. 19. Juni 1868 (unten II, S. 291) bis zum Erlaß eines definitiven Ges. für die Bundesschulden-Verwaltung der Preußischen Hauptverwaltung der Staatsschulden übertragen (vergl. das. Anm. 2). Auf dieses Gesetz nehmen die späteren Anleihe-Gesetze Bezug.

[2] In den späteren Gesetzen (s. schon Ges. v. 21. Juli 1870 §. 1 — B.G.Bl. S. 491) ist die Form einer Ermächtigung für den Bundes- bezw. Reichskanzler gewählt, welcher indessen stets eine weitere Ermächtigung des Bundespräsidiums beziehungsw. Kaisers folgt.

Besitzer der Schuldverschreibungen gegen besondere Quittung.[3]

§§ **3** bis **5**: Dieselben sind ersetzt durch Gesetz vom 6. April 1876 (unten IV).

§ **6.** In Ansehung der verlorenen oder vernichteten Schuldverschreibungen oder Zinscoupons finden die auf die Preußischen Staatsschuldscheine und deren Zinscoupons Bezug habenden §§. 1 bis 13 der Verordnung vom 16. Juni 1819 wegen des Aufgebots und der Amortisation verlorener oder vernichteter Staatspapiere (Preußische Gesetz-Samml. von 1819 S. 157) mit nachstehenden näheren Bestimmungen Anwendung:

a) Die im §. 1 jener Verordnung vorgeschriebene Anzeige muß der Bundes-Schuldenverwaltung gemacht werden. Dieser werden alle diejenigen Geschäfte und Befugnisse beigelegt, welche nach der angeführten Verordnung dem Schatzministerium zukommen.

b) Das im §. 5 gedachte Aufgebot erfolgt bei dem Stadtgerichte zu Berlin.[4]

c) Die in den §§. 6, 9 und 12 vorgeschriebenen Bekanntmachungen sollen durch den Preuß. Staatsanzeiger oder die Zeitung, welche an

[3] Die Geldmittel sind indessen lediglich durch Ausgabe von Schatzanweisungen beschafft worden (s. Anm. 6).

[4] Seit dem 1. Oktober 1879 bei dem Amtsgericht I zu Berlin.

seine Stelle tritt, und durch je eine der in Leipzig, Hamburg und Frankfurt a. M. erscheinenden Zeitungen, deren Bestimmung der Bundes-Schuldenverwaltung überlassen bleibt, erfolgen.[5]

§ 7. An Stelle der Anleihe von zehn Millionen Thaler (§. 1) können vorübergehend verzinsliche Schatzanweisungen, längstens auf Ein Jahr lautend, ausgegeben werden.[6] Dieselben sind aus dem Ertrage der Anleihe, je nachdem dieselbe realisirt wird, wieder einzulösen, inzwischen aber aus den bereitesten Einkünften des Norddeutschen Bundes zu verzinsen, beziehungsweise einzulösen.

[5] Wegen weiterer Anwendung des §. 6 vgl. Ges. v. 21. Mai 1873 (unten V, S. 298).

Die hier in Betreff des Aufgebotsverfahrens enthaltenen Vorschriften werden durch die §§. 823 ff. der Civilprozeßordnung v. 30. Januar 1877 (R.G.Bl. S. 83 ff.) ergänzt, aber nicht abgeändert (s. Einf.Ges. z. Civilprozeßordnung v. 30. Januar 1877 §. 13 — R.G.Bl. S. 244), während in Preußen alle besonderen Vorschriften über das Urkundenaufgebot beseitigt sind (Preuß. Ausf.Ges. z. d. Civilprozeßordnung v. 29. März 1879 §. 20 — Ges.Samml. S. 281).

[6] Die Ausgabe verzinslicher Schatzanweisungen gemäß des Ges. v. 9. November 1867 und des Ges. v. 20. Mai 1869 (unten III, S. 295) ist genehmigt durch die Erl. v. 4. Juli 1868 (B.G.Bl. S. 435), 15. März 1869 (B.G.Bl. S. 71), 4. Dezember 1869 (B.G.Bl. S. 697) u. 6. Februar 1870 (B.G.Bl. S. 35).

§ 8. Die Ausgabe der Schatzanweisungen ist durch die Bundeskasse zu bewirken.

Die Zinsen auf Schatzanweisungen verjähren binnen vier Jahren, die verschriebenen Kapitalbeträge binnen dreißig Jahren nach Eintritt des in jeder Schatzanweisung auszudrückenden Fälligkeitstermins.

§ 9. Die auf Grund dieses Gesetzes jährlich zu verwendenden Beträge sind in den Bundeshaushalts-Etat des betreffenden Jahres aufzunehmen. Für das Jahr 1868 werden der Marineverwaltung 3,100,000 Thaler und der Militärverwaltung zur Küstenbefestigung 500,000 Thaler zur Verfügung gestellt.

§ 10. Die Ausführung dieses Gesetzes wird dem Bundeskanzler übertragen.

Urkundlich unter Unserer Höchsteigenhändigen Unterschrift und beigedrucktem Bundes-Insiegel.

Gegeben Berlin, den 9. November 1867.

(L. S.) **Wilhelm.**

Gr. v. Bismarck-Schönhausen.

II.

Gesetz, betreffend die Verwaltung der nach Maßgabe des Gesetzes vom 9. November 1867 aufzunehmenden Bundesanleihe. Vom 19. Juni 1868. (B.G.Bl. S. 339. Ausgegeben am 23. Juni 1868.)

Wir Wilhelm, von Gottes Gnaden König von Preußen ꝛc. verordnen im Namen des Norddeutschen Bundes, nach erfolgter Zustimmung des Bundesrathes und des Reichstages, was folgt:

§ 1. Die Verwaltung der nach Maßgabe des Gesetzes, betreffend den außerordentlichen Geldbedarf des Norddeutschen Bundes zum Zwecke der Erweiterung der Bundes-Kriegsmarine und der Herstellung der Küstenvertheidigung, vom 9. November 1867 (Bundes-Gesetzblatt vom Jahre 1867 S. 157 ff.) aufzunehmenden Anleihe von 10 Millionen Thaler wird bis zum Erlaß eines definitiven Gesetzes über die Bundesschulden-Verwaltung[1] der Preußischen Hauptverwaltung der Staatsschulden übertragen und von derselben nach Maßgabe des Preußischen Gesetzes vom 24. Februar 1850 (Gesetz-Samml. S. 57) geführt.[2] Die im

[1] Ein solches Gesetz ist bisher nicht erlassen.

[2] Vgl. oben I, Anm. 1 a. E., S. 287. Sämmtliche späteren Anleihegesetze enthalten die Vorschrift, daß die durch dieselben genehmigten Bundes- bezw. Reichsanleihen nach den Bestim-

§. 6 des vorgenannten Gesetzes ausgesprochene unbedingte Verantwortlichkeit der Hauptverwaltung der Staatsschulden erstreckt sich auch darauf, daß eine Konvertirung der über die oben gedachte Anleihe ausgestellten Schuldverschreibungen nicht anders, als auf Grund eines, dieselbe anordnenden oder zulassenden Gesetzes, und nachdem die etwa erforderlichen Mittel bewilligt sind, vorgenommen wird.

§ 2. Die obere Leitung steht dem Bundeskanzler[3] zu, soweit dieses mit der, der Hauptverwaltung der Staatsschulden beigelegten Unabhängigkeit vereinbar ist.

§ 3. Der Direktor und die Mitglieder der Hauptverwaltung der Staatsschulden[4] haben zu Protokoll zu erklären, daß sie den von ihnen nach §. 9 des Gesetzes vom 24. Februar 1850 geleisteten Eid auch für die, durch das gegen-

mungen des Ges. v. 19. Juni 1868 zu verwalten sind und dem Reichstage Rechenschaft über die Ausführung der Gesetze zu geben sei.

Die Preußische Hauptverwaltung der Staatsschulden führt seit der Errichtung des Deutschen Reichs in der vorliegenden Eigenschaft die Benennung „Reichsschulden-Verwaltung“ (vgl. Ges. v. 30. April 1874 § 6 — oben B I, S. 61; Ges. v. 27. Januar 1875 §. 3 — unten VI, S. 303).

[3] An Stelle des preuß. Finanzministers (vgl. Ges. vom 24. Februar 1850 §. 1).

[4] Vgl. Ges. v. 24. Februar 1850 §§. 2, 3.

wärtige Gesetz ihnen übertragene Verwaltung als maßgebend anerkennen.

Das Protokoll ist dem Bundesrathe und dem Reichstage vorzulegen.

§ 4. Die Geschäfte der Staatsschulden-Kommission (§. 1 des Gesetzes vom 24. Februar 1850) werden von einer Bundesschulden-Kommission wahrgenommen. Die Bundesschulden-Kommission besteht aus drei Mitgliedern des Bundesrathes, und zwar aus dem jedesmaligen Vorsitzenden des Ausschusses für das Rechnungswesen und zwei Mitgliedern dieses Ausschusses, ferner aus drei Mitgliedern des Reichstages und aus dem Präsidenten der Rechnungsbehörde des Norddeutschen Bundes, bis zu deren Errichtung aber aus dem Chefpräsidenten der Preußischen Oberrechnungskammer, welcher besonders für diese ihm interimistisch übertragenen Verpflichtungen zu vereidigen ist.[5]

§ 5. Der Bundesrath wählt aus den Mitgliedern des Ausschusses für Rechnungswesen die der Bundesschulden-Kommission hinzutretenden Mitglieder von Session zu Session. — Die aus dem Reichstage zu ernennenden Mitglieder der Kommission werden mit absoluter Stimmenmehrheit auf drei Jahre gewählt.

Wenn vor Ablauf der genannten Fristen ein

[5] Vgl. Ges. v. 4. Juli 1868 (B.G.Bl. S. 433).

Mitglied der Kommission aufhört, dem Bundesrathe oder dem Reichstage anzugehören, so scheidet dasselbe aus der Kommission aus. — Die in diesem Falle oder nach Ablauf der Amtsdauer Ausscheidenden bleiben jedoch bis zum Eintritt ihrer Nachfolger in Funktion.

§ 6. Den Vorsitz in der Kommission führt der Vorsitzende des Ausschusses des Bundesrathes für Rechnungswesen oder bei dessen Behinderung ein anderes, dem Bundesrathe angehöriges Mitglied der Kommission.

Die Beschlüsse der Kommission werden nach Stimmenmehrheit gefaßt.

Zu einem Beschlusse ist die Anwesenheit von wenigstens fünf Mitgliedern erforderlich.

§ 7. Die Bundesschulden-Kommission hat dem Bundesrathe und dem Reichstage gegenüber dieselben Verpflichtungen, welche der Preußischen Staatsschulden-Kommission den beiden Häusern des Preußischen Landtages gegenüber obliegen.

Urkundlich unter Unserer Höchsteigenhändigen Unterschrift und beigedrucktem Bundes-Insiegel.

Gegeben Berlin, den 19. Juni 1868.

(L. S.) **Wilhelm.**

Gr. v. Bismarck-Schönhausen.

III.

Gesetz wegen Abänderung des Gesetzes v. 9. November 1867, betreffend den außerordentlichen Geldbedarf des Norddeutschen Bundes zum Zwecke der Erweiterung der Bundes-Kriegsmarine und der Herstellung der Küstenvertheidigung. Vom 20. Mai 1869. (B.G.Bl. S. 137. Ausgegeben am 25. Mai 1869.)

Wir Wilhelm, von Gottes Gnaden König von Preußen rc. verordnen im Namen des Norddeutschen Bundes, nach erfolgter Zustimmung des Bundesrathes und des Reichstages, was folgt:

Einziger Paragraph.

Der Betrag der zur Bestreitung der außerordentlichen Ausgaben für die Bundes-Kriegsmarine, sowie zu den Kosten der Küstenvertheidigung erforderlichen Geldmittel, welche nach Maßgabe des Gesetzes vom 9. November 1867 (Bundesgesetzbl. vom Jahre 1867 S. 157. ff.)[1] durch eine verzinsliche, nach den Bestimmungen des Gesetzes vom 19. Juni 1868 (Bundesgesetzbl. vom Jahre 1868 S. 339. ff.)[2] zu verwaltende Anleihe zu beschaffen sind, wird auf siebenzehn Millionen Thaler erhöht.

[1] Oben I, S. 281.
[2] Oben II, S. 291.

Urkundlich unter Unserer Höchsteigenhändigen Unterschrift und beigedrucktem Bundes-Insiegel.

Gegeben Schloß Babelsberg, den 20. Mai 1869.

(L. S.) **Wilhelm.**

Gr. v. Bismarck-Schönhausen.

IV.

Gesetz wegen Abänderung des Gesetzes vom 9. November 1867, betreffend den außerordentlichen Geldbedarf des Norddeutschen Bundes zum Zwecke der Erweiterung der Bundeskriegsmarine und der Herstellung der Küstenvertheidigung. Vom 6. April 1870. (B.G.Bl. S. 65. Ausgegeben am 9. April 1870.)[1]

Wir Wilhelm, von Gottes Gnaden König von Preußen ꝛc. verordnen im Namen des Norddeutschen Bundes, nach erfolgter Zustimmung des Bundesrathes und des Reichstages, was folgt:

[1] Durch dieses in dem Ges. v. 27. Januar 1875 §. 2 (unten VI, S. 303), worauf alle folgenden Anleihegesetze verweisen, in Bezug genommene Gesetz ist das Tilgungssystem dahin verändert, daß fortan nur wiederverkäufliche Rentenschulden emittirt werden. Uebrigens sind die auf Grund der Gesetze vom 9. November 1867 (oben I) und 20. Mai 1869 (oben III) auf-

In dem Gesetze vom 9. November 1867, betreffend den außerordentlichen Geldbedarf des Norddeutschen Bundes zum Zwecke der Erweiterung der Bundeskriegsmarine und der Herstellung der Küstenvertheidigung (Bundesgesetzbl. S. 157.), werden die §§. 3. 4. und 5. in der Weise geändert, daß an ihre Stelle die nachstehenden, mit denselben Nummern bezeichneten Paragraphen treten.

§ 3. Die Tilgung des Schuldkapitals erfolgt in der Art, daß die durch den Bundeshaushalts-Etat dazu bestimmten Mittel zum Ankauf einer entsprechenden Anzahl von Schuldverschreibungen verwendet werden.

§ 4. Dem Norddeutschen Bunde bleibt das Recht vorbehalten, die im Umlauf befindlichen Schuldverschreibungen zur Einlösung gegen Baarzahlung des Kapitalbetrages binnen einer gesetzlich festzusetzenden Frist zu kündigen.

Den Inhabern der Schuldverschreibungen steht ein Kündigungsrecht gegen den Norddeutschen Bund nicht zu.

§ 5. Die zur Verzinsung des Schuldkapitals erforderlichen Mittel müssen der Bundesschuldenverwaltung aus den bereitesten Einkünften des

genommenen Anleihen aus der französischen Kriegskosten-Entschädigung vollständig getilgt (s. Ges. v. 8. Juli 1872 Art. VI Abs. 4 — R.G.Bl. S. 289, Ges. v. 8. Juli 1887 §. 1 Nr. 2 — R.G.Bl. S. 217).

Norddeutschen Bundes zur Verfallzeit zur Verfügung gestellt werden.

Nicht erhobene Zinsen verjähren in vier Jahren, von der Verfallzeit an gerechnet, zum Vortheil der Bundeskasse.

Urkundlich unter Unserer Höchsteigenhändigen Unterschrift und beigedrucktem Bundes-Insiegel.

Gegeben Berlin, den 6. April 1870.

(L. S.) **Wilhelm.**

Gr. v. Bismarck-Schönhausen.

V.

Gesetz, betreffend das Aufgebot und die Amortisation verlorener oder vernichteter Schuldurkunden des Norddeutschen Bundes und des Deutschen Reichs. Vom 12. Mai 1873. (R.G.Bl. S. 91. Ausgegeben am 15. Mai 1873.)[1]

Wir Wilhelm, von Gottes Gnaden Deutscher Kaiser, König von Preußen ꝛc. verordnen im

[1] Das Gesetz gilt auch in Elsaß-Lothringen (Ges. v. 8. Febr. 1875 Nr. 4, R.G.Bl. S. 69). Dasselbe findet auch mit Modifikationen Anwendung auf das Aufgebot von Antheilsscheinen der Reichsbank (Statut der Reichsbank v. 21. Mai 1875 §. 8 — oben C II, S. 147).

Namen des Deutschen Reichs, nach erfolgter Zustimmung des Bundesrathes und des Reichstages, was folgt:

§ 1. Das im §. 6 des Gesetzes, betreffend den außerordentlichen Geldbedarf des Norddeutschen Bundes, vom 9. November 1867 (Bundesgesetzbl. S. 157)[2] vorgeschriebene Verfahren findet mit den in den nachfolgenden Paragraphen bestimmten Maßgaben auf solche verlorene oder vernichtete Schuldverschreibungen und Schatzanweisungen des Norddeutschen Bundes und des Deutschen Reichs Anwendung, welche entweder niemals mit Zinsscheinen versehen waren oder zu einem bereits abgelegten[3] Theile der Bundes- oder Reichsschuld gehören.[4]

§ 2. Das gerichtliche Aufgebot wird ohne

[2] Vgl. oben I S. 281.

[3] D. h. zur Auszahlung gekündigten.

[4] Die §§. 1—13 der preuß. Verordn. v. 16. Juni 1819 (vgl. §. 6 des Ges. v. 9. November 1867 — oben I) beziehen sich nur auf die mit Zinsscheinen versehenen Schuldurkunden solcher Anleihen, welche noch nicht abgelegt sind. Die hiernach entstandene Lücke wird durch das vorliegende Gesetz ausgefüllt.

Wegen des Verfahrens vgl. oben I, Anm. 5, S. 289, ferner §§. 823 bis 850 der Civilprozeßordnung v. 30. Januar 1877 (R.G.Bl. S. 83), §. 23 Nr. 2 des Gerichtsverfassungsges. v. 27. Januar 1877 (R.G.Bl. S. 41), §. 44 des Gerichtskostenges. v. 18. Juni 1878 (R.G.Bl. S. 141) in der durch Art. 1 Nr. 11 des Ges. v. 29. Juni 1881 (R.G.Bl. S. 178) abgeänderten Fassung.

vorgängige Bekanntmachung der Reichsschuldenverwaltung auf Grund eines Zeugnisses der letzteren darüber,

daß die durch die verloren gegangene Urkunde verbriefte Schuld in ihren Büchern oder Etats noch offen stehe,

erlassen.

§ **3.** Der Aufgebotstermin wird mit zwölfmonatlicher Frist anberaumt.[5]

§ **4.** Ist das Aufgebot ohne Erfolg geblieben, und wird demnächst von der Reichsschuldenverwaltung unter Wiederholung des im §. 2 erwähnten Zeugnisses bescheinigt, daß die aufgebotene Urkunde auch bis dahin nicht zum Vorschein gekommen sei, so wird das Amortisations-Erkenntniß abgefaßt.

§ **5.** Die nach §. 6 des Gesetzes vom 9. November 1867 und nach dem gegenwärtigen Gesetze erforderlichen Bekanntmachungen erfolgen durch den Deutschen Reichs-Anzeiger und durch je eine der in Frankfurt a. M., Augsburg, Leipzig und Hamburg erscheinenden Zeitungen, deren Bestimmung der Reichsschuldenverwaltung überlassen ist.

§ **6.** An Stelle der amortisirten Schuldverschreibung oder Schatzanweisung wird eine neue nicht ausgefertigt, wenn die Verbriefung des be-

[5] Vgl. §. 847 der Civilprozeßordnung.

züglichen Theils der Bundes- oder Reichsschuld bereits geschlossen ist. In diesem Falle hat die Reichsschuldenverwaltung einer von ihr zu beglaubigenden Abschrift der mit dem Atteste der Rechtskraft versehenen Ausfertigung des Amortisations-Erkenntnisses, welche letztere bei ihren Akten aufzubewahren ist, ein Anerkenntniß der durch die amortisirte Urkunde verbrieften Forderung beizufügen. In dieses Anerkenntniß ist möglichst der vollständige Inhalt der amortisirten Urkunde und die Erklärung aufzunehmen, daß die Zahlung des Kapitals und, soweit der Gläubiger Zinsen zu fordern berechtigt ist, auch dieser von Seiten der Reichsschuldenverwaltung an den Inhaber des Anerkenntnisses ohne weitere Legitimation desselben mit voller Wirkung geschehen werde.

Urkundlich unter Unserer Höchsteigenhändigen Unterschrift und beigedrucktem Kaiserlichen Insiegel.

Gegeben Berlin, den 12. Mai 1873.

(L. S.) **Wilhelm.**

Fürst v. Bismarck.

VI.

Gesetz, betreffend die Aufnahme einer Anleihe für Zwecke der Marine- und der Telegraphenverwaltung. Vom 27. Januar 1875. (R.G.Bl. S. 18. Ausgegeben am 1. Februar 1875.)

Wir Wilhelm, von Gottes Gnaden Deutscher Kaiser, König von Preußen ꝛc. verordnen im Namen des Deutschen Reichs, nach erfolgter Zustimmung des Bundesraths und des Reichstags, was folgt:

§ 1. Der Reichskanzler wird ermächtigt, die zur Bestreitung der in der Anlage A[1] aufgeführten einmaligen Ausgaben der Marine- und der Telegraphenverwaltung für 1875 erforderlichen Geldmittel bis zur Höhe von 16,187,553 Mark im Wege des Kredits flüssig zu machen und zu diesem Zwecke in dem Nominalbetrage, wie er zur Beschaffung jener Summe erforderlich sein wird, eine verzinsliche, nach den Bestimmungen des Gesetzes vom 19. Juni 1868 (Bundes-Gesetzbl. S. 339)[2] zu verwaltende Anleihe aufzunehmen und Schatzanweisungen auszugeben.

[1] Die Anlage ist, weil ohne dauerndes Interesse, nicht mit abgedruckt.

[2] Vgl. oben II, S. 291.

§ 2. In Bezug auf die Verzinsung und Tilgung der zu begebenden Anleihe finden die Bestimmungen im §. 2 des Gesetzes vom 9. November 1867 (Bundes-Gesetzbl. S. 157)[3] und der §§. 3—5 des Gesetzes vom 6. April 1870 (Bundes-Gesetzbl. S. 65),[4] in Ansehung der verlorenen oder vernichteten Schuldverschreibungen und Zinskupons die Bestimmungen im §. 6 des Gesetzes vom 9. November 1867 (Bundes-Gesetzbl. S. 157) und des Gesetzes vom 12. Mai 1873 (Reichs-Gesetzbl. S. 91)[5] Anwendung.

§ 3. Die Bestimmung des Zinssatzes der auszugebenden Schatzanweisungen, deren Ausfertigung der preußischen Hauptverwaltung der Staatsschulden unter der Benennung „Reichsschulden-Verwaltung" übertragen wird, und der Dauer ihrer Umlaufszeit, welche den Zeitraum eines Jahres nicht überschreiten darf, wird dem Reichskanzler überlassen. Nach Anordnung des Reichskanzlers kann der Betrag der Schatzanweisungen wiederholt, jedoch nur zur Deckung in Verkehr gesetzter Schatzanweisungen, ausgegeben werden.

Im Uebrigen finden auf die auszugebenden

[3] Vgl. oben I, S. 287.

[4] Vgl. oben IV, S. 297.

[5] Vgl. oben V, S. 298.

Schatzanweisungen die Bestimmungen im §. 8 des Gesetzes vom 9. November 1867 Anwendung.

§ 4. Die zur Verzinsung und Tilgung der Anleihe, sowie zur Einlösung der Schatzanweisungen erforderlichen Beträge müssen der Reichsschulden-Verwaltung aus den bereitesten Einkünften des Reichs zur Verfallzeit zur Verfügung gestellt werden.

§ 5. Dem Reichstage ist bei dessen nächster Zusammenkunft über die Ausführung dieses Gesetzes Rechenschaft zu geben.

Urkundlich unter Unserer Höchsteigenhändigen Unterschrift und beigedrucktem Kaiserlichen Insiegel.

Gegeben Berlin, den 27. Januar 1875.

(L. S.) **Wilhelm.**

Fürst v. Bismarck.

VII.

Gesetz, betreffend das Reichsschuldbuch. Vom 31. Mai 1891. (R.G.Bl. S. 321. Ausgegeben am 11. Juni 1891.)[1]

Wir Wilhelm, von Gottes Gnaden Deutscher Kaiser, König von Preußen ꝛc. verordnen im

[1] Das Gesetz enthält eine Nachbildung des preuß. Ges. v. 20. Juli 1883 (Ges.Samml. S. 120). Der Entw. nebst

Namen des Reichs, nach erfolgter Zustimmung des Bundesraths und des Reichstags, was folgt:

§ 1. Schuldverschreibungen der Reichsanleihen[2] können in Buchschulden des Reichs auf den Namen eines bestimmten Gläubigers umgewandelt werden.

§ 2.[3] Die Umwandlung erfolgt gegen Ein-

Begründung s. Sten. Ber. d. Reichstags, 8. Leg.Per. I. Sess. (1890/92), Anlage-Bd. IV, Aktenstück 421 S. 2481 ff. Die Annahme erfolgte ohne Diskussion in den Sitzungen des Reichstags v. 2. u. 6. Mai 1891 — Sten. Ber. S. 2708 ff., 2781 ff. Das Ges. ist mit dem 1. April 1892 in Kraft getreten (s. § 24 u. unten VIII). Vgl. auch d. Ges. betr. d. Erweiterung des Staatsschuldbuchs v. 8. Juni 1891 (Ges.S. S. 105). Unter dem Titel „Amtliche Nachrichten über das Deutsche Reichsschuldbuch" ist von der Reichsschuldenverwaltung eine Zusammenstellung der für die Betheiligten wissenswerthen Bestimmungen herausgegeben. Verlag von J. Guttentag, Berlin. Centralbl. Nr. 13 v. 25. März 1892 S. 157.

[2] Ohne Unterschied des Zinssatzes. Vgl. auch § 2 Abs. 2 sowie d. Preuß. Ges. v. 8. Juni 1891 Art. I, wonach für die zu verschiedenen Zinssätzen erfolgenden Eintragungen getrennte Bücher angelegt werden können.

[3] Die von dem Bundesrath am 21. Jan. 1892 genehmigten, vom Reichskanzler unterm 27. dess. Mts. erlassenen Ausführungsbestimmungen (Centralblatt f. d. D. Reich 1892 S. 25 ff.) bestimmen zu den §§ 2 u. 4 d. Ges.:

Artikel 1 (§§. 2 und 4 des Gesetzes vom 31. Mai 1891).

1. Ueber die zu verschiedenen Zinssätzen erfolgenden Eintragungen in das Reichsschuldbuch werden getrennte Bücher geführt.

Jedes dieser Bücher zerfällt in sieben Abtheilungen:

Abtheilung I für physische Personen (§. 4 Nr. 1 des Gesetzes),

lieferung zum Umlauf brauchbarer Reichsschuldverschreibungen durch Eintragung in das bei der Reichsschuldenverwaltung zu führende Reichsschuldbuch.

Abtheilung II für Handelsfirmen (§. 4 Nr. 2 daselbst),
Abtheilung III für eingetragene Genossenschaften,
Abtheilung IV für eingeschriebene Hülfskassen,
Abtheilung V für juristische Personen,
zu III bis V, sofern sie im Inlande ihren Sitz haben (§. 4 Nr. 3 daselbst),
Abtheilung VI für Vermögensmassen ohne juristische Persönlichkeit, wie Stiftungen, Anstalten, Familienfideikommisse, deren Verwaltung von einer öffentlichen Behörde oder unter deren Aufsicht geführt wird (§. 4 Nr. 4 daselbst),
Abtheilung VII für Vermögensmassen, deren Verwalter ihre Verfügungsbefugniß über die Masse durch eine gerichtliche oder notarielle Urkunde nachweisen (ebendaselbst).

Für jede Abtheilung werden so viel einzelne Konten angelegt, als Gläubiger einzutragen sind. Jedes Konto wird nach dem beifolgenden Muster I eingerichtet.*

Zu jeder Abtheilung ist ein alphabetisches Namenregister zu führen.

Die Abschrift des Reichsschuldbuchs wird in einem besonderen Gebäude aufbewahrt. Die Abschrift der einzelnen Eintragungen wird spätestens eine Woche nach den Eintragungen selbst bewirkt.

2. Bei Prüfung der Frage, ob die zur Umwandlung in eine Buchschuld eingereichten Reichs-

* Das Muster (Centralbl. S. 29 ff.) ist nicht mit aufgenommen.

Für die zu verschiedenen Zinssätzen erfolgenden Eintragungen können getrennte Bücher angelegt werden.

In dem Reichsschuldbuche sind auch die in dem Schuldverhältnisse eintretenden Veränderungen zu vermerken.[4]

Von dem Reichsschuldbuche ist eine Abschrift zu bilden und getrennt aufzubewahren.

schuldverschreibungen zum Umlauf brauchbar sind (§. 2 des Gesetzes) ist Folgendes zu beachten:

Die Schuldverschreibungen dürfen nicht gerichtlich für kraftlos erklärt oder von einem Gericht oder einer mit Vollstreckungsbefugniß ausgestatteten Behörde mit Beschlag belegt sein. Befindet sich eine Außerkurssetzung darauf vermerkt, so muß auch der Vermerk ordnungsmäßiger Wiederinkurssetzung sich vorfinden. Die Umwandlung befleckter oder beschädigter Stücke ist nur zulässig, wenn nach dem Ermessen der Reichsschuldenverwaltung der Antragsteller sich als der rechtmäßige Besitzer der umzuwandelnden Schuldverschreibungen ausgewiesen hat. Jeder eingereichten Schuldverschreibung müssen die noch nicht fälligen Zinsscheine (Kupons) und der dazu gehörige Erneuerungsschein (Talon, Anweisung) beigefügt sein. Nur den Schuldverschreibungen, welche in einem dem Fälligkeitstermin der Zinsen vorangehenden Monat eingereicht werden, sind die nächstfälligen Zinsscheine nicht beizufügen.

[4] Sei es auf Antrag oder von Amtswegen. Vgl. § 7. Privat-Außerkurssetzungsvermerke haben bei den nach § 4 Abs. 3 d. Ges. v. 8. März 1897 (unten XI) erfolgenden Eintragungen nach § 5 das. keine bindende Kraft.

Ueber den Inhalt des Reichsschuldbuches darf nur dem eingetragenen Gläubiger, seinen gesetzlichen Vertretern, Bevollmächtigten und Rechtsnachfolgern von Todeswegen, sowie bezüglich der im §. 4 unter Nr. 3 und 4 bezeichneten Gläubiger den zur Revision der Kassen derselben berechtigten öffentlichen Behörden oder sonstigen Personen, letzteren aber nur, falls ihre Berechtigung zur Kassenrevision durch eine inländische öffentliche Behörde bescheinigt ist, Auskunft ertheilt werden.

§ 3. Die Eintragung einer Buchschuld geschieht auf Antrag des Inhabers und auf den Namen der in dem Antrage als Gläubiger bezeichneten Person.[5]

[5] Art. 2 der „Ausführungsbestimmungen" verordnet:

1. Zu dem Antrage auf Eintragung einer Buchschuld ist das beiliegende Muster II * zu benutzen.
2. Die Bezeichnung des Gläubigers muß so genau erfolgen, daß die Unterscheidung von einem anderen mit Sicherheit geschehen kann.

Bei physischen Personen sind anzugeben:

a) der Familienname,
b) die Vornamen,
c) bei Frauen auch der Geburtsname,
d) der Beruf oder Stand,
e) der Wohnort und soweit erforderlich die Wohnung.

Bei großjährigen unter Vormundschaft stehenden Personen ist der Grund der Entmündigung (z. B.

* Vgl. Centralbl. S. 32.

§ 4. Als Gläubiger können nur eingetragen werden:

1. einzelne physische Personen,
2. einzelne Handelsfirmen,

entmündigt wegen Geisteskrankheit), bei minderjährigen Personen ihr Geburtstag und Geburtsort oder Name, Stand und letzter Wohnort des Vaters anzugeben.

3. Die gleichen genauen Angaben (siehe 2 a bis e) sind erforderlich für die als zum Zinsempfang berechtigt bestellten physischen Personen, seien dies nun Bevollmächtigte oder Vormünder oder andere gesetzliche Vertreter.

4. Etwaige Beschränkungen der Gläubiger in Bezug auf Kapital oder Zinsen sind am Schlusse zu beantragen.

5. Soll die Eintragung auf den Namen einer juristischen Person, Handelsfirma, eingetragenen Genossenschaft oder eingeschriebenen Hülfskasse geschehen, so ist, soweit es nicht notorisch, dem Antrage das Zeugniß der zuständigen öffentlichen Behörde beizufügen, durch welches dargethan wird, bei juristischen Personen, daß sie rechtliche Existenz und ihren Wohnsitz im Inlande haben, bei den Firmen, daß sie mit der angegebenen Bezeichnung und Wohnung im Handelsregister, bei eingetragenen Genossenschaften, daß sie in einem Genossenschaftsregister im Inlande eingetragen, und bei eingeschriebenen Hülfskassen, daß sie als Kassen innerhalb dieses Gebiets zugelassen sind.

Soll die Eintragung auf den Namen einer Vermögensmasse erfolgen, deren Verwaltung von einer öffentlichen Behörde geführt oder beaufsichtigt wird, so ist die Reichsschuldenverwaltung befugt, zu ver-

3. einzelne eingetragene Genossenschaften, einzelne eingeschriebene Hülfskassen und einzelne juristische Personen, welche im Inlande ihren Sitz haben,

langen, daß durch geeignete Urkunden die Eigenschaft der Behörde als einer öffentlichen und ihre Zuständigkeit nachgewiesen werde.

6. Werden Schuldverschreibungen mit verschiedenen Zinssätzen gleichzeitig zur Umwandlung eingereicht, so sind für dieselben getrennte Anträge zu stellen.

7. Jedem Antrage ist ein besonderes Verzeichniß nach dem beiliegenden Muster III* beizufügen, in welchem die mit dem Antrage überreichten Schuldverschreibungen nach Jahrgang, Littera, Nummer und Nennbetrag aufgeführt sind. Die Schuldverschreibungen sind nach den Jahrgängen und innerhalb dieser nach den Littern und der Nummerfolge zu ordnen. Liegen einem Antrage zu verschiedenen Terminen verzinsliche Schuldverschreibungen bei (z. B. $3^1/_2$- oder 3 prozentige Schuldverschreibungen, theils mit Januar—Juli-, theils mit April—Oktober-Zinsen), so sind die betreffenden Schuldgattungen in dem Verzeichnisse gesondert, unter sich ebenfalls nach den Jahrgängen, Littern und der Nummerfolge geordnet, aufzuführen.

8. Der Einlieferer erhält sofort nach dem Eingange einen Empfangsschein über Zahl und Nennbetrag der eingelieferten Werthpapiere. Der Schein muß von dem Rendanten und dem Oberbuchhalter des Schuldbuchbüreaus oder von deren Stellvertretern unterschrieben sein.

* Vgl. Centralbl. S. 33.

4. einzelne Vermögensmassen, wie Stiftungen, Anstalten, Familienfideikommisse, deren Verwaltung von einer öffentlichen Behörde oder unter deren Aufsicht geführt wird, oder deren Verwalter ihre Verfügungsbefugniß über die Masse durch eine gerichtliche oder notarielle Urkunde nachweisen.[6]

Einem Gläubiger wird nicht mehr als ein Konto im Reichsschuldbuche eröffnet.[7]

9. Jede Eintragung in das Reichsschuldbuch wird von einem Mitgliede der Reichsschuldenverwaltung und dem Buchführer unterschrieben.

10. Die Reichsschuldenverwaltung ist befugt, Ergänzungen der in den Gesuchen gemachten Angaben zu erfordern, sofern dies zur Klarstellung der in dem Reichsschuldbuch zu bewirkenden Eintragungen angezeigt erscheint.

Ablehnende Bescheide sind mit Gründen zu versehen.

[6] Das Preuß. Ges. v. 20. Juli 1883 schloß die ausländischen und die nicht unter behördlicher Aufsicht stehenden inländischen Vermögensmassen aus. Dies ist geändert durch Ges. v. 8. Juni 1891 Art. II, dessen Fassung der in obigem Reichsges. § 4 entspricht. Dadurch, daß die Verfügungsbefugniß der Verwalter durch eine gerichtliche oder notarielle Urkunde nachgewiesen werden muß, soll die Reichsschuldenverwaltung von der eigenen verantwortlichen Prüfung befreit werden. Vgl. auch § 2 Abs. 5, § 7 Abs. 1, § 13 Anm. 15 und Ausf.Best. Art. 1 (oben, Anm. 3), 4 (unten, Anm. 10).

[7] Die Vorschrift dient zur Geschäftsvereinfachung. Bei Einrichtung getrennter Bücher (§ 2 Abs. 2) kann selbstverständlich

§ 5. Mit der Eintragung erlöschen die Rechte des Inhabers an den eingelieferten Schuldverschreibungen.

Im Uebrigen finden die für die Tilgung und Verzinsung der Reichsanleihen geltenden Vorschriften auf die eingetragenen Forderungen entsprechende Anwendung.[8]

§ 6.[9] Eingetragene Forderungen können durch Zuschreibung erhöht, ganz oder theilweise auf andere Konten übertragen und ganz oder theilweise gelöscht werden.

Theilübertragungen und Theillöschungen sind jedoch nur zulässig, sofern die Theilbeträge in Stücken von Schuldverschreibungen darstellbar sind.

in jedem der Bücher ein Konto für die einzelnen Gläubiger angelegt werden (s. Mot.). Bei der durch d. Ges. v. 8. März 1897 (unten XI) verordneten Convertirung kommt nach § 9 dess. die Beschränkung nicht zur Anwendung.

[8] Dazu gehören, wie die Mot. bemerken, auch die Vorschriften über die vierjährige Verjährungsfrist nicht erhobener Zinsen.

[9] Ausf.Best. Art. 3:

> Bei Theilübertragungen und Theillöschungen müssen sowohl die Beträge, deren Uebertragung oder Löschung beantragt wird, als auch die Restbeträge, über welche eine Verfügung nicht stattfinden soll, in Schuldverschreibungen der betreffenden Reichsanleihe darstellbar sein.
>
> Dies gilt für jeden Posten besonders, falls es sich um Eintragungen handelt, welche aus mehreren zu verschiedenen Terminen verzinslichen Posten zusammengesetzt sind.

Im Falle gänzlicher oder theilweiser Löschung der eingetragenen Forderung erfolgt die Ausreichung von Schuldverschreibungen zu gleichem Zinssatze und gleichem Nennwerthe, zu deren Anfertigung die Reichsschuldenverwaltung hierdurch ermächtigt wird.

§ 7. Zur Stellung von Anträgen auf Uebertragung eingetragener Forderungen auf ein anderes Konto, auf Eintragung und auf Löschung von Vermerken über Veränderungen im Schuldverhältnisse (§. 2 Absatz 3), sowie auf Ausreichung von Reichsschuldverschreibungen gegen Löschung der eingetragenen Forderung sind nur der eingetragene Gläubiger, seine gesetzlichen Vertreter und Bevollmächtigten, sowie diejenigen Personen berechtigt, auf welche die eingetragene Forderung von Todeswegen übergegangen ist. Zur Stellung von Anträgen für eine Firma gilt für berechtigt, wer zur Zeichnung der Firma berechtigt ist; zur Stellung von Anträgen für die im §. 4 Nr. 4 gedachten Vermögensmassen die daselbst genannte Behörde oder die von derselben bezeichnete Person, beziehungsweise die gemäß §. 4 Nr. 4 zur Verfügung über die Masse befugten Verwalter.[10]

[10] Ausf.Best. Art. 4:

Von den Vertretern der Handelsfirmen, der eingetragenen Genossenschaften und der eingeschriebenen Hülfskassen ist bei Stellung der im §. 7 des Gesetzes bezeichneten Anträge durch eine öffentliche Urkunde

Zur Löschung von Vermerken zu Gunsten Dritter bedarf es der Zustimmung derselben mit Ausnahme des im §. 13 gedachten Falles.

Verfügungen über eingetragene Forderungen, wie Abtretungen, Verpfändungen erlangen dem Reich gegenüber nur durch die Eintragung Wirksamkeit.

Eine Pfändung oder vorläufige Beschlagnahme der eingetragenen Forderung im Wege der Zwangsvollstreckung oder des Arrestes, sowie eine durch eine einstweilige gerichtliche Verfügung angeordnete Beschränkung des eingetragenen Gläubigers ist von Amtswegen auf dem Konto zu vermerken, beziehentlich nach erfolgter Beseitigung dieser Anordnungen zu löschen. Wird eine gepfändete Forderung an Zahlungsstatt überwiesen, so ist dieselbe vorbehaltlich der Bestimmung im §. 15 Nr. 2 im Reichsschuldbuche zu übertragen.[11]

der Nachweis zu erbringen, daß die Antragsteller zur Zeichnung für die Firma beziehungsweise zur Vertretung der Genossenschaft oder Kasse legitimirt sind.

Ob die Verwalter der im §. 4 Nr. 4 a. a. O. erwähnten Vermögensmassen bei Stellung eines Antrags nach §. 7 a. a. O. von neuem eine gerichtliche oder notarielle Urkunde, welche sie zur Verfügung über die Masse legitimirt, beizubringen haben, darüber hat in jedem einzelnen Falle die Reichsschuldenverwaltung zu entscheiden.

Vgl. auch Preuß. Ges. v. 8. Juni 1891 Art II.

[11] Die hier aufgeführten Fälle sind Beispiele einer Ver-

Eine Prüfung der Gültigkeit der den Anträgen zu Grunde liegenden Rechtsgeschäfte findet nicht statt.

§ 8. Die Eintragungen erfolgen in derselben Reihenfolge, in welcher die auf dasselbe Konto bezüglichen Anträge bei der Reichsschuldenverwaltung eingegangen sind.

§ 9. Ehefrauen und großjährige Personen unter väterlicher Gewalt werden zu Anträgen ohne Zustimmung des Ehemannes beziehungsweise Vaters zugelassen.[12]

§ 10. Zum Antrage auf Eintragung einer Forderung sowie auf gleichzeitigen Vermerk einer Beschränkung des Gläubigers in Bezug auf Kapital oder Zinsen derselben und zur gleichzeitigen Ertheilung einer Vollmacht genügt schriftliche Form.

In allen anderen Fällen muß der Antrag gerichtlich oder notariell, oder von einem Konsul des Reichs aufgenommen oder beglaubigt sein. Bei der Beglaubigung bedarf es weder der Zuziehung von Zeugen noch der Aufnahme eines Protokolls.[13]

änderung in dem Forderungsverhältniß ohne Antrag des Forderungsberechtigten. Vgl. auch Civ.Proz.Ord. § 779 u. oben § 2 Abs. 3.

[12] Die Vorschrift beruht nach den Mot. auf dem Bedürfniß, die Reichsschuldenverwaltung von der mit großen Schwierigkeiten und Weitläufigkeiten verknüpften Verpflichtung zu befreien, in jedem einzelnen Falle zu prüfen, ob eine derartige Zustimmung nach Lage der in Frage kommenden gesetzlichen Vorschriften erforderlich ist oder nicht.

[13] Wegen der Gebühren s. § 20. Die Vereinfachung schließt sich an Civ.Proz.Ord. § 76 Abs. 2.

Sind seit der Eintragung Aenderungen in der Person des Gläubigers (Verheirathung einer Frau, Aenderung des Gewerbes, Standes, Namens, Wohnortes) eingetreten, so kann verlangt werden, daß die Identität durch eine öffentliche Urkunde dargethan werde.

§ **11.**[14] Rechtsnachfolger von Todeswegen haben sich, sofern ihre Berechtigung auf der gesetzlichen Erbfolge beruht, durch eine Bescheinigung als Erben, sofern dieselbe auf letztwilliger Verfügung beruht, durch eine Bescheinigung darüber auszuweisen, daß sie über die eingetragene Forderung zu verfügen befugt sind.

Zur Ausstellung der vorgedachten Bescheinigungen ist dasjenige Gericht, bei welchem der Erblasser zur Zeit seines Todes seinen allgemeinen Gerichts-

Eine Ausnahme gilt für Anträge öffentlicher Behörden (§ 13 Abs. 3).

Für die Anträge der Blinden, Taubstummen und Analphabeten sind besondere Formen nicht vorgeschrieben (anders Preuß. Ges. v. 20. Juli 1883 § 11), schon weil die Reichsschuldenverwaltung der Regel nach nicht beurtheilen kann, ob ein solcher Fall vorliegt.

[14] Die Legitimationsprüfung und -Bescheinigung bei der Rechtsnachfolge von Todeswegen ist hier den Gerichten (unbeschadet der landesgesetzlichen Zuständigkeit anderer Behörden oder der Notare — Abs. 3) übertragen; die Reichsschuldenverwaltung ist davon befreit.

Eine Erleichterung für die Rechtsnachfolger ausländischer Gläubiger enthält Abs. 2 (Ermächtigung des Consuls).

stand hatte, und, sofern derselbe im Inlande einen solchen nicht hatte, derjenige Konsul des Reichs, in dessen Amtsbezirk der Erblasser zur Zeit seines Todes seinen Wohnsitz oder gewöhnlichen Aufenthalt gehabt hat, falls dem Konsul von dem Reichskanzler die Ermächtigung zur Ausstellung solcher Bescheinigungen ertheilt ist und in Ermangelung eines hiernach zuständigen Konsuls das Amtsgericht I in Berlin zuständig.

Unberührt bleiben die landesgesetzlichen Vorschriften, nach welchen zur Ausstellung der Bescheinigung statt der Gerichte andere Behörden oder Notare zuständig sind. Die Zuständigkeit derselben ist von dem im Absatz 2 bezeichneten Gericht auf der Bescheinigung zu bestätigen.

§ 12. Mehrere Erben haben zur Stellung von Anträgen und zur Empfangnahme von Schuldverschreibungen eine einzelne Person zum Bevollmächtigten zu bestellen.

§ 13. Vollmachten, sowie die Genehmigungserklärungen dritter Personen, zu deren Gunsten der eingetragene Gläubiger in Bezug auf die Forderung oder deren Zinserträgnisse durch einen Vermerk im Reichsschuldbuche beschränkt ist, bedürfen zu ihrer Gültigkeit derselben Form, welche für die Anträge vorgeschrieben ist. Zum Widerruf einer Vollmacht genügt schriftliche Form.

Zur Löschung von persönlichen unvererblichen Einschränkungen des Gläubigerrechts oder des Verfügungsrechts, welche durch den Tod des Berechtigten erloschen sind, ist nur die Beibringung der Sterbeurkunde erforderlich; das Recht auf den Bezug rückständiger Leistungen wird hierdurch nicht berührt.

Anträge öffentlicher Behörden bedürfen, wenn sie ordnungsmäßig unterschrieben und untersiegelt sind, keiner Beglaubigung.[15]

§ **14.** Ueber die Eintragung von Forderungen und Vermerken sowie über die verfügte Auslieferung von Schuldverschreibungen an Stelle zur Löschung gelangter Forderungen wird dem Antragsteller und, falls der Berechtigte ein Anderer ist, auch diesem eine Benachrichtigung ertheilt.

Die Benachrichtigung gilt nicht als eine über die Forderung ausgestellte Verschreibung.[16]

[15] Abgesehen von Abs. 3 unterliegen die von öffentlichen Behörden ausgestellten oder aufgenommenen Urkunden, z. B. die nach § 41 Nr. 4 ausgestellten Bescheinigungen, den Vorschriften des Ges. v. 1. Mai 1878 (R.G.Bl. S. 89).

[16] Die Behändigung derselben kann daher auch nicht als Verpfändung gelten.

Ausf.Best. Art. 5:

1. Auf jedes Benachrichtigungsschreiben über Eintragung einer Buchforderung ist in einer besonders in die Augen fallenden Form der Vermerk zu setzen:

   Dies Schriftstück gilt nicht als eine über die Forderung ausgestellte Verschreibung.

2. Die Auslieferung von Schuldverschreibungen u. s. w. an Stelle zur Löschung gelangter Forde-

§ 15. Von Amtswegen kann die Löschung eingetragener Forderungen und die Hinterlegung der dagegen auszuliefernden Schuldverschreibungen

rungen geschieht an den dazu von der Reichsschulden-verwaltung legitimirt befundenen Berechtigten
durch die preußische Kontrole der Staatspapiere in Berlin,
oder durch eine mit Kasseneinrichtung versehene Zweiganstalt der Reichsbank,
oder durch eine von der betreffenden Landes-regierung für diesen Zweck zur Verfügung gestellte Landeskasse,
nach Prüfung der Identität des Berechtigten gegen Quittung.

Hat der Berechtigte die Zusendung durch die Post innerhalb des Deutschen Reichs in der Form des §. 10 Absatz 2 des Gesetzes beantragt, so ist die Reichsschuldenverwaltung ermächtigt, diesem Antrage zu entsprechen. Die Sendung geschieht alsdann auf Gefahr und Kosten des Berechtigten. Der Posteinlieferungsschein dient bis zum Eingang der Quittung als Rechnungsbelag.

3. Die Mittheilung der in Gemäßheit des §. 14 daselbst zu erlassenden Benachrichtigungsschreiben geschieht mittelst verschlossener Briefe durch die Post, und sofern es besonders beantragt wird, mit der Bezeichnung „Einschreiben".

4. Postsendungen, welchen Inhaberpapiere beiliegen, sind nach ihrem vollen Nennwerth zu deklariren, außer wenn ein anderes in der Form des §. 10 Absatz 2 des Gesetzes beantragt wird.

5. Wegen der Zinssendungen kommen §. 18 des Gesetzes und der nachstehende Artikel 7 zur Anwendung.

bei der Hinterlegungsstelle in Berlin auf Kosten des Gläubigers erfolgen:[17]

1. wenn die Eintragung von Verpfändungen oder sonstigen Verfügungsbeschränkungen beantragt wird;
2. wenn die Forderung ganz oder theilweise im Wege der Zwangsvollstreckung oder des Arrestes gepfändet oder wenn eine einstweilige gerichtliche Verfügung über dieselbe getroffen ist;
3. wenn über das Vermögen des eingetragenen Gläubigers der Konkurs eröffnet worden ist;
4. wenn die Zinsen des eingetragenen Kapitals zehn Jahre hintereinander nicht abgehoben worden sind;
5. wenn glaubhaft bekannt geworden ist, daß der Gläubiger vor länger als zehn Jahren verstorben ist und ein Rechtsnachfolger sich nicht legitimirt hat;
6. wenn sonst ein gesetzlicher Grund zur Hinterlegung gegeben ist.[18]

[17] Durch § 15 soll die Verwaltung in den Stand gesetzt werden, eine die Geschäftsführung erschwerende Belastung des Schuldbuchs mit verwickelten und illiquiden Schuldverhältnissen zu verhindern. Als unzweifelhaft gilt es nach den Mot., daß unter Umständen auch nur ein Theil der Forderung gelöscht werden darf, z. B. wenn sie im Wege der Zwangsvollstreckung nur theilweise gepfändet ist.

[18] Nr. 6 fehlt in dem preuß. Ges. v. 20. Juli 1883; die

Die hinterlegten Schuldverschreibungen treten in allen rechtlichen Beziehungen an die Stelle der gelöschten Forderung.[19]

§ **16.** Im Falle der Kündigung einer der Reichsanleihen sind die mit ihrer Forderung zu dem Zinssatze der gekündigten Anleihe eingetragenen Gläubiger schriftlich zu benachrichtigen. Die Wirksamkeit der Kündigung ist jedoch von dieser Benachrichtigung nicht abhängig.[20]

§ **17.** Die Zahlung der Zinsen einer eingetragenen Forderung erfolgt, sofern nicht die Voraussetzungen des § 7 Absatz 4 vorliegen, mit rechtlicher Wirkung an denjenigen, welcher am zehnten Tage des dem Fälligkeitstermine der Zinsen vorangehenden Monats eingetragener Berechtigter war.[21]

Vorschrift hat nach den Mot. diejenigen Fälle im Auge, in denen gemäß §§ 214 ff. Th. I Tit. 16 ALR. die Legitimation zu Zweifeln Anlaß giebt.

[19] Ausf.Best. Art. 6:

> Bei der Hinterlegung von Schuldverschreibungen sind der Hinterlegungsstelle Abschrift des Kontos und, falls die ganze Forderung hinterlegt wird, die auf das gelöschte Konto bezüglichen Akten mitzutheilen.
>
> Die Betheiligten sind von dem Verfügten gleichzeitig zu benachrichtigen.

[20] Das Konvertirungs-Ges. v. 8. März 1897 § 1 (unten XI) läßt ausdrücklich den § 16 unberührt. Vgl. auch § 2 Abs. 2 das.

[21] Die Vorschrift nimmt Rücksicht auf den Geschäftsgang. 10 Tage reichen erfahrungsmäßig hin, die bis zum Schlusse der Monate Februar, Mai, August u. November einlaufenden An-

§ 18.[22] Die Zinsen werden nur im Inlande gezahlt, und zwar in der Zeit vom vierzehnten

träge auf Eintragungen und Löschungen zu erledigen. Der Zeitraum von diesem Tage bis zur Fälligkeit der Zinsen genügt, die Zahlung der letzteren vorzubereiten. Vgl. § 21. Gegenüber einer inzwischen zur Kenntniß der Reichsschuldenverwaltung gelangter Pfändung rc. (§ 7 Abs. 4) fällt die Erleichterung fort. Vgl. Bekanntmachung v. 4. März 1896 (Centralbl. f. d. Deutsche Reich S. 75, Nr. 11 v. 13. März 1896), wonach die Zahlung am 26. des der Fälligkeit vorangehenden Monats beginnt.

[22] Ausf.Best. Art. 7:

1. Die Berichtigung der Zinsen kann erfolgen:

a) durch die preußische Staatsschulden-Tilgungskasse in Berlin mittelst Baarzahlung oder, wenn dem Empfangsberechtigten ein Girokonto bei der Reichsbank eröffnet ist, durch Gutschrift auf dessen Konto;

b) durch die Reichsbankhauptkasse, sämmtliche Reichsbankhauptstellen, die Reichsbankstellen, die mit Kasseneinrichtung versehenen Nebenstellen * und die Reichsbank-Kommandite in Insterburg;

c) an Orten, an welchen sich keine der unter b bezeichneten Reichsbankanstalten befindet, durch die in der Anlage IV ** bezeichneten Landeskassen,

zu b und c mittelst Baarzahlung;

d) mittelst Uebersendung durch die Post im Inlande.

2. Die Reichsschuldenverwaltung bestimmt, auf welchem Wege die Zahlung erfolgen soll, und berücksichtigt dabei thunlichst die Wünsche der Gläubiger.

* Wegen dieser s. oben S. 264.
** S. diese Centralbl. S. 34.

Tage vor bis zum achten Tage nach dem Fälligkeitstermine durch eine Reichs- oder Landeskasse, oder durch die Reichsbank,[23] oder auf Gefahr und Kosten des Berechtigten mittelst Uebersendung durch die Post. Die Bestimmung der Landeskassen erfolgt durch den Reichskanzler im Einvernehmen mit der Landesregierung oder durch den Bundesrath.

Kommt die Sendung als unbestellbar zurück, so unterbleiben weitere Sendungen, bis der Gläubiger die richtige Adresse angezeigt hat.

Anträge auf eine Aenderung des bisherigen Zahlungsweges können für den nächsten Fälligkeitstermin nur Berücksichtigung finden, wenn sie bis zum ersten Tage des Monats vor diesem Termin bei der Reichsschuldenverwaltung eingehen.

3. Die Baarzahlung durch eine öffentliche Kasse, Reichsbankhauptstelle oder Reichsbankstelle (zu 1 a bis c) erfolgt gegen Quittung. Bei Prüfung der Legitimation und Identität des Empfängers sind die Zahlstellen verpflichtet, nach Maßgabe der allgemeinen Vorschriften gewissenhaft zu verfahren.

4. Wird die Baarzahlung bei der bestimmten Zahlstelle bis zum Ablauf des mit dem Fälligkeitstermin beginnenden Kalenderquartals nicht erhoben, so wird der Empfangsberechtigte mit dem Betrage bei der preußischen Staatsschulden-Tilgungskasse auf eine Restliste gesetzt, und die Zahlung kann alsdann erst erfolgen, sobald ein Antrag von dem Berechtigten an die preußische Staatsschulden-Tilgungskasse direkt gerichtet wird.

[23] Vgl. Bankges. § 22, Statut der Reichsbank § 11 — oben S. 149. Die Zahlung erfolgt je nach Wunsch, entweder baar oder durch Gutschrift auf Giro-Konto — s. oben S. 322.

§ 19. Aenderungen in der Person oder der Wohnung des Zinsenempfängers (§ 10 Absatz 3) werden nur berücksichtigt, wenn sie von demselben schriftlich gemeldet werden.[24]

§ 20. An Gebühren werden erhoben:

1. für die Umwandlung von Reichsschuldverschreibungen in Buchschulden des Reichs, sowie für sonstige Eintragungen und Löschungen, jede Einschrift in das Reichsschuldbuch besonders gerechnet, 25 Pfennig von je angefangenen 1000 Mark des Betrages, über den verfügt wird, zusammen mindestens 1 Mark;
2. für die Ausreichnng von Reichsschuldverschreibungen für je angefangene 1000 Mark Kapitalbetrag 50 Pfennig, zusammen mindestens 1 Mark.

Vermerke über Bevollmächtigungen, sowie über Aenderungen in der Person oder der Wohnung des eingetragenen Berechtigten (§ 10 Absatz 3) sind gebührenfrei.

Die Gebühren werden von dem Antragsteller,

[24] Ausf.Best. Art. 8:

Aenderungen in der Person oder Wohnung des Zinsen-Empfängers können für den nächsten Fälligkeitstermin nur berücksichtigt werden, wenn die schriftliche Meldung darüber bis zum ersten Tage des diesem Termin voraufgehenden Monats bei der Reichsschuldenverwaltung eingeht.

soweit nöthig, nach den für die Beitreibung öffentlicher Abgaben bestehenden Vorschriften eingezogen. Auch kann die Vorausbezahlung der Gebühren gefordert werden.

Für die gerichtliche oder notarielle Beglaubigung der Anträge (§ 10 Absatz 2) dürfen an Gebühren nicht mehr als höchstens [25]

1 Mark 50 Pfennig bei Beträgen bis 2000 Mark,

3 Mark bei Beträgen über 2000 Mark

erhoben werden.

§ 21. Anträge auf Eintragung oder Löschung von Forderungen und Vermerken, welche in dem dem Fälligkeitstermine der Zinsen voraufgehenden Monate eingereicht werden, sind erst nach Ablauf desselben zu erledigen.[26]

§ 22. Die Reichsschuldenverwaltung ist unbedingt verantwortlich:

1. dafür, daß die im Reichsschuldbuche eingetragenen Forderungen und die noch umlaufenden, mit ihnen zu gleichem Satze verzinslichen Schuldverschreibungen zusammen den gesetzlich festgestellten Betrag der betreffenden Anleihe nicht überschreiten;
2. für die Löschung, Kassation und Auf-

[25] Die Höhe entspricht den Pauschalsätzen des preuß. Ges. v. 20. Juli 1883.

[26] S. § 17 u. Anm. dazu.

bewahrung der behufs Eintragung der Forderung eingelieferten Reichsschuldverschreibungen bis zur gänzlichen Vernichtung derselben.[27]

Die Reichsschuldenkommission übt die fortlaufende Kontrole über diese Geschäfte.[28]

§ 23. Soweit nach gesetzlicher Bestimmung[29] zur zinsbaren Anlage von Mündelgeldern Schuldverschreibungen der Reichsanleihen geeignet sind, gilt dasselbe von den im Reichsschuldbuche eingetragenen Forderungen.

Soweit Reichsschuldverschreibungen eines Mündels zu hinterlegen oder außer Kurs zu setzen sind, kann das Vormundschaftsgericht anordnen, daß an Stelle der Hinterlegung oder Außerkurssetzung die Umwandlung in Buchschulden des Reichs mit einem die Verfügung über die einzutragende Forderung an die Genehmigung des Vormundschaftsgerichts knüpfenden Vermerke im Reichsschuldbuche beantragt werde.[30]

[27] Eine sinngemäße Ergänzung des Ges. v. 19. Juni 1868 § 1 (B.G.B. S. 339) — s. oben S. 291.

[28] Die Stellung des Reichskanzlers zur Reichsschuldenverwaltung (s. § 2 des in Anm. 27 angef. Ges.) erleidet hierdurch keine Aenderung.

[29] Z. B. Preuß. Vormundschaftsordn. § 39. Ausdrücklich läßt die Anlegung in dergl. Buchforderungen zu Bürgerl. G.B. § 1807 Nr. 2.

[30] Von der Verwendung des Reichsschuldbuchs zur Bestellung von Amtskautionen ist abgesehen worden.

§ 24. Der Zeitpunkt, mit welchem das gegenwärtige Gesetz in Kraft tritt, wird durch Kaiserliche Verordnung mit Zustimmung des Bundesraths bestimmt.[31]

Urkundlich unter Unserer Höchsteigenhändigen Unterschrift und beigedrucktem Kaiserlichen Insiegel.

Gegeben Kiel Schloß, den 31. Mai 1891.

(L. S.) **Wilhelm.**

von Caprivi.

[31] 1. April 1892 — s. unten VIII.

VIII.

Verordnung über die Inkraftsetzung des Gesetzes, betreffend das Reichsschuldbuch. Vom 24. Januar 1892. (R.G.Bl. S. 303. Ausgegeben am 1. Februar 1892.)

Wir Wilhelm, von Gottes Gnaden Deutscher Kaiser, König von Preußen rc. verordnen auf Grund des § 24 des Gesetzes, betreffend das Reichsschuldbuch, vom 31. Mai 1891 (Reichs-Gesetzbl. S. 321) im Namen des Reichs, mit Zustimmung des Bundesraths, was folgt:

Das Gesetz, betreffend das Reichsschuldbuch, vom 31. Mai 1891 (Reichs-Gesetzbl. S. 321) tritt mit dem 1. April 1892 in Kraft.

Urkundlich unter Unserer Höchsteigenhändigen Unterschrift und beigedrucktem Kaiserlichen Insiegel.

Gegeben im Schloß zu Berlin, den 24. Januar 1892.

(L. S.) **Wilhelm.**

Graf von Caprivi.

IX.

Gesetz wegen Verwendung überschüssiger Reichseinnahmen zur Schuldentilgung. Vom 16. April 1896. (R.G.Bl. S. 103. Ausgegeben am 22. April 1896.) [1]

Wir Wilhelm, von Gottes Gnaden Deutscher Kaiser, König von Preußen 2c. verordnen im

[1] Der Entwurf (Nr. 241 der Drucksachen, 9. Leg.Per. IV. Sess. 1895/96) ist ohne Mot. vorgelegt. Die Generaldiskussion fand am 23. März 1896, die 2. u. 3. Berathung am 24. dess. Mts. statt. Die Annahme erfolgte mit großer Mehrheit. Bemängelt war nur die in Abs. 3 enthaltene Erweiterung der sog. Frankenstein'schen Klausel. S. Sten.Ber. d. Reichstags, IX. Leg.Per. IV. Sess. 1895/97, B. 3 S. 1629 ff., 1669 ff., 1699).

Namen des Reichs, nach erfolgter Zustimmung des Bundesraths und des Reichstags, was folgt:

Uebersteigen im Etatsjahre 1896/97 die den Bundesstaaten zustehenden Ueberweisungen aus den Erträgen an Zöllen, Tabaksteuer, Branntweinverbrauchsabgabe und Zuschlag zu derselben, sowie an Reichsstempelabgaben für Werthpapiere 2c. die aufzubringenden Matrikularbeiträge, so ist die Hälfte des Ueberschusses zur Verminderung der Reichsschuld zurückzuhalten. Bei Ermittelung des Unterschiedes zwischen dem zu Ueberweisungen verfügbaren Betrage und den Matrikularumlagen werden von den letzteren die von einzelnen Bundesstaaten zur Reichskasse zu zahlenden Ausgleichungsbeträge abgesetzt.

Die Verminderung der Reichsanleihe erfolgt durch entsprechende Absetzung vom Anleihesoll. Soweit geeignete Anleihekredite nicht mehr offen stehen, wird über die Art der Schuldentilgung durch den Reichshaushalts-Etat Bestimmung getroffen.

Außerdem wird die Summe, welche gemäß § 8 des Zolltarifgesetzes vom 15. Juli 1879 (Reichs-Gesetzbl. S. 207) der Reichskasse von dem Ertrage der Zölle und der Tabacksteuer verbleibt, für das Etatsjahr 1895/96 behufs Verminderung der Reichsschuld von 130 000 000 Mark auf 143 000 000 Mark erhöht.[2]

Urkundlich unter Unserer Höchsteigenhändigen Unterschrift und beigedrucktem Kaiserlichen Insiegel.

Gegeben Karlsruhe, den 16. April 1896.

(L. S.) **Wilhelm.**

von Boetticher.

[2] Die Summe ist unter Aufhebung der Vorschrift in Abs. 1 für das Etatsjahr 1896/97 auf 180 000 000 Mark erhöht durch Ges. v. 24. März 1897 § 1 (unten X).

X.

Gesetz wegen Verwendung überschüssiger Reichseinnahmen zur Schuldentilgung. Vom 24. März 1897. (R.G.Bl. S. 95. Ausgegeben am 30. März 1897.)[1]

Wir Wilhelm, von Gottes Gnaden Deutscher Kaiser, König von Preußen ꝛc. verordnen im

[1] Den Ges.Entw. nebst Begründung s. u. Nr. 662 der Drucks. des Reichstags, 9. Leg.Per. IV. Sess. 1895/97. Nach der am 23. Febr. 1897 erfolgten 1. Berathung wurde die Vorlage an die Budget-Kommission verwiesen (Sten.Ber. S. 4877 ff.) und von dieser amendirt (Mündl. Ber. — Nr. 701 der Drucks.). In der 2. u. 3. Berathung wurde die Vorlage nach den Kommissionsvorschlägen angenommen (Sten.Ber. S. 5062 ff., 5085). Das Ges. setzt das in dem Ges. v. 16. April 1896 (oben IX) eröffnete System der Schuldentilgung in verstärktem Maße fort.

Namen des Reichs, nach erfolgter Zustimmung des Bundesraths und des Reichstags, was folgt:

§ 1. Unter Aufhebung der Vorschrift im Absatz 1 des Gesetzes vom 16. April 1896 (Reichs-Gesetzbl. S. 103) wird die Summe, welche gemäß § 8 des Zolltarifgesetzes vom 15. Juli 1879 (Reichs-Gesetzbl. S. 207) der Reichskasse von dem Ertrage der Zölle und der Tabacksteuer verbleibt, für das Etatsjahr 1896/97 behufs Verminderung der Reichsschuld von 130 000 000 Mark auf 180 000 000 Mark erhöht.[2]

§ 2. Uebersteigen im Etatsjahr 1897/98 die den Bundesstaaten zustehenden Ueberweisungen aus den Erträgen an Zöllen, Tabacksteuer, Branntweinverbrauchsabgabe und Zuschlag zu derselben, sowie an Reichsstempelabgaben die aufzubringenden Matrikularbeiträge, so sind drei Viertheile des Ueberschusses[3] an den den Bundesstaaten aus dem Ertrage der Zölle und der Tabacksteuer zu überweisenden Beträgen zu kürzen und zur Verminderung der Reichsschuld zurückzuhalten.

Die Verminderung der Reichsschuld erfolgt durch entsprechende Absetzung vom Anleihesoll. Soweit geeignete Anleihekredite nicht mehr offen stehen, wird über die Art der Schuldentilgung

[2] § 1 ist vom Reichstage mit Rücksicht auf § 2 hinzugefügt.

[3] Der Entwurf wollte nur die Hälfte verwenden, wie das Ges. v. 16. April 1896 (oben IX).

durch den Reichshaushalts-Etat Bestimmung getroffen.

§ 3. Uebersteigen im Etatsjahr 1899/1900 die Matrikularbeiträge das Etatssoll der Ueberweisungen für die gleiche Periode um mehr als den Betrag der für das Rechnungsjahr 1897/98 über die Matrikularbeiträge hinaus erfolgenden Ueberweisungen,[4] so bleibt der Mehrbetrag insoweit unerhoben, als auf Grund des § 2 Mittel zur Schuldentilgung verfügbar geworden sind.

Die in Folge dessen zur Herstellung des Gleichgewichts im ordentlichen Etat erforderliche Deckung erfolgt zu Lasten des außerordentlichen Etats. Jedoch ist von dieser Bestimmung nur in dem Maße Gebrauch zu machen, als der Bedarfsbetrag nicht durch Mehrerträge bei den Ueberweisungssteuern Deckung findet.[5]

§ 4. Bei Ermittelung des Unterschiedes zwischen den Ueberweisungen und den Matrikularbeiträgen werden von den letzteren die von einzelnen Bundesstaaten zur Reichskasse zu zahlenden Ausgleichungsbeträge abgesetzt.

[4] Die Worte „um mehr — Ueberweisungen" sind vom Reichstage gesetzt statt „zuzüglich des Ueberschusses der rechnungsmäßigen Ueberweisungen über die Matrikularbeiträge im Rechnungsjahre 1897/98".

[5] Der Schlußsatz ist vom Reichstage hinzugefügt — eine „Rückversicherung" (s. d. Ber. des Dr. Lieber im Sten.Ber. S. 5063).

Urkundlich unter Unserer Höchsteigenhändigen Unterschrift und beigedrucktem Kaiserlichen Insiegel.

Gegeben Berlin im Schloß, den 24. März 1897.

(L. S.) **Wilhelm.**

Fürst zu Hohenlohe.

XI.

Gesetz, betreffend die Kündigung und Umwandlung der vierprozentigen Reichsanleihe. Vom 8. März 1897. (R.G.Bl. S. 21. Ausgegeben am 11. März 1897.)[1]

Wir Wilhelm, von Gottes Gnaden Deutscher Kaiser, König von Preußen rc. verordnen im Namen des Deutschen Reichs, nach erfolgter Zustimmung des Bundesraths und des Reichstags, was folgt:

§ 1. Die Schuldverschreibungen der vierprozentigen Reichsanleihe können zur Einlösung gegen

[1] Den Entwurf nebst Begründung s. in Nr. 630 d. Drucks. d. Reichstags, 9. Leg.Per. IV. Sess. 1895/97, die 3 Berathungen in den Sten.Ber. S. 4428 ff., 4769 ff., 4989 (Sitzungen v. 3., 18. u. 26. Febr. 1897). Die Annahme erfolgte ohne Verweisung an eine Kommission unter Verwerfung des (einzigen) Abänderungsantrags (s. § 10).

Baarzahlung des Kapitalbetrags binnen einer dreimonatlichen Frist und die im Reichsschuldbuch eingetragenen vierprozentigen Buchschulden zur baaren Rückzahlung binnen einer gleichen Frist gekündigt werden.

Die Kündigung geschieht unbeschadet der Bestimmung im § 16 des Gesetzes vom 31. Mai 1891, betreffend das Reichsschuldbuch (Reichs-Gesetzbl. S. 321), durch öffentliche Bekanntmachung des Reichskanzlers.[2]

§ 2. Bevor die Kündigung (§ 1) erfolgt, ist den Inhabern der Schuldverschreibungen der vierprozentigen Reichsanleihe die Umwandlung dieser Schuldverschreibungen in solche der dreieinhalbprozentigen Reichsanleihe und den im Reichsschuldbuch eingetragenen Gläubigern der vierprozentigen Reichsanleihe die Umschreibung in dreieinhalbprozentige Buchschulden durch öffentliche Bekanntmachung des Reichskanzlers anzubieten. Das Angebot gilt für angenommen, wenn nicht binnen einer auf mindestens drei Wochen vom Tage jener Bekanntmachung ab zu bemessenden Frist von den Inhabern der Reichsschuldverschreibungen der vierprozentigen Reichsanleihe unter

[2] S. dieselbe v. 12. März 1897 (Reichs-Anzeiger Nr. 63 v. 15. März 1897). Die Zulässigkeit der Kündigung beruht auf § 40 Ges. v. 6. April 1870 (oben IV) bezw. § 2 d. Ges. v. 27. Jan. 1875 (oben VI), auf welchen die späteren Reichsanleihe-Gesetze verweisen. Vgl. auch oben VII, Anm. 20, S. 321.

Einreichnung der Schuldverschreibungen und von den im Reichsschuldbuch eingetragenen Gläubigern von vierprozentigen Buchschulden die Baarzahlung des Kapitalbetrags beantragt wird.[3]

Von dem Inhalte der öffentlichen Bekanntmachung des Reichskanzlers (Absatz 1) sind die im Reichsschuldbuch eingetragenen Gläubiger von vierprozentigen Buchschulden außerdem schriftlich zu benachrichtigen. Die Wirkung des Angebots zur Umschreibung in dreieinhalbprozentige Buchschulden ist jedoch von dieser Benachrichtigung nicht abhängig.[4]

§ 3. Die umzuwandelnden Schuldverschreibungen und die umzuschreibenden Buchschulden (§ 2) werden bis zum 30. September 1897 mit vier Prozent verzinst.[5]

§ 4. Die umzuwandelnden Schuldverschreibungen nebst Zinsscheinanweisungen (Talons) und die dazu gehörigen, nach dem 1. Oktober 1897 fälligen Zinsscheine werden nach erfolgter Ein-

[3] Die gesetzliche Vermuthung entspricht der Erfahrung wie dem Interesse der Gläubiger. Vgl. auch Preuß. Ges. v. 20. Dezember 1896 (Ges.Samml. S. 269).

Die Bekanntmachung des Reichskanzlers v. 12. März 1897 (Reichsanz. Nr. 63 v. 15. März 1897) enthält das Angebot.

[4] Abs. 2 ist eine Folge des § 16 d. Ges. v. 31. Mai 1891 (oben VII). Vgl. § 7.

[5] Ein weiteres Entgegenkommen gegen die Gläubiger s. in § 10.

lieferung mit einem die Zinsherabsetzung ausdrückenden Vermerk abgestempelt.

Die Abstempelung erfolgt durch die der Reichsschuldenverwaltung unterstellte Kontrole der Staatspapiere, durch die vom Reichskanzler zu bestimmenden Reichskassen und zu bezeichnenden Reichsbankanstalten,[6] sowie durch die vom Reichskanzler im Einvernehmen mit der Landesregierung zu benennenden Landeskassen.

Auf Antrag der Inhaber von Schuldverschreibungen der vierprozentigen Reichsanleihe soll statt der Abstempelung die kostenfreie Eintragung eines dem Nennwerthe der eingereichten Schuldverschreibungen gleichen, vom 1. Oktober 1897 ab zu dreieinhalb Prozent verzinslichen Betrags in das Reichsschuldbuch bewirkt werden.[7]

Der Antrag muß binnen einer vom Reichskanzler zu bestimmenden Frist eingereicht werden.[8]

§ 5. Auf die gemäß § 4 Absatz 3 erfolgenden Eintragungen in das Reichsschuldbuch und auf die eingereichten Schuldverschreibungen finden die Bestimmungen des Gesetzes vom 31. Mai 1891,

[6] Die Vorschrift dient zur Entlastung der sonst nach d. Ges. v. 19. Juni 1868 (oben II) allein zuständigen Reichsschuldenverwaltung. Vgl. die Bek. der Reichsschuldenverwaltung v. 8. April 1897 unter 1.

[7] Zur Förderung der Konvertirung kostenfrei.

[8] Vgl. die Bek. v. 12. März 1897 (oben Anm. 3). Die Frist ist am 30. Juni 1897 abgelaufen.

betreffend das Reichsschuldbuch (Reichs-Gesetzbl. S. 321), mit der Maßgabe Anwendung, daß auf den Schuldverschreibungen befindliche Privataußerkurssetzungsvermerke für die Reichsschuldenverwaltung keine bindende Kraft haben.[9]

§ 6. Eine Prüfung, ob der Verlust der Schuldverschreibungen der Reichsschuldenverwaltung angezeigt ist (§ 6 des Gesetzes vom 9. November 1867 — Bundes-Gesetzbl. S. 157 —) oder ob die Schuldverschreibungen mit Beschlag belegt sind, findet bei der Abstempelung nicht statt.[10]

§ 7. Die nach § 2 zu bewirkende Umschreibung der vierprozentigen Buchschulden im Reichsschuldbuch erfolgt von Amtswegen. Den eingetragenen Gläubigern steht jedoch das Recht zu, statt der Umschreibung binnen einer vom Reichskanzler zu bestimmenden Frist[11] die Ausreichung von dreieinhalbprozentigen Schuldverschreibungen zum Nennwerthe der vierprozentigen Buchschuld gegen Löschung der letzteren zu verlangen.

[9] Eine Erleichterung gegenüber partikularrechtlichen Bestimmungen (vgl. auch Preuß. Ges. v. 23. Dezbr. 1896 § 5) vgl. oben S. 307.

[10] Zur Herbeiführung eines ungestörten Fortgangs der Abstempelung. Bei den Neueintragungen in das Reichsschuldbuch (§ 4 Abs. 3) gilt keine solche Erleichterung. Insbesondere bleibt § 2 d. Ges. v. 31. Mai 1891 (vgl. oben VII) — „zum Umlauf brauchbare" — unberührt.

[11] Die Frist ist am 30. Juni 1897 abgelaufen — s. Anm. 8.

Einer Genehmigung der Umschreibung seitens dritter Personen, zu deren Gunsten der eingetragene Gläubiger in Bezug auf die Forderung oder deren Zinsen durch einen Vermerk im Reichsschuldbuche beschränkt ist, bedarf es nicht.[12]

Die Umschreibung in dreieinhalbprozentige Buchschulden und die Ausreichung von dreieinhalbprozentigen Schuldverschreibungen erfolgen kostenfrei.

§ 8. Neue Eintragungen von vierprozentigen Buchschulden und Zuschreibungen auf den angelegten Konten solcher Buchschulden finden fortan nicht mehr statt.

§ 9. Die Bestimmung des § 4 Absatz 2 des Gesetzes vom 31. Mai 1891, betreffend das Reichsschuldbuch (Reichs-Gesetzbl. S. 321), findet insoweit keine Anwendung, als durch die Umschreibung von vierprozentigen in dreieinhalbprozentige Buchschulden mehrere Konten für denselben Gläubiger entstehen.

Die Vereinigung dieser mehreren Konten im Reichsschuldbuche kann auf Antrag des Gläubigers und von Amtswegen erfolgen. In beiden Fällen erfolgt sie kostenfrei.[13]

§ 10. Die auf Grund dieses Gesetzes in

[12] Eine Rechtsveränderung tritt, abgesehen von der auf Gesetz beruhenden Zinsermäßigung, nicht ein.

[13] Vgl. oben VII S. 312.

dreieinhalbprozentige umgewandelten oder gemäß § 7 ausgereichten Reichsschuldverschreibungen und die im Reichsschuldbuch umgeschriebenen dreieinhalbprozentigen Buchschulden dürfen den Gläubigern vor dem 1. April 1905 zur baaren Rückzahlung nicht gekündigt werden.[14]

Die Kündigung darf nur auf Grund gesetzlicher Ermächtigung stattfinden.[15]

§ **11.** Der im § 7 des Reichsstempelgesetzes vom 27. April 1894 (Reichs-Gesetzbl. S. 381) angeordnete Anschaffungsstempel bleibt außer Hebung.[16]

§ **12.** Die mit dem Antrag auf Baarzahlung des Kapitals eingereichten (§ 2) Schuldverschreibungen werden mit einem entsprechenden Stempelvermerke versehen und ebenso wie die in das Reichsschuldbuch eingetragenen Forderungen derjenigen Gläubiger der vierprozentigen Reichsanleihe, welche das Angebot der Umschreibung in eine dreieinhalbprozentige Buchschuld nicht angenommen haben (§ 2), gemäß der erfolgenden Kündigung zurückgezahlt.

§ **13.** Der Reichskanzler wird ermächtigt, bis zu demjenigen Betrage, welcher erforderlich

[14] Die Schutzfrist wurde im Reichstage angefochten. Ein Antrag (Richter) auf Verkürzung bis zum 1. April 1903 (Drucks. Nr. 673) ist abgelehnt.

[15] Wie bei allen übrigen Reichsanleihen.

[16] Zur Erleichterung der Konvertirung.

sein wird, um die Mittel der Baarzahlung der gekündigten vierprozentigen Reichsschuldverschreibungen und Buchschulden (§ 12) zu beschaffen, eine nach den Bestimmungen des Gesetzes vom 19. Juni 1868 (Bundes-Gesetzbl. S. 339) zu verwaltende Anleihe aufzunehmen und Schatzanweisungen auszugeben.

Die Bestimmungen in den §§ 2 bis 5 des Gesetzes vom 27. Januar 1875, betreffend die Aufnahme einer Anleihe für Zwecke der Marine- und Telegraphenverwaltung (Reichs-Gesetzbl. S. 18), finden auf die nach dem gegenwärtigen Gesetz aufzunehmende Anleihe und auszugebenden Schatzanweisungen mit der Maßgabe Anwendung, daß Zinsscheine auch für einen längeren Zeitraum als vier Jahre ausgegeben werden dürfen.

§ **14.** Soweit zu der Hauptverwaltung der Staatsschulden herangezogene Hülfsarbeiter mit der Bearbeitung von Angelegenheiten der Reichsschuldenverwaltung betraut werden sollten, haben dieselben zu Protokoll zu erklären, daß sie den von ihnen nach § 9 des preußischen Gesetzes vom 24. Februar 1850 (Gesetz-Samml. S. 57) geleisteten Eid auch für die, durch das gegenwärtige Gesetz ihnen übertragenen Obliegenheiten als maßgebend anerkennen.[17]

[17] Vgl. Preuß. Ges. v. 23. Dez. 1896 § 13. Die Verpflichtung der Hülfsarbeiter hat den Vorschriften im § 3 d. Ges. v. 19. Juni 1868 (oben II) zu entsprechen.

Das Protokoll ist dem Bundesrath und dem Reichstage vorzulegen.

§ 15. Dieses Gesetz tritt mit dem Tage seiner Verkündigung in Kraft. Der Reichskanzler erläßt die zur Ausführung desselben erforderlichen Anordnungen.

Urkundlich unter Unserer Höchsteigenhändigen Unterschrift und beigedrucktem Kaiserlichen Insiegel.

Gegeben Berlin im Schloß, den 8. März 1897.

(L. S.) **Wilhelm.**

Fürst zu Hohenlohe.

Register.

(Die Zahlen bezeichnen die Seiten.)

A.

M.

N.

O.

P.

S.

T.

U.

V.

W.

Z.

Lippert & Co. (G. Pätz'sche Buchdruckerei), Naumburg a./S.

Druckfehler-Verzeichniß.

S. 3 Anm. 4 Zeile 2 lies: **2** statt 20.
„ 4 Anm. 6 dritter Absatz Zeile 2 lies: **795** statt 785.
„ 21 Anm. 4 Ziffer 4 Zeile 4 v. o. lies: (S. **8**) statt (S. 6).
Anm. 4 Zeile 13 v. o. lies: S. **XXVIII** statt XXVI.
„ 23 Anm. 7 Ziffer 7 Zeile 3 v. o. lies: S. **9** statt 6, 7.
„ 25 letzte Zeile lies: **Zehn**pfennigstücken statt Pfennigstücken.
„ 26 Zeile 4 v. o. lies: **Fünf**pfennigstücken statt Pfennigstücken.
„ 28 Anm 8 letzte Zeile lies: S. **4** statt 3.
Anm. 10 Zeile 3 v. o. lies: **1876** statt 1886.
„ 29 letzte Zeile lies: S. **XXIX** statt XXVII.
„ 31 Anm. 15 Zeile 3 v. u. lies: §. **2** statt §. 3.
„ 220 Zeile 11 v. o. lies: **3½ prozentige** statt 389.
Zeile 12 v. o. lies: **1890** statt 1 0.
„ 238 Zeile 2 v. o. „M.-Gladbach“ zu streichen und in Zeile 5 hinter „Gelsenkirchen“ zu setzen.

FSC
www.fsc.org
MIX
Papier | Fördert
gute Waldnutzung
FSC® C083411

Kolibri 360 GmbH
Ferdinand-Jühlke-Straße 7
99095 Erfurt, Deutschland
produktsicherheit@kolibri360.de